UWE UNS

111 GRÜNDE,
HAMBURG
ZU HASSEN

**DIE STADT SO,
WIE SIE WIRKLICH IST**

SCHWARZKOPF & SCHWARZKOPF

INHALT

VORWORT – STATT EINER STADTFÜHRUNG – 9

1. VON AUSSEN BETRACHTET SIEHT HAMBURG AUS, WIE GRÜNKOHL RIECHT............................... 11
Weil Hamburg nicht Castrop Rauxel ist – Weil der Hauptbahnhof der Anfang vom Ende ist – Weil die Mieten Nieten sind – Weil Hamburg einen Knall hat – Weil Hamburg weniger Feiertage hat – Weil es in Hamburg nur Hamburg gibt – Weil 7.225.243.512 Nicht-Hamburger sich nicht irren können – Weil Hamburg scheiße ist – Weil Hamburg unterirdisch ist, aber leider nicht unterirdisch – Weil man Hamburg selbst bei Ebay nicht loswird

2. ALLEIN SCHON DIESER PERSONEN WEGEN IST HAMBURG ZU MEIDEN 33
Weil man in Hamburg Tür an Tür mit Johannes B. Kerner leben muss – Weil Helmut Schmidt sich erlaubt hat, überall Politik zu machen – Weil das Olympia-Referendum eine traurige Sache war – Weil Wahlplakate in Hamburg nicht lügen – Weil alle Hamburger Lakritz fressen – Weil Hamburg radioaktiv verseucht ist – Weil in Hamburg alle »pst!« machen – Weil Lotto King Karl in jeder anderen Stadt ein gewöhnlicher Gabelstaplerfahrer wäre – Weil die Harley Days auch in diesem Buch vorkommen

3. PEINLICHKEITEN MADE IN HAMBURG............. 51
Weil die Hamburger unentwegt behaupten, in der schönsten Stadt der Welt zu leben – Weil das Hamburger Bier das Grundwasser verseucht – Weil die BILD aus Hamburg kommt – Weil das Navi versagt – Weil der Fischmarkt vom Flair her stinkt – Weil die Frisuren aus Berlin drei Jahre später in Hamburg einfach scheiße aussehen – Weil auch Hans Albers lieber in Bayern gelebt hat – Weil Franz Brötchen ein Hans Wurst ist – Weil auch die Statistik gegen Hamburg spricht – Weil Hamburg bei den anderen der Verdammnis anheimgefallenen Städten nicht ankommt – Weil _____ _____ aus Hamburg kommt

111 GRÜNDE, HAMBURG ZU HASSEN

**DIE REIHE MIT DEM
KACKENDEN HUND**

4. WENN DAS KULTUR IST, DANN HÄTTE ICH GERNE EINMAL KÜNSTLICHES KOMA ZUM MITNEHMEN BITTE **79**

Weil Hamburg die verdammte Musicalhauptstadt Europas ist – Weil in München doch schon ein Hofbräuhaus steht – »oans, zwoa, g'suffa« – Weil Mozart in Hamburg gegen seinen Willen an die Maschinen angeschlossen wurde – Weil Kunst in Hamburg so künstlich ist – Weil in Hamburg die Ärzte keine Hosen tragen – Weil nach dem Film vor dem Film ist, und während des Films ist trotz des Films – Weil wir nicht für die Hamburger Schule lernen, sondern fürs Leben – Weil die Elbphilharmonie Hamburg noch teuer zu stehen kommt – Weil der Henker des Henkers des Henkers in Hamburg am seidenen Faden hängt

5. WIE DIE HAMBURGER WIRKLICH SIND, DAS WOLLEN SIE GAR NICHT WISSEN **101**

Weil Hamburg Freaks magnetisch anzieht – Weil die Hamburger zum Lachen aus dem Keller kommen – Weil Hamburg vor Queen Mary auf die Knie fällt – Weil Hamburg immer kleiner wird, je näher man rankommt – Weil am Schulterblatt ein Trauerspiel stattfindet – Weil alle Hamburger sich aufführen wie 1,8 Millionen Hamburger – Weil Hamburger niemals verschwinden werden – Weil der FC St. Pauli zwar anders ist als der HSV, aber auch Fans hat – Weil Hamburger die Mehrzahl von Scheusal sind – Weil der typische Hamburger so aussieht – Weil die Eppendorfer Frauen kalt lächeln, solange der Körper noch warm ist – Weil die Hamburger Hipster zu alt sind – Weil Frauen leider auch Hamburger/innen sind

6. SCHLECHTE TEXTE, DIE SIE SICH SPAREN KÖNNEN, LESEN SIE LIEBER WAS VON MAX GOLDT **131**

Weil der Winter in Hamburg Elvira mit Vornamen heißt und sich auch so verhält – Weil Hamburg keinen Sinn ergibt, da können Sie noch so viele Fragen beantworten – Weil Hamburg um ein Einkaufszentrum herum gebaut wurde – Weil der Hafengeburtstag ist wie nicht im Lotto zu gewinnen – Weil Hamburg wie ein halbhoch geschossener Elfmeter ist – Weil Hamburg nur eine Traumstadt ist – Weil man in Hamburg immer hinter den dümmsten Menschen an der Supermarktkasse steht – Weil Busfahrer in Hamburg zur Hölle fahren – Weil man Uwe Seeler nicht auf den Fuß treten sollte – Weil in Hamburg die Kaffeekasse immer voll ist – Weil Billstedt auch zu Hamburg gehört

7. DIE HAMBURGER BESETZEN DAS GÄSTEKLO, DIE GÄSTE MACHEN SICH VOR FREUDE IN DIE HOSE 157
Weil Junggesellenabschiede keine Junggesellenabschiede-Abschiede sind – Weil der 1. Mai der Tag der Arbeit des Gehirns sein sollte – Because of the School Bus driving insane – Weil in Hamburg Tourismus noch immer nicht verboten worden ist – Weil Urlaubskarten aus Hamburg nur deprimierend sein können – Weil die Reeperbahn nüchtern oder glücklich nicht zu ertragen ist

8. WARUM WOLLTEN SIE SICH EIGENTLICH DAS LEBEN NEHMEN, FRAGTE DER PSYCHIATER 171
Weil es in Hamburg mehr Fahrraddiebe gibt als Leser dieses Buches – Weil der Wind ein Shitstorm ist – Weil ich, nachdem ich nach Hamburg gezogen bin, ... – Weil HSV leider nicht für hundert sexy Versicherungsvertreter steht – Weil der Schlagermove direkt am Abgrund vorbeizieht – Weil Hamburg keine Ruhe gibt – Weil in Hamburg der Suizid oft vor der Depression kommt – Weil im Bäderland schmutzige Wäsche gewaschen wird – Weil Essen nicht in Hamburg liegt, sondern in Nordrhein-Westfalen – Weil dieses Moin Bände spricht – Weil du Hamburg selbst mit einer Fantasiereise nicht hinter dir lassen kannst – Weil die Raufasertapete nicht aus Hamburg kommt – Weil die BILD immer noch aus Hamburg kommt

9. TEXTE, DIE MAN SICH GEGENSEITIG SO RICHTIG GEIL WÄHREND DES VERKEHRS VORLESEN KANN 199
Weil in Hamburg immer einer im Weg steht, egal wie hinfällig er ist – Weil Fahrradfahrerhasser in Hamburg Ausbildungsberuf ist – Weil Hamburg wie eine defekte Werkstatt ist – Weil in Hamburg manche Ampeln saublöd geschaltet sind – Weil man sich auf Hamburg keinen Reim machen kann – Weil die Hamburger Autofahrer reduziert sind – Weil Hamburg so dermaßen geil auf Weihnachten ist – Weil des Hamburg oafach grang is – Weil es gar keinen Grund braucht, um Hamburg zu hassen – Weil Hamburger Drogendealer einem das

Blaue vom Himmel versprechen und dafür in der Hölle schmoren werden – Weil Hamburg ja auch für etwas gut sein muss

10. HAMBURG IST TIERISCH UNMENSCHLICH 223
Weil Grillen zirpen und Hamburger grillen – Weil Begegnungen mit den Hamburger Hunden sich scheiße anfühlen – Weil Kälte ist, was cool sein soll – Weil Hamburg eine Zweiklassengesellschaft ist und auch post mortem bleibt – Weil Schwäne ohnehin schon schlimm sind, aber im noch schlimmeren Hamburg zu den schlimmsten Tieren überhaupt werden – Weil Flüchtlinge in Hamburg keinen Schutz finden, aber Hamburger plötzlich Umweltschutz gut finden – Weil Pferde unter der Erde mehr Glück hätten – Weil der Tierpark Hagenbeck richtig scheiße langweilig ist!!! – Weil Hamburg nicht mehr alle Tassen im Schrank hat – Weil Obdachlose von Pennern behandelt werden wie Unmenschen

11. TEXTE, IN DENEN REGEN VORKOMMT 249
Weil das Wetter in Hamburg sehr wechselhaft ist – Weil die Hamburger den Sommer verdecken – Weil der Scherz nach hinten losging – Weil auch Chinesen nicht verstehen, wie man Hamburg ertragen soll – Weil Gott Hamburg in sieben Tagen erschaffen hat und danach nicht mehr gesehen ward – Weil Hamburg Menschen verkauft – Weil die Alster binnen und außen hui, aber trotzdem pfui ist – Weil die Hamburger auf dieses Buch nicht adäquat reagieren werden

STATT EINES NACHWORTS 262

Zwischen all der Euphorie
und sicher, besser ging's mir nie
fällt mir wieder ein
woanders bin ich wer gewesen
hier werd' ich irgendjemand sein

Spaceman Spiff, *Hamburg*[1]

VORWORT

STATT EINER STADTFÜHRUNG

Bei 800.000 habe ich aufgehört zu zählen. Ja wirklich, über 800.000 Menschen hatten mich bereits angerempelt. Mehr als 800.000 Menschen hatten mich unaufhörlich geschubst und hin und her geschoben, mich hier berührt und da gezogen. Ich war schon ganz versehrt, aber sie rieben sich immer weiter an mir, nahmen mich unaufhörlich in die Mangel. All diese Menschen stießen mich ab und bearbeiteten mich doch gleichzeitig mit ihrer bloßen Gegenwart wie Schmirgelpapier. Ich war schon ganz dünnhäutig. Es war furchtbar, es war ganz und gar schrecklich, ein einziger Albtraum.

Dabei war es doch eigentlich ein schöner Sommertag. Endlich mal. Und dazu noch Wochenende. Also war ich an den Elbstrand gegangen. Övelgönne heißt der Abschnitt, den ich meine. Hier kann man Containerschiffe so groß wie Detmold vorbeifahren sehen. Dort stand ich also im Schatten. Liegen ging nicht, denn außer mir war eben auch noch halb Hamburg da. Halb Hamburg drängte sich an diesem Platz zusammen und wollte in der Sonne stehen. Dort am Ufer der schmutzigen Elbe, in der man sowieso nicht baden kann, wenn man kein Gegengift dabeihat. Halb Hamburg war da und war fröhlich. Es ist nämlich so: Immer wenn die Sonne scheint, ist ganz Hamburg ganz schnell ganz fröhlich. Die andere fröhliche Hälfte stand wahrscheinlich noch im Stau, war aber auch schon auf dem Weg zur Elbe.

Hamburg ist ein Monster, dachte ich, gefangen in der Mitte dieser massigen Stadt, die meine Zehen bereits verschluckt hatte. Ich geriet in Panik und schrie wie am Spieß. Ich schrie, dass Hamburg verschwinden solle. Aber Hamburg brüllte zurück, schrie wie am

Grill, schrie wie am Ende meines Lebens, schrie wie am lautesten auf der Welt. Hamburg schrie: »Aber ich bin doch deine Perle.«

In Hamburg, Freie und Hansestadt, wachsen die Häuser alle zehn Jahre um ein Stockwerk.
Hamburg, Freie und Hansestadt, sagte Ludwig van Beethoven als Letztes, weil er es ja ohnehin nicht mehr hören konnte.
Hamburg, Freie und Hansestadt, hat tiefe Keller, und darin stehen einarmige Banditen, und über ihnen dreht sich die Erde.
Als Winnetou zum ersten Mal mit der Eisenbahn fuhr, wollte er erst in Hamburg, Freie und Hansestadt, wieder aussteigen.
In Hamburg, Freie und Hansestadt, gibt es eine zwei Meter große Frau, die Hilfeschreie unterrichtet.
Heinrich Himmler antwortete auf die Frage, ob er an ein Leben nach dem Tod glaube: Hamburg, Freie und Hansestadt.
Manchmal glaube ich, Hamburg, Freie und Hansestadt, lebt in mir und hasst mich abgrundtief.

Der schöne Sommertag war vorbei. Es folgte ein schöner Sommerabend. Für die anderen. Sie tranken schönen Sommerabendalkohol, und es fiel niemandem auf, dass ich schlimmen Sommerabendalkohol zu mir nahm, um das alles ertragen zu können: diese Heimatlosigkeit und die Stadt, die turmhoch darum herum gebaut war. Schlimmer Sommerabendalkoholüberfluss zwang mich schließlich, die Toilette aufzusuchen.

Dort stand ich am Pissoir und dachte über Pinkeln als meine Zukunft nach, als sich einer neben mich stellte. Er nestelte an seiner Hose herum und gab kurz darauf ein erfreutes Grunzen von sich. Ich schaute hinüber, und als sich unsere Blicke trafen, sagte er mit sonorer Stimme: »Ich sag dir was: Mehr als ein Hamburger kann ein Mensch nicht werden.«

Liebe Unschuldige, herzlich willkommen in Humbug.

Ihr Uwe Uns

VON AUSSEN BETRACHTET SIEHT HAMBURG AUS, WIE GRÜNKOHL RIECHT

1. GRUND

WEIL HAMBURG NICHT CASTROP RAUXEL IST

Bitte nicht erschrecken, geschätzte Hamburg-Hasser und alle, die willens sind, es zu werden. Vorab muss nämlich gesagt werden, dass es einige Dinge in Hamburg gibt, die gar nicht mal schlecht sind. Es wäre infam und auch falsch, dies zu verschweigen. Darum sollen diese Pluspunkte gleich zu Anfang erwähnt werden, damit gar nicht erst der Verdacht entstehen kann, hier werde eine redliche Stadt einseitig betrachtet und eiskalt niedergemacht. Nein, auch die guten Seiten der Freien und Hansestadt Hamburg werden hier aufgeführt. Ehre, wem Ehre gebührt oder »Wat mutt, dat mutt«, wie die Hamburger es so unschön ausdrücken.

Also: Hamburg hat keinen aktiven Vulkan. Das ist ein großer Vorteil, gerade für eine Stadt, die nur auf dem Papier wirklich bedeutend ist (wie das brennen würde, herrjemine). In Hamburg hat es seit 1350 keinen Fall von Pest mehr gegeben, und auch von einem gestürzten Diktator wurde in Hamburg seit vielen Jahrzehnten niemand mehr erschlagen. Béla Réthy lebt nicht in Hamburg. Das flutscht so unspektakulär vorüber, darum noch einmal: Béla Réthy lebt nicht in Hamburg. Man kann in Hamburg an sehr vielen Stellen gut Kaugummi kauen, auch zuckerfreien. Man wird in Hamburg nicht täglich von Vögeln angeschissen. Wenn man Baustellen gerne hat, es gibt in Hamburg stets eine Menge davon. Den Flyer *Wo suizidgefährdete Menschen in Hamburg Hilfe finden* kann man sich kostenlos auf hamburg.de herunterladen.[2] Da hat die Stadt tatsächlich vorausgedacht.

Aber Hamburg hat so vieles eben auch nicht. Hamburg hat keinen inaktiven Vulkan. Dabei wäre das ja mal eine echt tolle Sehenswürdigkeit. Hamburg liegt nicht in Italien. Das Geburtshaus von Albert Einstein steht nicht in Hamburg. Nicht mal Jogi Löw kommt von hier. Außerdem kann man nicht so ohne Weiteres an einem

Hubschrauber hängend ein paar Bösewichten die Stiefelsohlen über die Schädeldecken ziehen, wie einem das Til Schweiger als Hamburger *Tatort*-Kommissar Nick Tschiller gerne glauben machen möchte. Es fliegen generell nicht so viele Hubschrauber in Bodennähe in Hamburg herum. Und die Bösewichte hier sind eher kleine Ganoven, die wiederum oft eher nur Idioten sind, von denen ein Großteil schlicht betrunken ist und einfach nur nicht nach Hause zu Mutti will (das kann die Ehefrau sein oder tatsächlich die Frau Mama). Meistens ist Hamburg leider langweilig und deprimierend. Hamburg ist wie ein Rentner, der nach Erbsensuppe riecht.

Hamburg sagt dauernd laut vor sich hin, was es gerade macht: »Ich nehme jetzt meinen Ruf und lasse ihn in den Köpfen meiner Bürger widerschallen, damit sie weiter glücklich in mir herumlaufen können. Ah ja, das Tor zur Welt, den Begriff schnell noch in die Hirne einpflanzen, dann ist für heute mal wieder alles gebongt.«

Aber bei Licht betrachtet ist Hamburg gar nicht so eine wirkliche Großstadt, nur so teuer wie eine. Wenn die Nazis nicht mit ihrem »Groß-Hamburg-Gesetz« von 1937 der Stadt einfach viele Stadtkreise und Gemeinden einverleibt hätten (statt 415 waren es plötzlich 755 Quadratkilometer Fläche), wäre Hamburg heute etwas leiser, niedriger und schmaler. Und vielleicht auch bescheidener. Hamburg ist nämlich vom Weltall aus überraschenderweise gar nicht zu erkennen. Das Weltall allerdings ist von Hamburg aus auch nicht zu sehen. Die Stadt strahlt unablässig in ihrem billigen Glanz aus stumpfsinnigen Leuchtreklamen und neonfarbenen *Open*-Schildern dahin und verschmutzt so die Nacht mit einem undurchdringlichen milchig trüben Licht. Dahinter verschwindet das Universum. In Hamburg guckt man selbst im Planetarium lieber gähnend öde Lasershows statt Sternbilder und Planeten. Hamburg hat ja nicht mal einen Papst, der den Hamburgern den Himmel näherbringen würde.

Wohlwollend könnte man sagen, Hamburg müsste es mit all seinen Mängeln doch immerhin schaffen, die Menschen von anderen

Städten träumen zu lassen. So wie ein Zwickauer zu DDR-Zeiten vielleicht von Castrop Rauxel träumte. Aber nicht mal das kriegt Hamburg hin. Hamburg ist eben nicht Zwickau. Stattdessen reden sich die Hamburger ein, wie toll doch alles ist.

»Ich freue mich jetzt eine Minute lang, dass ich ein Hamburger bin. Danach such ich mir einen anderen, und dann freuen wir zwei uns zwei Minuten lang, dass wir zwei Hamburger sind. Und weil das so schön ist, suchen wir uns noch einen und freuen uns dann zu dritt drei Minuten lang darüber, dass wir Hamburger sind. Danach ...«

Das ist fast schlimmer als die Pest. Eigentlich stünden diesen Menschen Schwerbehindertenausweise zu. Andererseits: Waschechte Hamburger, die hier aufgewachsen sind, nie über einen längeren Zeitraum woanders gewesen sind und auch künftig nirgendwo anders hinwollen, sind schon ganz gut aufgehoben hier. Sie sind am einzig richtigen Ort. An dem Ort, den sie verdient haben. Und sie können so wenigstens keinen Schaden in anderen Städten anrichten. Die Zwickauer, die es nach 1990 wirklich angepackt und sich ihren Traum von Castrop Rauxel erfüllt haben, können froh sein. Sie leben in einer gerechten Welt. Weil eben nur Hamburg Hamburg ist. Und alle anderen Städte dadurch besser dran sind.

2. GRUND

WEIL DER HAUPTBAHNHOF
DER ANFANG VOM ENDE IST

Der Hamburger Hauptbahnhof ist ein düsterer Ort. Wenn Sie inmitten einer Menschenmenge weinen wollen, ohne dass es irgendjemanden kümmert, aber Sie ungern auf ein Death-Metal-Konzert gehen möchten, dann sind Sie am Hamburger Hauptbahnhof absolut richtig. Die Leute werden teilnahmslos an Ihnen vorbeieilen, ab und zu wird Sie einer anrempeln, aber selbst das ist nicht persönlich gemeint.

Wenn Sie wissen wollen, wie es sich anfühlt, unherzlich unwillkommen zu sein, dann herzlich willkommen am Hamburger Hauptbahnhof.

In einem Film wäre der Hamburger Hauptbahnhof die ideale Kulisse für den Showdown, wenn das Böse über das Gute obsiegt.

In einem Albtraum wäre der Hamburger Hauptbahnhof wie der Hamburger Hauptbahnhof.

Im allerschlimmsten Albtraum wäre der Hamburger Hauptbahnhof der Ort, an dem kein Aufwachen möglich ist.

Steigen Sie nicht aus. Hamburg ist nicht gut für Sie.

Der Hauptbahnhof ist Ihr Verderben.

Denken Sie nicht, es sei alles gar nicht so schlimm.

Steigen Sie nicht aus.

So, Sie springen jetzt also schon seit drei Tagen jubelnd im Hamburger Hauptbahnhof herum und finden alles dufte? Es gibt da noch was viel Besseres für Sie. Sie könnten sich in einen trockengelegten Brunnen werfen lassen, der in Dauerschleife mit *Hyper Hyper* von Scooter beschallt wird. Oder Sie lassen den schlimmsten Tag in Ihrem Leben von Til Schweiger verfilmen und trinken dann alle Tränen auf, die Til-Schweiger-Fans im Kino vergießen werden.

Wenn Sie auf wesentlich einfachere Art und Weise krank werden wollen, können Sie sich in der sogenannten Wandelhalle des Hamburger Hauptbahnhofes schlechtes Essen en masse kaufen.

Wenn Sie schlechtes Essen en masse kaufen können, können Sie sich auch eine Fahrkarte nach Chur leisten und sich dort von einer einheimischen Internistin den Magen auspumpen lassen. Dann sind Sie auch weit genug entfernt, damit Sie wieder zu Sinnen kommen.

Sie haben da einen Krümel im Mundwinkel, können Sie den mal wegmachen bitte. Nicht, dass der noch in das schöne Buch hineinfällt.

Ach so, das ist gar kein Krümel, das ist das, was von der Hoffnung übrig geblieben ist.

Also, liebe einfältige Pirmasenser, liebe ahnungslose Leipziger, liebe wagemutige Saarbrücker, liebe entschlossene Würzburger, liebe gutgläubige Chilenen, wenn Sie am Hamburger Hauptbahnhof aus dem Zug steigen, werden Sie denken: Oh!

Ab dann ist es schon zu spät. Denn dann sind Sie bereits einem Zugunglück zum Opfer gefallen, das Sie leider unversehrt überstanden haben.

Also gehen wir ein paar Weichen zurück. Ziehen Sie die Notbremse. Essen Sie die Fahrkarte auf. Steigen Sie lieber in Essen aus. Suchen Sie im Zug nach einem Kannibalen.

Ach Mensch, liebe ernüchterte und bemitleidenswerte und hoffnungslose und depressive und verzweifelte Pirmasenser, Leipziger, Saarbrücker, Würzburger, Chilenen, eure Muttis werden euch niemals in Hamburg besuchen kommen. Deren Kruzifixe würden bereits 15 Minuten vor der Ankunft am Hamburger Hauptbahnhof zu glühen anfangen.

3. GRUND

WEIL DIE MIETEN NIETEN SIND

Sie hassen Ihre Nachbarn. Sie hassen, dass das Haus, in dem Sie wohnen, Sie nicht zum Killer macht. Die Straße vor dem Haus ist wie ein Fließband schlechter Laune, ein paar Fluchtautos stehen auch darauf. Doch Sie haben immer noch ein Gewissen und eine Moral. Sie müssen also umziehen.

Aber Sie wollen natürlich nicht nach Billstedt ziehen. Und auch nicht nach Harburg. Da könnten Sie ja gleich nach Bochum oder einen Vorort von Waterloo umsiedeln. Hamburg ist ein Moloch mit verschiedenen Leveln. In Osdorf kann man Glück beschreiben, ohne es jemals gesehen zu haben. In Wandsbek kann man ohne Hilfeschreie keine neuen Bekanntschaften schließen. Und in Wilhelmsburg ist Optimist ein akademischer Grad, den man nur als einbeiniger 79-Jähriger erlangen kann.

Sie schauen sich also lieber eine Wohnung in Ottensen an. Oder: Sie schauen sich an, wie sich 200 Menschen gleichzeitig eine 40 Quadratmeter große Wohnung in Ottensen anschauen.

Als Nächstes schauen Sie sich eine Wohnung auf St. Pauli an.

»Der zugedröhnte Typ, der sonst immer vor der Haustür steht, ist heute leider nicht da«, entschuldigt sich der aktuelle Mieter der Wohnung gleich zu Beginn, sagt dann aber stolz, dass dieser grundsätzlich sehr verlässlich dort anzutreffen sei. Und so für das gewisse Flair sorge, wegen genau dem man ja schließlich auf St. Pauli wohnen wollen würde. Dann zeigt er Ihnen die Wohnung, die so dunkel, schäbig und trostlos wirkt, als wäre Depression eine begehbare Skulptur aus allen abgeschnittenen Fingernägeln in Hamburg seit den 1970er-Jahren.

Danach fahren Sie nach Eimsbüttel. Über einem Autohaus ist eine ehemalige Hausmeisterwohnung frei.

»Als Erstes: Strom kostet Sie gar nichts, egal, wie viel Sie verbrauchen, läuft übers Autohaus«, sagt der Wohnungseigentümer, der Sie mit einem guten Dutzend Mitinteressenten unten im Hof empfängt.

Cool, denken Sie. Dann werden Sie zusammen mit den anderen in den ersten Stock geführt. 70 Quadratmeter soll die Wohnung groß sein, so stand es in der Anzeige. War wohl ein Druckfehler, da hätte wohl eher Kubikmeter stehen müssen. Es sind drei kleine Zimmer und eine sehr kleine Küche. Jedes Zimmer hat jeweils eine Tür in die drei anderen Zimmer, insgesamt gibt es in der Wohnung ca. 17 Türen. Und ca. 1 Fenster. Und ca. überall schräge Wände. Sie sehen eine Ecke, in die zumindest ein Abfalleimer hineinpassen könnte. Wer braucht schon Schränke, wenn er einen Abfalleimer und kostenlosen Strom hat. Und wer braucht schon ein Bett, in dem man sich ausstrecken kann. Es ist viel origineller, wenn die Beine abgewinkelt in einem anderen Zimmer liegen.

Der Vermieter steht breitbeinig in einer der 27 Türen und beantwortet gelangweilt Fragen.

Ja, das Laminat sei alt und an manchen Stellen beschädigt, aber man könne ja einen Teppich drauf legen.

Ja, es sei schon richtig, dass in der Wohnung kein Platz für eine Waschmaschine sei, aber dafür liege die Miete ja auch nur bei 950 Euro.

Als eine Interessentin fragt, ob sie mit zwei Freundinnen eine Dreier-WG hier aufmachen dürfe, ob er denn etwas dagegen habe, antwortet der Vermieter gönnerhaft, dass es ihm egal sei, wie viele Leute hier wohnen, sie könne gerne den Bewerbungsbogen ausfüllen. Er zeigt auf einen Papierstapel, der auf der Spüle in der Küche liegt, und reicht ihr den Kugelschreiber, mit dem er gerade noch in seinem rechten Ohr herum gebohrt hat. Sie freut sich total, es muss ihr Glückstag sein, denn sie gehört zu den Auserwählten, die einen Bewerbungsbogen ausfüllen dürfen.

Sie aber stürzen durch mindestens die Hälfte der insgesamt 37 Türen, bis sie endlich den Ausgang erblicken, und noch bevor Sie wieder auf der Straße sind, haben Sie sich entschieden: Sie wollen Ihre Nachbarn erst mal doch noch ein bisschen länger, ein bisschen mehr und ein bisschen lieber zu hassen versuchen.

4. GRUND

WEIL HAMBURG EINEN KNALL HAT

Silvester ist wie ein Betrunkener, der laut singend vor dem Fenster steht und ewig nicht weitergeht, weil er noch am Schwanken ist, ob er in diese oder jene Richtung davonwanken soll. Bis zum nächsten Silvester wird man eine Falltür bauen. Das nimmt man sich jedes

Jahr wieder vor. Aber wie das nun mal so ist mit den guten Vorsätzen.

In Hamburg ist Silvester Mehrzahl, also wie eine ganze Horde von Betrunkenen, die vor dem Fenster stehen. Sobald Raketen und Böller angeboten werden, kaufen sie die Blöden wie blöde. Und zwar reichlich. Reichlich blöde und reichlich viel. Notfalls verzichtet man für ein paar Wochen auf Duschgel und darauf, Rechnungen zu bezahlen. Die angeschafften Vorräte sind so gewaltig, dass sogleich mit dem Abfeuern begonnen werden muss. Und so startet in Hamburg das Silvesterfeuerwerk bereits am 29.12. und hört bis zum Morgengrauen am 1. Januar ganz bestimmt nicht auf. Manche müssen gar Sonderschichten einlegen und stehen stundenlang im Hinterhof, um einen Böller nach dem anderen zu zünden.

Wer genau hinhört, der kann die feinen Unterschiede der Knalle hören, Laien hingegen hören immer nur den einen selben lauten und ultranervigen Krach.

Raketen werden am helllichten Tag aus offenen Fenstern gefeuert. Sie verglühen schnell. Aber die Gesichter in den Fenstern glühen ununterbrochen weiter. Bis ins neue Jahr hinein.

Amputierte Finger, Knalltraumen, Brände und Schweißgeruch, das nehmen diese Menschen bei sich und anderen in Kauf. Silvester in Hamburg ist wie Sterben in Hamburg. Man sollte es vermeiden. Das Leben nach dem Tod ist woanders schöner.

Aber am 2. Januar ist dann alles wieder gut. Dann ist Hamburg nur noch so blöd wie immer.

Na ja, nicht ganz. In Hamburg gibt es nämlich andauernd irgendein Feuerwerk. Hafengeburtstag, Alstervergnügen, Kirschblütenfest, Cruise Days, Frühlingsdom, Sommerdom, Winterdom, um nur die wichtigsten Anlässe zu nennen. Die Behörde für Gesundheit und Verbraucherschutz genehmigt in Hamburg pro Jahr mehr als 200 Feuerwerke.

»Mensch, Onkel Peter hat doch nächste Woche Geburtstag, und wo er doch schon alles hat, Gummimatratze, Folienschweißgerät und Ronald-Schill-Autogramm, lass doch ein Feuerwerk für ihn machen, da freut er sich bestimmt wie Bolle drüber.«

Immer wenn in Hamburg ein Folienschweißgerät gekauft wird, gibt es ein Feuerwerk.

Wenn es in Hamburg ein Feuerwerk gibt, fällt in China ein Sack Reis um.

Wenn in China ein Sack Reis umfällt, stolpert in Hamburg ein Betrunkener über eine Metapher.

5. GRUND

WEIL HAMBURG WENIGER FEIERTAGE HAT

In der Hansestadt gibt es neun gesetzliche Feiertage. In Bayern sind es 13, in Augsburg sogar 14 Feiertage pro Jahr. Wirklich sehr super, Hamburg, möchte man da rufen. Die Bundesländer entscheiden nämlich selbst über die Feiertage. Und es ist kaum zu verstehen, warum die Verantwortlichen es den Hamburgern nicht gönnen, öfter frei zu haben. Oder vielleicht doch?

Auf jeden Fall ist das sehr arbeitgeberfreundlich. Man darf nicht unterschätzen, wie viel Geld so ein Arbeitstag bringt. Und man darf nicht unterschätzen, wie viel Macht Geld hat. Und dann sollte man auch nicht vergessen, wie viel Geld den Mächtigen noch fehlt, bis sie endlich glücklich und zufrieden sein können.

Im Jahr 2012 gab es eine erfolglose Initiative für einen zusätzlichen Feiertag in Hamburg, den »Tag der Freiheit«. So weit, so schlecht.

Aber andererseits kann man natürlich auch kritisch hinterfragen: Was machen Hamburger an freien Tagen eigentlich? Sie verstopfen den Elbstrand, grillen eine ganze Herde toter Tiere in den Parkanlagen, sprechen Platt – was Hamburger eben so tun, wenn sie nicht wirklich was zu tun haben. Oder sie teilen sich in Gruppen auf und zählen die Brücken in der Stadt, um dann wieder voller Stolz überall herumposaunen zu können, dass es mehr sind als in Venedig. Und sie glauben an Feiertagen weniger an Gott als an ganz normalen Montagen. An Montagen haben sie wenigstens einen Grund zu beten. Dafür nämlich, dass die Arbeitswoche schnell vorübergehen möge. Damit sie bald wieder den Elbstrand versto…, Sie wissen schon.

Seien wir mal ehrlich, die meisten Hamburger haben mehr Feiertage gar nicht verdient. Man sollte ihnen im Gegenteil sogar noch ein paar wegnehmen. Denn ausgelassene ausgeschlafene ausdauernde ausgeflippte Aus-Spaß-an-der-Freude-Hamburger sind die bösen Zwillinge der in grauen Büros eingesperrten eingegipsten eingearbeiteten eintönigen Ein-Lottogewinn-wäre-toll-ich-würde-aber-trotzdem-weiterarbeiten-Hamburger. Streicht denen die Feiertage, nicht die Büros, das Grau passt nämlich ganz gut zu ihren Selbstverwirklichungsfantasien.

Aber was ist dann mit den guten Menschen, die Feiertage nutzen, um Bach-Kantaten zu hören und ihre Nägel zu schneiden, bevor sie Briefe an Freunde schreiben und danach ihre Bücher im Regal nach Titellänge sortieren? Man muss zugeben, so viele von diesen demütigen schönen Menschen gibt es gar nicht in Hamburg. Aber den wenigen könnte man doch tatsächlich mehr Feiertage zugestehen. Nein, das wäre gar nicht ungerecht. Menschen leben schließlich ja auch unterschiedlich lang. Wenn etwas ungerecht ist, dann das. Denn manche leben total gesund und sterben trotzdem mit 56 an Krebs oder mit 34 daran, dass Hamburg den »Tag des strafrechtlich nicht verfolgten Mordes an einem Hamburger, der nicht zustimmt, dass Hamburg die schönste Stadt der Welt ist« einführt. Andere wiederum trinken, rauchen und ernähren sich schlecht, meckern dann aber herum, wenn sie mit 93 eine Lesebrille brauchen, um die BILD-Schlagzeile entziffern zu können. Da steht dann: *Niemand fordert mehr Feiertage für nicht feiernde Hamburger.*

Hamburg feiert sich selbst jeden Tag. Das reicht vollkommen. Alles andere passiert im Niemandsland, das von Hamburg aus nur auf dem Rücken eines Einhorns zu erreichen ist. Niemand zieht sich nackt aus, niemand schießt sich eine Kugel in den Kopf, niemand weint um sich selbst.

6. GRUND

WEIL ES IN HAMBURG NUR HAMBURG GIBT

Hamburger sehen sich und ihre Stadt als einzigartig an. Die Sage geht um, dass Hamburg die geilste Stadt der Welt ist und gleich auch noch ihr Mittelpunkt dazu. Und wahr ist tatsächlich Folgendes: Wenn man in Hamburg stolz und patriotisch herumsteht und selbst wenn man die besten Augen aller Augeninhaber überhaupt hat und wenn man sich mit diesen dann umguckt, wird man nur schwerlich bzw. kaum bzw. eigentlich gar nicht bzw. auf jeden Fall keinesfalls eine andere Stadt entdecken können. Es gibt nur Hamburg in Hamburg. Und außerhalb Hamburgs gibt es sowieso nichts. Das sind auch die ersten Worte, die Hamburger Kinder von sich geben. Danach erst kommt das überbewertete Wort »Mama«.

»Außerhalb Hamburgs gibt es sowieso nichts, Mama«, krakeelt also das Kind und kriegt dafür sogleich von der erfreuten Mama einen Duschvorhang mit dem Hamburger Wappen drauf überreicht.

Das Tor zur Welt ist eine Tür, die nach innen aufgeht.

Hamburg ist von einer nebulösen Restwelt umgeben, die manchmal als Drohkulisse für Kinder herhalten muss, wenn die ihr Zimmer nicht aufräumen wollen oder ihr tägliches Franzbrötchen verweigern.

»Wenn du nicht tust, was ich dir sage, musst du ein Wochenende im fürchterlichen Bremen verbringen.«

Aber was ein echter Hamburger ist, der ehrt seine Stadt und vermeidet es, andere Orte überhaupt zu einem Bild vor dem geistigen

Auge werden zu lassen. Im Tresor des Oberbürgermeisters ist unter einigen Duschvorhängen ein *Diercke Weltatlas* zu finden, der aber nur herausgeholt wird, wenn man nachgucken will, wo um alles in der Welt wieder mal Olympische Spiele stattfinden sollen.

Hamburg hätte gern eine eigene Währung. Und eigene Intelligenztests. Und eigene Todesarten, die Nicht-Hamburger gar nicht erleiden können. Zum Beispiel wäre es eine Art Auszeichnung und eine nur schwerlich zu übertreffende Abrundung eines famosen Hamburger Lebens, an Selbstüberschätzung zu verrecken. Wenn man beispielsweise denkt, als Hamburger könne man auf andere Städte abschätzig herabblicken, und dabei dann der Sonne zu nah kommt (die man ja gar nicht gewohnt ist), sodass das Wachs, mit dem die Flügel befestigt sind, schmilzt. Und man abstürzt. Und von einer Kirchturmspitze gepfählt wird. Und von den Menschen im jeweiligen Ort als Gottheit verehrt wird.

Der Oberbürgermeister feiert jedes Jahr mit seinen lieben Bürgern seinen Geburtstag. Es gibt dabei reichlich zu essen und zu trinken. Jedes hundertste Hors d'œuvre ist vergiftet und jedes hundertste Getränk auch. Tödlich aber ist nur die Kombination aus beidem. Diejenigen also, die sowohl eine vergiftete Speise als auch ein vergiftetes Getränk innerhalb von 13 Minuten zu sich nehmen, müssen sterben, während die anderen nur wochenlang mit schlimmen Magenschmerzen darniederliegen. Die Erstgenannten, diejenigen also, die durch dieses fein ausgeklügelte Spielchen gänzlich dahingerafft werden, sind die Gesegnetsten unter den Gesegneten. Wenn sie auf einer Bahre vom Festplatz getragen werden, werden sie von den anderen sehr beneidet. Ein Ehrenbegräbnis ist ihnen sicher, und außerdem wird eine Münze mit ihrem Konterfei als Zahlungsmittel eingeführt.

In Hamburg gibt es deshalb zum Beispiel auch 3-Cent-Münzen. Und 8-Cent-Münzen. Und 37-Cent-Münzen. Und 77-Cent-Münzen. Und 91-Cent-Münzen. Und 91-Cent-Münzen, die nur zur Bezahlung von schwarzen Mercedes Cabrios verwendet werden dürfen.

Sie können sich ja vorstellen, wie das weitergeht. Wenn die Hamburger sich vermehren wie die Karnickel und sterben wie die Fliegen, dann gibt es irgendwann auch 147-Cent-Münzen, die nur an Leute weitergegeben werden dürfen, die einen vor dem S-Bahnhof Diebsteich ansprechen, ob man ihnen nicht etwas Kleingeld geben könnte, weil sie gerade ausgeraubt worden seien und sich nun kein Bahnticket nach Hause mehr leisten könnten. Nicht zu vergessen die 27-Euro-und-96-Cent-Münzen (und zwar die blauen!), die nur dafür verwendet werden dürfen, am Tag der eigenen Herzkatheter-OP an einer Aral-Tankstelle, die in der Woche zuvor überfallen worden ist, Zigaretten zu kaufen. (Kleiner Auszug aus dem bald erscheinenden Buch *Die 111 am seltensten verwendeten Hamburger Münzen mit toten Hamburgern drauf*, das eine 999-Cent-Münze kostet, die nur verwendet werden darf zum Kauf von Büchern, die es zum Zeitpunkt des Todes der schwarzen Katze der einäugigen Nachbarin noch nicht gegeben hat.)

7. GRUND

WEIL 7.225.243.512 NICHT-HAMBURGER SICH NICHT IRREN KÖNNEN

Wenn Hamburg so toll ist und so überragend schön, warum wohnen dann nicht alle dort. Mit alle sind wirklich alle gemeint. Na ja, zumindest alle, die Herrlichkeit und Einzigartigkeit erkennen können. Warum stehen keine hohen Mauern um Hamburg, um die Massen abzuhalten, die da verständlicherweise hineinwollen? Hamburg müsste doch eigentlich bersten vor Menschheit. Menschen müssten auf den Köpfen von Menschen stehen, die auf den Köpfen von Menschen stehen, die auf Köpfen von Menschen stehen, die auf Köpfen von Menschen stehen, die auf Köpfen von Kindern stehen.

Und warum kommt eigentlich der ungestraft davon, der um drei Uhr morgens auf einer Kellerparty in Heidelberg behauptet, dass Heidelberg die schönste Stadt der Welt sei? Warum gibt es kein Buch namens *111 Gründe, diesen blöden Heidelberger zu hassen*? Mildernde Umstände, weil er total betrunken ist? Weil er sowieso ein Verlierer ist, der am Wochenende zuvor wieder nicht im Lotto gewonnen hat, und weil er eine Hasenscharte hat und weil er noch nie Beatrix von Storch bumsen durfte, obwohl er die doch so verehrt?

Aber vielleicht ist es auch so, dass Hamburg gar nicht so toll und überragend ist. Vielleicht wollen gar nicht alle nach Hamburg. Es wohnen so viele Menschen nicht in Hamburg, das ist eine absolut überwältigende Mehrheit. Das müsste doch eigentlich sogar dem selbstherrlichsten Hamburger zu denken geben.

Wie schön Hamburg wirklich ist? So schön wie das Schmerzgewimmer unter einem Motorradhelm, nachdem man panisch die 30 Meter zurückgelegt hat, die der arme Kerl weggeschleudert wurde, weil man sein Motorrad mit 120 Sachen gerammt hat. Er hätte schließlich ja auch gleich tot sein können.

Wie toll Hamburg wirklich ist? So toll wie einen Flugzeugabsturz zu überleben, um vier Wochen später von einer in 3.000 Metern Höhe verstorbenen Gans erschlagen zu werden.

Schöner als Hamburg ist auf jeden Fall, mit einem dicken Edding zu schreiben. Das Geräusch, das dabei entsteht, und der Lösungsmittelgeruch, der einem in die Nase steigt.

Toller als Hamburg ist alles, was einem einfällt, wenn einem eine Biene in den Finger sticht und man gerade den ersten Anschlag bei seinem ersten Soloklavierkonzert machen wollte.

Was soll man mit einem Edding aufschreiben, damit das Geräusch, das der Stift auf dem Papier macht, besonders schön klingt und damit der Lösungsmittelgeruch einem besonders gut in die Nase steigt? Alle anderen Städte außer Hamburg.

8. GRUND

WEIL HAMBURG SCHEISSE IST

Weil Udo Lindenberg seit Jahrzehnten einen Hut trägt, ist die scheißende Möwe in Hamburg vom Aussterben bedroht.

Weil wenn Möwen nicht mehr scheißen, sind sie zu schwer zum Fliegen.

Weil fette Menschen im Flugzeug einen Aufpreis bezahlen müssen, bleiben sie zu Hause.

Weil die dicken Menschen gezwungen sind, zu Hause herumzusitzen, gucken sie oft blöde Sendungen im Fernsehen.

Weil blöde Sendungen im Fernsehen so erfolgreich sind, muss man an der Intelligenz der breiten Masse zweifeln.

Weil die breite Masse doof ist, gewinnen bei den Wahlen rechtspopulistische Parteien immer mehr Stimmen.

Weil so viele rechte Stimmen schrecklich klingen, ist Chormusik in Deutschland an einem Tiefpunkt angelangt.

Da Chöre kaum noch Nachwuchssänger rekrutieren können, schließen sich immer drei Chöre zu einem zusammen.

Da die drei Chöre sich fast immer schwertun, einen gemeinsamen Namen zu finden, scheitert jede zweite dieser Fusionen.

Da die Chöre immer weniger werden, sind die Weihnachtsgottesdienste längst nicht mehr so feierlich wie früher.

Weil die Weihnachtsmessen die Leute nicht mehr so ansprechen, glauben nicht mehr so viele Menschen an Gott.

Weil weniger Menschen an Gott glauben, werden Leute wie Udo Lindenberg umso mehr verehrt.

Weil Udo Lindenberg so verehrt wird, macht er auch im Alter von 70 Jahren noch Musik.

Wenn der mit 70 noch Musik macht, dann mache ich mit 70 auch Musik, denkt irgendein Millionärssohn aus Blankenese und meint damit seinen IQ.

Wenn ein Millionärssohn aus Blankenese nachdenkt, dann könnte er auf die Idee kommen, dass seine Freundin nur des Geldes wegen mit ihm zusammen ist.

Wenn eine Frau einen Mann aufgrund seines Reichtums liebt, liebt sie ihn gar nicht wirklich.

Wenn eine Frau einen anderen Mann liebt, aber dennoch den reichen heiratet, wird sie nicht glücklich werden.

Weil die frisch verheiratete Frau unglücklich ist, nimmt sie Antidepressiva.

Weil Medikamente sehr oft Nebenwirkungen haben, wollen viele Menschen sie nicht nehmen.

Weil man ja sagt, Geben sei seliger denn Nehmen, geben gerade Depressive zur Begrüßung gerne die Hand.

Weil die anderen aber eigentlich nur den kleinen Finger haben wollten, entstehen peinliche Situationen.

Weil man außer in einem Sumpf nicht im Boden versinken kann, versucht man sich mit einem Scherz aus der Situation zu retten.

Weil lustige Notärzte auch nicht mehr Menschen vor dem Tod retten als bierernste, sterben jeden Tag viele Menschen.

Weil Menschen sterben müssen, sollten sie die zur Verfügung stehende Lebenszeit sinnvoll nutzen.

Weil das Leben kostbar ist, sollte man es nicht in Hamburg verplempern.

Weil Hamburg eigentlich menschenleer sein müsste, lohnt es sich nicht, dort ein Restaurant zu eröffnen.

Wenn das Restaurant geschlossen hat, kann der Koch seinen Bruder besuchen.

Weil sein Bruder auch Koch ist, reden die beiden Köche auch an ihrem freien Tag nur über die Arbeit.

Weil Köche an ihren freien Tagen manchmal so gar keine Lust auf Kochen haben, bestellen sie sich gerne mal Pizza.

Weil Pizza so beliebt ist, essen manche Menschen sehr viele Pizzen.

Wenn Menschen oft und viel Pizza essen, werden sie dick.

Weil dicke Menschen leichter von scheißenden Möwen getroffen werden können, sind scheißende Möwen wieder dick im Geschäft.

Weil er mit 70 Jahren noch dick im Geschäft ist, ist Udo Lindenberg einer der großen deutschen Stars.

Weil er immer einen Hut trägt, ist er ein noch größerer Star.

Weil man als Star Fans braucht, muss man diese bezahlen, damit sie einem zujubeln.

Weil der Applaus das Brot des Künstlers ist, wird das echte Brot an die Möwen verfüttert.

Weil die Möwen so viel Brot gefressen haben, scheißen sie mehr als sonst.

Weil Hamburg scheiße ist, gibt es hier so viele Möwen.

Weil es hier so viele Möwen gibt, ist Hamburg scheiße.

9. GRUND

WEIL HAMBURG UNTERIRDISCH IST, ABER LEIDER NICHT UNTERIRDISCH

Es gibt schöne Ansichtskarten von Hamburg. Diese werden gerne in traurige Orte wie Griesstadt und Gramstadt versendet, um die Menschen dort noch trauriger zu machen, weil eben Hamburg so schön ist. Wenn ein Gramstädter nach erfolglosem Suizidversuch und erfolgreicher Therapie dann irgendwann selbst nach Hamburg reist, wird er dort von einer Traurigkeit erfasst werden wie nie zuvor in seinem Leben.

Denn neben den bewährten Ansichtskartenmotiven (die jetzt hier nicht genauer beschrieben werden können, da die Karten einem Griesstädter, der sich erfolgreich suizidiert hat, mit ins Grab gelegt wurden) bleibt da nicht viel.

Klar, die auf den Karten abgebildeten Gebäude und Plätze sind auch in der Realität ganz hübsch anzusehen (können aber auch dergestalt nicht beschrieben werden, da es gerade ein Uhr morgens ist und demnach ziemlich dunkel), aber sie machen eben nur ein paar wenige Teile in einem 100.000-Teile-Puzzle aus. Im Übrigen nämlich ist das Stadtbild geprägt von ernüchternder Lindenstraßenkulissenhässlichkeit.

Da entgegen jeder Vernunft immer mehr Menschen nach Hamburg ziehen (ein Trend, der mit der Veröffentlichung dieses Buches wohl gestoppt werden dürfte. Nichts zu danken, einer musste es ja tun), muss fortlaufend neuer Wohnraum geschaffen werden. Dementsprechend wird billig und schnell und somit fast unausweichlich qualitativ schlecht gebaut. Ein neuer hässlicher Klotz nach dem anderen wird da hingestellt, und die Verantwortlichen bauen darauf, dass alle Augen auf das glitzernde Dach der Elbphilharmonie gerichtet sind, wo der Pianist Igor Levit sich gerade für seinen Bungeesprung bereit macht. Unten steht ein Klavier, und wenn er den Umkehrpunkt erreicht, wird er in Windeseile die ersten Takte von *Für Elise* spielen, bevor er wieder nach oben gerissen wird.

Ah ja, Ablenkung, das ist das Stichwort. Weiter im Text. Ja, mit den paar leuchtenden Glitzerbauten wollen die Verantwortlichen die Bürger in den Bann ziehen, während in deren Rücken bereits ein weiterer hässlicher Kasten hochgezogen wird. Das Stadtbild von Hamburg ist sehr regenwetterkompatibel. Ein hässliches Haus neben dem anderen. Und aus den Fenstern gucken Menschen mit Regenschirmen in der Hand. Wenn man zur Abwechslung mal durch eines der Villenviertel kommt, können sich die Augen kurz erholen, bevor es wieder ins Reich der Nicht-Reichen geht, die in Häusern wohnen, die eigentlich vor Scham im Erdboden versinken sollten. Hamburg als erste U-Stadt der Welt, das wär's. Alles, was dann noch oben rausgucken sollte, ist der ausgestopfte rechte Arm von OZ mit einer Sprühdose in der Hand. OZ ist der auf frischer Tat von einer S-Bahn totgefahrene Hamburger Graffiti-Sprayer, der die Hässlichkeit der Stadt weit mehr als hunderttausendmal markiert hat.

10. GRUND

WEIL MAN HAMBURG SELBST BEI EBAY NICHT LOSWIRD

März 2016, Ebay-Auktion, Startpreis 1 Euro.
Artikel: Freie und Hansestadt Hamburg

Beschreibung:
Ich habe eine Stadt über. Vielleicht hat ja
jemand Interesse. Hamburg heißt die Stadt. Möglicherweise haben
Sie schon mal von ihr gehört. Stichworte: Tor
zur Welt, schönste Stadt der Welt, Wahnvorstellungen von
Welt. In Wirklichkeit wurde Hamburg ja vom Bruder
des Briefträgers der Frauenärztin der Friseurin eines Praktikanten
einer Bielefelder Werbeagentur erfunden. Kurz danach haben sich
alle fünf das Leben genommen. In Hamburg herrschen
Überheblichkeit und der vermaledeite Wind. Und wenn Sie
den Mund zu weit aufmachen, regnet es hinein.
Es ist einfach furchtbar. Ich jedenfalls hab Hamburg
so richtig über und satt, wie auch Miracoli
und Nazis (biete ich in einer parallel laufenden
Auktion an). Hamburg ist unterirdisch, dennoch ist im
Keller natürlich kein Platz dafür (755 km² groß). Die
Stadt ist voller Frauen, die mich nicht lieben.
Hamburg ist nicht Castrop Rauxel. Genug gute Gründe,
die Stadt zu verachten und loswerden zu wollen.
Klar, eigentlich müsste ich jetzt behaupten, dass die
Stadt ganz toll und wunderbar ist, sonst will
sie ja keiner kaufen. Ich baue aber darauf,
dass es genug Dummköpfe gibt, die denken: So
eine Stadt, das wär schon mal was. Aber
natürlich kann nur einer der Oberdummkopf sein. Denn

Hamburg ist ja ein Einzelstück, das ist das
einzig Gute, was mir gerade einfällt. Deshalb für
Sammler, die das Besondere suchen, durchaus reizvoll. Da
können Sie Ihre Starfighter-Teile echt wegwerfen. Am besten
gleich in IHRE Binnenalster! Stellen Sie Ihren iPod
in Ihre Dockingstation und genießen Sie den tollen
Raumklang IHRER Elbphilharmonie. Ach ja, noch ein Vorzug von
Hamburg: Boris Becker wohnt nicht hier. Das ist
natürlich ein dicker Pluspunkt. Also sind wir uns
schließlich doch noch einig: richtig geile Stadt, dieses
Hamburg. Bieten Sie deshalb jetzt. Jetzt sofort. Sofort
oder gleich darauf. Darauf können Sie bauen, ist
ja vielleicht bald IHRE Stadt. Dann noch mit
der deutschen Synchronstimme von Robert De Niro: Hamburg
wartet nur auf Sie. Zu den Formalitäten: Übergabe
des Fluchs auf einem Budni-Parkplatz um Punkt Mitternacht,
drei HSV-Niederlagen nach Ende der Auktion, zwei Wochen
vor einem fürchterlichen Zeppelin-Zusammenstoß über Winter-
hude. Achtung, bitte
beachten: Sie erwerben mit dieser Auktion nur die
Stadt Hamburg. Die Menschen, die darin leben oder
sich dort aufhalten, sind nur Deko und nicht
Bestandteil der Auktion. Außerdem übernehme ich keine Ge-
währleistung,
und zurück nehme ich die Stadt auch nicht,
nicht mal über meine Leiche. Jetzt aber: Hummel,
Hummel! (Bei einem erfolgreichem Gebot über 1.000.000.000,24
Euro gibt es eine Garagenladung Insektizid
kostenlos oben drauf!!)

<u>Ergebnis:</u> 34 Aufrufe, 0 Beobachter, 0 Gebote.
Noch Fragen? Dann bitte direkt an olaf.scholz@sk.hamburg.de

ALLEIN SCHON DIESER PERSONEN WEGEN IST HAMBURG ZU MEIDEN

11. GRUND

WEIL MAN IN HAMBURG TÜR AN TÜR MIT JOHANNES B. KERNER LEBEN MUSS

Auf der stadteigenen Website trumpft Hamburg mit seinen aus Funk und Fernsehen bekannten Einwohnern auf (»Tür an Tür mit Hamburgs Prominenz«).[3]

Eine gute Nachricht vorab: Markus Lanz ist nicht dabei. Aber das hilft nicht viel, denn auch ohne den kommt es richtig dicke: Jörg Pilawa, Reinhold Beckmann und Johannes B. Kerner. Eine Herausforderung für jeden, der unbedingt an das Gute im Menschen glauben will. Okay, ein in Nächstenliebe sehr bewanderter Mensch wie der Papst beispielsweise könnte jetzt sagen, dass das drei schlichte Geister sind, die mit ihren spärlichen Mitteln ihr Bestes geben, um die Menschen mit ihren einfach gestrickten Fernsehshows zu unterhalten und von ihren Alltagssorgen abzulenken. In Zynismus geübtere Menschen als der Papst könnten daraufhin allerdings antworten, dass ihre Alltagssorgen gerade aus diesen Fernsehshows bestünden. Und außerdem, lieber Papst, immer dieses Schöngerede. Auch über ein Krokodil könnte man demnach sagen, dass es, solange es sich konsequent wie ein im Wasser treibender Baumstamm verhielte, ganz nützlich sein könnte. Wenn man mal eine Schwimmpause einlegen möchte beispielsweise und sich irgendwo festhalten will. Oder wenn einem ein Stamm in genau der Größe noch für die Fertigstellung des Floßes fehlt. Wenn Johannes B. Kerner nicht wie ein Milchbubi aussehen würde, den kurzsichtige Rentnerinnen irgendwie nett finden, wäre der wahrscheinlich was ganz anderes als Fernsehfritze geworden. Charakterlich ist er sicherlich eher in der Sparte Krokodil, das sich als Baumstamm tarnt, anzusiedeln.

Aber so dürfen sich die Hamburger freuen, dass sie ihn und Oliver Geissen und Christina Plate beim Joggen im Alsterpark treffen können, wie hamburg.de stolz verkündet. Und was kommt danach? H.P. Baxxter am Salatbuffet? Karl Dall in der Sauna? Mike Krüger bei einem Auffahrunfall? Als wären all die nichtprominenten Hamburger nicht schon schlimm genug. Außer natürlich sie haben Oliver Geissen beim Joggen ein Bein gestellt. Oder sie haben sich geopfert und leben mit Jan Delay Tür an Tür, damit andere das nicht tun müssen. Mit Hamburgs Prominenten jedenfalls könnte man ganze Landstriche im Osten Deutschlands, die bereits ohne Hoffnung vor sich hin siechen, noch deutlich abwerten.

Aber schießen wir uns doch ruhig weiter auf Johannes B. Kerner, Reinhold Beckmann und Jörg Pilawa ein, ein paar Zeilen sind hier noch übrig. Stellen Sie sich einfach mal vor, die eigene Mutter im Bett mit dieser Troika zu ertappen. Und vergegenwärtigen Sie sich die quiekenden Geräusche, die Ihre Mutter von sich gibt, während die drei sie sich vornehmen. Und dazu Kerners Grinsen, das übergroß auf die dahinterliegende Wand projiziert wird. Haben Sie's? Dann schreien Sie! Treten Sie an die nächstbeste Person heran und schreien Sie dieser direkt in das arglose Ohr hinein. Das ist in etwa der Schmerz, den Kerner, Beckmann und Pilawa zu verursachen imstande sind mit dem, was sie beruflich veranstalten. Nein, es ist nicht übertrieben, es ist auf Dauer absolut schädlich. Kerner und Co müssten eigentlich Warnhinweise auf der Stirn kleben haben, ähnlich denen auf Zigarettenschachteln: »Dieser Mensch kann Ihnen einen dauerhaften Schaden zufügen, den Sie in der Kindererziehung evtl. sogar unbewusst weitergeben werden«.

Dabei würde Pilawa über Beckmann sagen, dass das ein guter Typ ist. Und Beckmann würde über Pilawa genau das Gleiche sagen. Und über Kerner würde Beckmann sagen:

»Auch ein dufter Typ, nicht so dünn wie Jörg und manchmal etwas päpstlicher als der Papst, aber ein fabelhafter Kollege.«

Der Papst würde über Kerner sagen, dass es nun doch langsam an der Zeit wäre, dass er womöglich dran denken könnte, ernsthaft zu erwägen, seine blöde Fresse zu halten. Natürlich auf Lateinisch. Natürlich sehr leise. Und Kerner würde den Kopf etwas nach vorne schieben, die Augen zusammenkneifen und sagen, dass er das ja jetzt echt gerne verstanden hätte. Das sei schließlich sein Job. Zu verstehen, was andere im Innersten bewege.

12. GRUND

WEIL HELMUT SCHMIDT SICH ERLAUBT HAT, ÜBERALL POLITIK ZU MACHEN

Es gibt beliebte Raucher. Beliebte Raucher sind deswegen so beliebt, weil sie früher sterben und dadurch ein Sitzplatz im ICE frei wird. Es gibt auch unbeliebte Raucher. Die fahren selten ICE, weil sie in anderen Städten genauso unbeliebt sind. Darum finden sie es hirnrissig, überhaupt erst dorthin zu fahren. Dann lieber in der vertrauten Umgebung unbeliebt sein.

Und es gibt Helmut Schmidt. Gab, muss man ja nun sagen. Der beliebteste Raucher Hamburgs, immer noch, auch nachdem er eingeäschert wurde. Demnächst wird bestimmt ein ICE nach ihm benannt. Der einzige, in dem man rauchen darf, wahrscheinlich sogar muss, ansonsten wird ein Aufpreis verlangt.

Helmut Schmidt war ein In-Talkshows-Raucher, ein In-U-Booten-Raucher, ein In-drei-Minuten-zünd-ich-mir-die-nächste-an-Raucher. Und er war ein Nur-in-Kirchen-Nichtraucher. Es gab wohl in ganz Deutschland keinen so beliebten Raucher wie ihn. In Hamburg wurde Helmut Schmidt mitunter wie ein Heiliger verehrt. Er konnte sich eigentlich alles erlauben, die Hamburger waren stets nachsichtig. Aufgrund seiner großen Verdienste als Raucher konnte Schmidt es sich über die Jahrzehnte immer wieder leisten, politisch aktiv zu werden, ohne dass dies seinen Sympathiewerten groß geschadet hätte. Er mischte sich in die Sturmflut 1962 ein und rettete Hamburg vor einer größeren Katastrophe. Vergeben und vergessen. Aber nicht nur die Hamburger waren mit der Zeit ganz benebelt von Helmut Schmidt. Er ging nach Bonn und wurde Bundesminister, 1974 dann gar Bundeskanzler. Selbst das konnte seinem guten Leumund als Raucher nichts anhaben. Solange er bei seinen Lungenzügen keine Schwächen zeigte, konnte er politisieren, wie er wollte, die Leute hielten ihm die Stange.

Apropos: Dass er aus Angst, seine geliebten Mentholzigaretten könnten von der EU verboten werden, in seinen letzten Lebensjahren 200 Stangen der Marke Reyno bei sich zu Hause im Keller bunkerte, mochten die meisten Menschen noch irgendwie rührend finden. Dass er aber aus Angst, das Grundgesetz könnte geändert werden, 300 leinengebundene Ausgaben desselben in seiner Bibliothek archivierte, das rief bei vielen Anhängern doch vermehrtes Kopfschütteln hervor.

Helmut Schmidt aber rettete seinen Ruf in gewohnt wagemutiger Manier. Er nannte seine vorletzte Zigarette einfach seine letzte Zigarette und rauchte danach weiter, sodass der Tod irgendwie ziemlich doof aussah. Wie ein ICE, der von einer Dampflokomotive überholt wird. Also glaubten die Hamburger, dass der Tod sie vor der Wahl belogen hat, und verboten das Rauchverbot wieder.

13. GRUND

WEIL DAS OLYMPIA-REFERENDUM EINE TRAURIGE SACHE WAR

SPD-Politiker Jürgen Mantell, der auch Präsident des Hamburger Sportbundes ist, war sehr gekränkt, nachdem die wahlberechtigten Hamburger beim Referendum nicht für eine Olympiabewerbung der Stadt gestimmt hatten. Er zweifelte öffentlich daran, dass die Gegner der Olympia-Kampagne in Hamburg sich ausreichend informiert hätten. Und ergänzte: »Diese Entscheidung hier war eine, die war nicht rational geprägt, sondern sie war aus dem Bauch geprägt, aus einer Antihaltung gegenüber allem, was der Staat macht, und das macht mich traurig.«[4]

»Mensch, Herr Mantell, Sie sind ein kluges Köpfchen, sagen Sie mir doch mal, was der wahre Grund dafür ist, dass meine Freundin mich verlassen hat«, möchte da so manch einer laut ausrufen. »Wahrscheinlich doch nur, weil sie eine doofe Nuss ist, oder? Sagen Sie doch, Herr Mantell! Ich gebe Ihnen auch zwei Euro fuffzich, wenn Sie sagen, dass die Trennung Sie auch richtig traurig macht.«

Hamburg wollte wieder mal Bedeutung erlangen. Darum Olympia. Passend dazu gab es einen furchtbar peinlichen Song für die Kampagne. Fairerweise muss man sagen, es war kein offizieller Olympia-Song der Stadt, sondern nur ein Werbeliedchen (das aber zumindest von Mantells Hamburger Sportbund unterstützt wurde (Sie merken schon, Mantell ist ein Experte für traurige Sachen)).

Saskia Leppin schrieb und sang das Ding, unterlegt war es mit billigstem Euro-Disco-Trash-Sound aus dem Januar 1991. Damals funktionierte die Heizung nicht, und so sprang der weltweit unbedeutendste Komponist preisgünstiger Schmerzensschreie aus dem Fenster im 12. Stock. Auf dem Weg nach unten ersann er eine letzte Melodie und wurde noch vor dem Aufprall von einem Nachbarn, an dessen Fenster er singend vorbeifiel, verklagt. Die Melodie hat leider überlebt und wird von allen unbegabten Schlagerfuzzis und -sternchen seitdem immer wieder gern genommen.

Den Text für das Liedchen zu verfassen war wohl eine Entscheidung, die nicht rational geprägt war und aus dem Darm heraus gepresst wurde, aus einer Sitzhaltung, die jede Antihaltung traurig macht. Herr Mantell weiß sicherlich auch, wie man diese Traurigkeit nennt.

Überspringen Sie doch mal einen Absatz. Das ist auch Sport!

Aus Urheberrechtsgründen kann der Refrain des Liedes hier nicht wiedergegeben werden. Da aber keine Wortneuschöpfungen für das Lied verwendet wurden, sind im Folgenden die handelsüblichen Worte, aus denen der Refrain besteht, alphabetisch aufgelistet.

Es mag den Ehrgeiz des einen oder anderen wecken, einen tollen Liedtext daraus zu machen.

Bin, Bin,
Denn, Die,
Erreiche,
Feuer, Feuer, Feuer, Flamme, Flamme, Flamme, Für, Für,
Hamburg, Herz,
Ich, Ich, Ich, Ich,
Ja,
Mein, Mein, Meine,
Olympia,
Sagt, Schlägt, So, Stimme,
Und, Und, Und, Und,
Was, Weiß, Will,
Ziel.[5]

Alle Mühe umsonst. Es kam nicht zu einer Bewerbung. Olympia in Hamburg wird es also erst dann geben, nachdem 17 totale Sonnenfinsternisse auf den Ostersonntag gefallen sind. Das ist gut so. Und unterdessen wird aus der sportbegeisterten Stadt, als die sich Hamburg während der Kampagne für Olympia präsentiert hat, ganz überraschend eine Stadt, die sich scheinbar doch nur für lukrativen Spitzensport, also für Fußball und Geldscheinweitwerfen, interessiert. Kurz nach dem Olympia-Aus mussten Hamburger Erstliga-Mannschaften in den Sparten Handball, Volleyball und Eishockey den Betrieb einstellen.

»Wo soll das nur hinführen«, fragt da so mancher kritische Einheimische. »Was ist das auch für ein Signal für den Sport allgemein in unserer Stadt?«

»Guter Mann«, antworten daraufhin die besseren Männer. »Wir sind hier in Hamburg. Wir sind Sportstadt. Wir hätten uns fast um die Olympischen Spiele beworben. In keiner anderen Stadt sind so viele Sportwagen angemeldet wie hier. Und wir denken schon seit

Längerem darüber nach, überall in der Stadt Hürden aufzustellen, die sozial Schwächere überspringen müssen, um hier in Hamburg überhaupt überleben zu können. Läuft doch alles. Breitensport? Ja, ist uns total wichtig. Kommt gleich nach Geldtransport. Im Alphabet sogar noch davor.«

14. GRUND

WEIL WAHLPLAKATE IN HAMBURG NICHT LÜGEN

In Hamburg hängen vor Wahlen so viele Plakate, dass man den Eindruck bekommt, es müsse da an jeden wahlberechtigten Bürger eine eigene individuelle Botschaft gerichtet worden sein.

Lieber Mecki Paulsen aus der Reineckestraße, wenn du mich wählst, dann werde ich alles dafür tun, dass deine größte Sorge, nämlich dass Frauen vermehrt in Führungspositionen kommen, nicht eintritt.

Aber dem ist natürlich nicht so, es sind die üblichen, immer gleichen, allgemeinen und flachen Slogans, hinlänglich bekannt aus vielen Wahlen davor, die einem alle 1,7 Meter ins Auge springen.

Für mehr Gerechtigkeit. Die Wirtschaft stärken. Wählt mich, ich bin super.

Wenn auf einem Wahlplakat vermittelt werden soll, dass der Kandidat wirklich sehr am Austausch mit den Bürgern interessiert ist, dann zeigt man ihn einfach, wie er gestikulierend vor einer alten Frau steht, die scheinbar gerade vom Markt kommt (ist alles nur gestellt) und sieben Stangen Porree in ihrem Korb hat (sind fotogener als Karotten). Daneben kann gleich noch das Enkelkind stehen, Kinder kommen ja immer gut (aber nur, wenn es nicht fotogener ist als der Kandidat selbst).

Ein Kandidat, der zeigen will, dass er engagiert die Probleme der Stadt anpacken will, gestikuliert auf dieselbe Art und Weise, nur ist nun die alte Frau mitsamt ihrem Enkel aus dem Bild entfernt worden. So kann man die Krawatte des Kandidaten auch besser sehen (die ihn fotogener macht).

Einer, der Wirtschaftskompetenz vermitteln will, guckt einfach in die Ferne. Zu den Visionen hin. Er gestikuliert nicht. Zu dem Zweck wurden ihm die Hände auf dem Rücken zusammengebunden (mit einer aussortierten Krawatte, die nicht fotogen genug war).

Die FDP-Spitzenkandidatin trägt auf den Wahlplakaten eine gelbe Regenjacke und gewinnt mit diesem Clou, mit dem Napoleon sicherlich auch bei Waterloo besser ausgesehen hätte, tatsächlich mehr Stimmen, als der FDP eigentlich zustehen (da steht in Klammern gar nichts).

Die fußballtorgroßen Plakate von Olaf Scholz haben eine Wirkung wie briefmarkengroße Tore bei einem Fußballspiel. Da steht die Null. So läuft es zwangsläufig immer auf ein Unentschieden hinaus. Dafür entscheiden sich die Hamburger aber auch allzu gern. Und alles bleibt beim Alten (0).

Schlimm ist zudem, dass die Plakate oft sehr lange hängen bleiben. Da ist die Wahl längst vorbei und die Demokratie zwischenzeitlich vielleicht schon abgeschafft. – die Plakate hängen immer noch. Keiner nimmt sie ab. Sie vergilben, verrotten und verstören. Letzteres haben sie aber auch schon vor der Wahl getan.

Liebe Kerstin F. mit den schönen roten Haaren, wählen Sie mich, dann werde ich Ihnen einen Heiratsantrag machen.

Wählen Sie mich, und Hamburg kann aufatmen.

Ich mache Politik für die Bürger.

Aha.

Man muss sich doch ernsthaft fragen, was es über das Wahlvolk, also den Durchschnitt der Bevölkerung, aussagt, dass es mit solchen Plakaten und Botschaften zu ködern ist. Denn man muss doch davon ausgehen, dass in der zweitgrößten Stadt Deutschlands solche Kampagnen nicht Listenkandidat 38, weil er gerade Zeit hatte, mit seiner Frau beim Abendessen entworfen hat und seine Parteigenossen dann gesagt haben: »Ja, so machen wir das, supi. Danke Jörg.«

Es ist doch wohl eher so, dass es richtige Wahlkampfmanager gibt, die nach dem aktuellen Stand der Dumme-Menschen-Forschung die Plakate und die zu vermittelnden Botschaften planen und umsetzen.

Liebe Hamburger, das seid also Ihr auf den Wahlplakaten. Das Platte und das Schlichte. Das Wachsfigurenkabinetthafte. Das Deprimierende. Das Leere im Auge des Betrachters.

Lieber Heini, der dies gerade liest. Ja, du. Wähle mich. Ich werde mit deiner Stimme Drohanrufe bei richtigen Politikern machen. Und dann werde ich dich bei der Polizei verpfeifen. Und dann werde ich verhindern, dass sie dich festnehmen. Du siehst also, ich bin bereit, mich für dich, meinen Bürger, wirklich einzusetzen und dir Ärger zu ersparen. Also, ich werde wirklich versuchen zu verhindern, dass sie dich festnehmen, das musst du mir glauben. Und wenn das nicht klappt, dann werde ich zumindest alles versucht haben, die Telefonnummer der Polizei wiederzufinden. Und falls das nicht geklappt haben wird, werde ich mich selbst bestrafen, indem ich beim nächsten Cafébesuch veganen Kuchen essen muss. Außerdem werde ich auf dem nächsten Wahlplakat nett lächeln. Nur für dich. Vielleicht heitert dich das dann etwas auf.

15. GRUND

WEIL ALLE HAMBURGER LAKRITZ FRESSEN

Lakritz ist scheiße.

Hamburger lieben Lakritz.

Wer Lakritz liebt, liebt auch Socken mit Löchern.

Hamburger sollten alle schwarze Zähne haben.

In Hamburg gibt es keine Zahnlücken, das ist kleben gebliebenes Lakritz.

Wer Lakritz isst, dessen Mund sollte wie eine Wunde zugenäht werden.

In Hamburg können mehrere Ameisen zusammen Lakritz perfekt nachahmen und lassen sich von den Menschen als Bremsbeläge an ihre Fahrräder bauen.

Alle Hamburger Oberbürgermeister werden von Lakritz an den Sohlen vier Millimeter größer gemacht.

In Hamburg werden kaum klügere Sätze gesprochen als solche, in denen Lakritz durch nichts ersetzt wird.

Hamburger lieben   .
ist scheiße.

Lakritz ist die halbe Miete für einen Bunker tief unter der Erde.

In sehr dunklen Nächten stolpern einige Menschen über Lakritz, und jeder Hundertste verliert ein Auge dabei.

In Hamburg ist jeder Hundertste froh, dass er noch sehen kann, wie erloschenes Augenlicht schmeckt.

Wenn einer Lakritz vergisst, schläft er ein und wacht erst wieder auf, wenn in Hamburg ein Kind mit Schneidezähnen geboren wird.

In der Stresemannstraße 374 steht im Keller eine Satansstatue, die aus Lakritz geformt ist, das von hochschwangeren Frauen zum Zeitpunkt ihrer Ermordung gekaut wurde.

16. GRUND

WEIL HAMBURG RADIOAKTIV VERSEUCHT IST

Man könnte ihnen drei Sekunden nachdem sie aus dem Koma erwacht sind und festgestellt haben, dass drei Vogelspinnen auf ihrer Brust sitzen, ein Mikrofon unter die Nase halten und sie würden einen Satz wie »Moin freut euch essindwieder tolle sieben Grad inderallerschönsten Stadt der ganzen Weltundes wird das kann icheuchjetzt schon sagen wieder einrichtiggeiler Tag und wir verloseninfünf Minuten einen Sack vollerfünfMinuten die den Tag nochlängermachen aber vorher hören wirnochden neuesten Knaller von RottenKingKarl nämlich Als der KlapperschlangenKlapperschlapper klang klang der KlapperschlangenKlapperschlapper viel Spaß damit brauchicheuch gar nicht zu wünschenesgeht ja gar nicht andersalsohaut rein Jungs und Mädelsvonmir aus auch gern MädelsundJungs« bestimmt fehlerfrei und in einer atemberaubenden Geschwindigkeit heruntersagen können, mit gut modulierter Stimme, und dann würden sie ohne Punkt und Komma weitersprechen und sich nicht blöd vorkommen dabei, sich blöd zu stellen, wenn es darum geht, klüger zu sein als die Hörer.

Ja, das sind die Hamburger Radiomoderatoren von Sendern, deren Namen sich auf Fadio Wamburg und Lagio Kennerski reimen. Ihr Witz ist kein angeborener, sondern ein hart antrainierter, einer, der Hilferufe jederzeit übertönt. Sie sterben niemals aus, diese Moderatoren werden nicht einmal älter, sie sind gleichzeitig das Ende vom Lied und das Lied vom Ende. Sie spielen dumme Musik, und zwischendrin motivieren sie ihre Hörer, das Leben so hinzunehmen, wie es ist, nämlich voll von dummer Musik. Und voll von dumpfen Sprüchen. Da gibt es am laufenden Band peppige Durchhalteparolen bis zum Feierabend. Dieser erweist sich dann, wenn es schließlich so weit ist, als hohle Phrase, als leerer Ort, als 7000 Quadratmeter Selbstmordgrund zu einem Dumpingpreis. Aber die braven Arbeitnehmer sind froh, dass sie es bis dahin geschafft haben, und die Moderatoren sagen ihnen ja auch, dass sie sich das redlich verdient haben und es verdammt noch mal genießen sollen. Das Leben ist schließlich eine Party.

»Okay«, sagen die Hörer. »Das hört sich gut an.« Arbeitslose und Depressive sind nicht die Adressaten dieser Radiosendungen, Psychotiker sowieso nicht. Die hören ja schon genug Stimmen, könnte so ein Witzchen lauten, das da aus dem Radio tropft.

Dummehamburgerradiosender sind wie Alledummenradiosender, ein Gehirnwaschmittel, das Normalität rein machen will. Dabei hören die inoffiziellen Nichtzielgruppen aus Kranken, Kaputten und Verlorenen wahrscheinlich mehr Radio als andere, aber wahrscheinlich sehen sie gleichzeitig auch fern, weil sie ja einsamer als einsam sind. Aber selbst das Radio und der Fernseher kommunizieren über ihre Köpfe hinweg. Ja, sogar der Tod erkennt die Toten nicht mehr. Es ist eine solch traurige Welt. Das kann auch der nächste Song von Sunrise Avenue nicht wettmachen.

Radio ist in Hamburg nur deshalb nicht als Krankheit anerkannt, weil es noch den NDR mit seinen Sendern oder auch 917xfm gibt. Ein Gegengift. Ein Trost. Ein Gewinn. Aber zu wenig, um das Mundhalten der anderen zu erreichen. Tropfen Bluts, die aus dem Ohr herausfallen, daran kann man die Menschen erkennen, die den dämlichen Sendern anheimgefallen sind. Diese Sender ersetzen das Leben durch Gutscheine für das Überleben von schlechten Radiosendungen. Sie sind reiner Selbstzweck. Wenn sie aufhören zu sprechen, fallen diese Radiomoderatoren direkt ins Koma.

»Aber morgen sind wir wieder für euch da. In alter Frische.«

17. GRUND

WEIL IN HAMBURG ALLE »PST!« MACHEN

Es gibt in Deutschland wohl keine Stadt, in der so viel geflüstert wird wie in Hamburg. In Wartezimmern und Bibliotheken, in kompromittierenden Situationen und im Kino, die Hamburger wispern und murmeln, sie raunen und tuscheln wie ein griesgrämiger Geheimniskrämer in einem Spionagefilm aus den 1950er-Jahren. Es soll wohl rücksichtsvoll sein, dieses Flüstern. Aber ebenso wie es bisher noch keinem Hamburger aufgefallen zu sein scheint, dass in anderen Regionen Deutschlands der Sommer länger als zwei Wochen dauert, so hat keiner dieser Meisterflüsterer bemerkt, dass dieses Zischeln unglaublich störend ist, viel mehr als jedes normale Sprechen.

Versuchen Sie mal, folgende Rechenaufgabe zu lösen, während sich neben Ihnen zwei Hamburger Zahnärzte flüsternd über die Zustände in den Mündern ihrer Patienten unterhalten.

3 minus 27 mal 33,47 geteilt durch 111,11 plus 300000000022212 minus Ihre Schuhgröße mal IQ von Boris Becker geteilt durch IQ einer Frau, die einen Heiratsantrag von Boris Becker annimmt minus Schulden, die diese Frau noch beim Schönheitschirurgen hat

Na, sehen Sie. Echt schwer.

Hingegen wäre es überhaupt kein großes Problem, die Aufgabe zu lösen, wenn nicht nebenher geflüstert wird. Da könnte ein Hamburger Buchhalter mit normaler Sprechstimme nebenbei alle Beträge vorlesen, die er im abgelaufenen Monat verbucht hat, das wäre kein Hindernis. Es ist das Flüstern, das einem die Konzentration raubt.

Flüstern stört nur dann nicht, wenn es mindestens 100 Meter entfernt stattfindet. Aber sobald Sie sich in unmittelbarer Nähe von Flüsterern befinden, wird dieses Gewisper schnell unerträglich. Hamburger flüstern gerne, weil sie so kultiviert sein wollen wie Opernbesucher. Hamburger flüstern oft, weil sie so viel Unkultiviertes in ihrem Schädel haben. Und Hamburger flüstern mitunter sehr laut, weil ja jeder mitbekommen soll, dass sie flüstern.

Allgemein gilt: Flüstern ist nicht gut. Ganz selten auch nur in der Nähe von gut. Kaum jemals das Mittel der Wahl.

Außer vielleicht Sie flüstern Ihrem Partner beim Sex ins Ohr, dass er ziemlich unangenehm riecht. Das ist dann tatsächlich sehr rücksichtsvoll von Ihnen, das nicht zu laut zu sagen, damit die Umstehenden es nicht gleich mitbekommen.

Empfehlenswert könnte Flüstern auch sein, wenn Sie mit Familiennamen Pimmelhackfresse heißen und in einem voll besetzten Schulbus nach Ihrem Namen gefragt werden.

Flüstern wäre unter Umständen auch dann sinnvoll, wenn Sie sich mit einer anderen Person in einem Schrank versteckt haben und draußen ein psychopathischer Axtmörder mit einem Maschinengewehr herumschleicht, wobei die Munition von dem Irren zusätzlich noch mit Gift getränkt worden ist. Wenn Sie also Ihrem Schrankgenossen, mit dem Sie da im Dunkeln sitzen, mitteilen wollen, dass er mit seinem großen Zeh schon seit geraumer Zeit direkt gegen Ihr Arschloch drückt und dass das etwas unangenehm ist, da es dem Anschein nach schon etwas länger her sein muss, dass er sich die Nägel geschnitten hat, dann flüstern Sie lieber.

Aber ansonsten flüstern Sie nicht. Vor allem flüstern Sie keinesfalls, wenn Sie mitteilen wollen, dass Sie Hamburg hassen. Brüllen Sie es heraus. Aber holen Sie vorher gut Luft. Denn Sie müssen lauter sein als die vielen vermaledeiten Hamburger, die »Hamburg, meine Perle« flüstern.

18. GRUND

WEIL LOTTO KING KARL IN JEDER ANDEREN STADT EIN GEWÖHNLICHER GABELSTAPLERFAHRER WÄRE

Was fängt einer mit seinem Leben an, der nichts kann und der leider auch nicht so aussieht, als ob er etwas könnte? Wahrscheinlich wird er Glasaugen von ehemaligen FAZ-Abonnenten sammeln. Oder versuchen, Vorsitzender der örtlichen FDP zu werden. Oder er findet per Feldversuch heraus, wie viele Schichten Farbe man in einem zwölf Quadratmeter großen Zimmer auftragen muss, bis das Zimmer so klein wird, dass man ein 200x140 cm großes Bett nicht mehr darin unterbringt.

Es gibt viele solcher Menschen und man will ihnen ihr Dasein und ihre Kümmerlichkeit keinesfalls vorhalten. Sie sind schließlich ja auch für etwas gut. Wer sonst beispielsweise würde bei einem

Marathonlauf am Rand stehen und die Läufer anfeuern? Oder wer sonst müsste sterben, wenn ein Flugzeug abstürzt oder ein ICE entgleist? (Ach herrje, der letzte Satz ist echt etwas zu hart geraten, oder? Also, wenn der Verlag den nicht streicht, das wäre echt krass. Da könnte es dann sein, dass der Autor sich bei seinem Verlag gar nicht mehr wohlfühlt, denn immerhin könnte ja auch einer seiner Leser einer dieser wertlosen Menschen sein. Und seine Leser bedeuten dem Autor alles. Eine Zerreißprobe wäre das. Da müsste der Verlag dann schon einiges aufbieten, um den Autor zu besänftigen, z.B. den lebensgroßen Schlüsselanhänger von Olaf Scholz als Merchandisingartikel zum Buch anbieten. Dann wäre alles wieder paletti. Es gibt ja ohnehin viel zu viele Menschen auf der Welt!)

Nun zu einem komplett anderen Thema: Lotto King Karl, Gesangsversuchslaborinhaber aus Hamburg. Ein ehemals verlorener Exverlierer, der die grandiose Idee hatte, sich einfach als Gewinner auszugeben. Die Hamburger stehen auf Hochstapler. Und Lotto King Karl ist ja viel mehr als das. Er ist HSV-Stadionsprecher und singt vor jedem Heimspiel dieses unselige Hamburg, meine Perle. Schlimme Musik, noch schlimmerer Text. Das Schlimmste aber ist, dass es Menschen gibt, die ihn dafür nicht teeren und federn und anschließend aus der Stadt hinaustreiben wollen. Im Gegenteil, in Hamburg wird Lotto King Karl leichtfertig Kult-Sänger genannt. Das ist in etwa so, als würde man eine Eintagsfliege Boeing 747 nennen und eine Fluggasttreppe an sie ranschieben. Jetzt werden alle sagen, die Lotto King Karl nicht teeren und federn und anschließend aus der Stadt hinaustreiben wollen, dass er ein toller Typ ist.

Nein, ist er nicht. Er ist einfach nur genau wie die, die ihn nicht teeren und federn und aus der Stadt hinaustreiben wollen. Man kann nur ein weiteres Mal den Kopf schütteln darüber, dass in Hamburg die Unterdurchschnittlichkeit gefeiert wird wie ein nach stundenlanger Suche entdeckter Lichtschalter in einer Glühbirnenfabrik.

Sagen wir es so: In Hamburg ist eine Fliege, die sich selber etwas zuleide tun kann, gut dran. Denn so muss sie nicht in der dünnen

Luft, die in Hamburg gleich über der Kniescheibe des kleinsten Hochstaplers anfängt, langsam verrecken.

19. GRUND

WEIL DIE HARLEY DAYS AUCH IN DIESEM BUCH VORKOMMEN

So wie nicht alle Menschen, die es gibt, in und um Mannheim herum leben, weil sonst der ganze Planet ins Schlingern geraten würde, so sind auch so unangenehme Lebewesen wie Rocker und Motorradfahrer, auch bekannt als Motorrad fahrende Rocker oder als »unnötigste Menschengruppe, die dir begegnen könnte auf dem Weg zu einem glückserfüllten Leben«, nach einem sehr ausgeklügelten Schlüssel über viele Orte auf der Welt verteilt.

Aber wundert es wirklich jemanden, dass Hamburg beschlossen hat, diese Bagage in großer Anzahl einmal jährlich für ein Wochenende anzulocken? Angeblich kommen dabei 50.000 Biker in die Stadt, die von 500.000 Bejublern orgiastisch bejubelt werden.

Offiziell nennen sich die Harley Days »Europas größtes Biker-City-Event bei freiem Eintritt«.[6] Das mag sogar korrekt sein. So wie ja auch dieses Buch das beste Buch auf der ganzen weiten Welt ist, das im Jahr 2016 von einem Mann geschrieben wurde, dessen Vorname mit einem U beginnt, genau so wie der Nachname, und der noch nie nackt in Dortmund war, obwohl er sogar beim Schreiben des Buches fast immer nackt gewesen ist (mindestens auf 193 Seiten davon).

Also: Es gibt in Europa größere Biker-nicht-City-Events. Und größere Biker-Events, die Eintritt kosten. Und wahrscheinlich gibt es auch größere Biker-City-Events in Europa, die keinen Eintritt kosten, sich aber nicht Event nennen, sondern Treffen, Sündmus, събитие, Gebeurtenis und dergleichen.

Also, halten wir fest. Zuallererst uns gegenseitig, uns arme Unglücksraben, die wir dieser unnötigsten Menschengruppe auf dem Weg zu einem glückserfüllten Leben begegnet sind, zitternd und betend in den Bunkern abwartend, dass dieses Ungemach namens Harley Days schadlos an uns vorübergehen möge. Und darüber hinaus noch für die Nachwelt, falls wir doch nicht durchkommen sollten:

Hütet euch, Leichtfertige. Denn es werden kommen viele Tausend ungewaschene Motorradfahrer auf ihren die Umwelt verschmutzenden, extrem lauten und hässlichen Maschinen. Sie werden die Stadt Hamburg mit Pech überziehen. Doch es wird geben zahlreiche Hamburger, die das Gesindel wie Pornostars feiern werden. So mancher Hamburg-Knilch wird neidisch und ehrfurchtsvoll auf das Ding zwischen den Beinen der Motorradfahrer blicken und davon träumen, damit Sachen zu machen, die er sonst nur aus Filmen kennt. »Easy Rider« und ähnlicher Mist. Ihr, die ihr noch bei Verstand seid, versteckt euch für drei Tage in Duschkabinen. Dort seid ihr sicher.

Je weiter sie weg sind, die Motorräder und ihre Besitzer (die sind nämlich auch ohne Motorrad unerträglich), umso schöner wird Hamburg. Und steigt sogleich wieder zur zweitschönsten Nachbarstadt von Pinneberg auf. Glückwunsch, Hamburg.

PEINLICHKEITEN MADE IN HAMBURG

20. GRUND

WEIL DIE HAMBURGER UNENTWEGT BEHAUPTEN, IN DER SCHÖNSTEN STADT DER WELT ZU LEBEN

Der Applaus verebbt. Der Quizmaster rückt sein Lächeln für die Zuschauer zurecht und begrüßt dann den neuen Kandidaten.

»Herzlich willkommen in unserer Sendung, wie heißen Sie und woher kommen Sie?«

Schnitt auf einen schlanken blondgrauen Mittvierziger mit Seitenscheitel. Er trägt ein warzenfarbenes Polohemd, und um seine Schultern hat er ganz leger einen blauen Pullover gelegt.

»Hallo. Ich bin der Ole und komme aus der schönsten Stadt der Welt.«

Der Showmaster, ganz Profi, reagiert schnell.

»Eigentlich bin ich ja derjenige, der hier die Fragen stellt. Aber na gut ... das heißt, Sie kommen aus Paris? ... Doch aus New York? ... Äh, Toronto vielleicht? Wien? Bamberg? Budapest? Emden? Hmm ...«

Der Kandidat lächelt weiterhin, ist aber mittlerweile doch ein kleines bisschen blasser geworden. So als würde er es gar nicht glauben können, dass es tatsächlich irgendwelcher Erklärungen bedarf.

»Ein Versuch noch«, meint der Quizmaster jetzt. »Kommen Sie vielleicht aus Castrop Rauxel? Nein? Dann gebe ich es auf. Wir haben ja auch nicht ewig Zeit, wir wollen schließlich spielen. Bitte verraten Sie uns doch, woher Sie kommen.«

»Na, aus Hamburg natürlich«, antwortet der Ole erfreut.

Keiner lacht. Und leider kommt auch keine Werbung jetzt.

Das passiert oft. Hamburger treten im Fernsehen auf oder sind Opfer bei einer Geiselnahme und geben spätestens mit dem zweiten Atemzug preis (man muss sie gar nicht erst explizit danach fragen), dass sie aus der schönsten Stadt der Welt kommen. Diese absurde Behauptung ist in Hamburg nämlich flächendeckend verbreitet.

Geht morgens der Radiowecker an, hört man gleich ein »Moin Moin, heute sieben Grad plus, absolutes Traumwetter also in der schönsten Stadt der Welt«. Auch der offizielle Internetauftritt der Stadt behauptet es. Auf den Straßen wird es skandiert. Chöre wurden gegründet und mit Regenklamotten ausgestattet, um diese Behauptung blubbernd und unablässig in der ganzen Stadt vor sich hin zu singen. In den städtischen Kantinen gibt es Vorspeisen-Buchstabensuppen, in die der Satz täglich eingestreut wird. Und selbst so manch überzeugter Zweifler muss abends vor dem Schlafengehen mehrmals laut Nein rufend entsagen, um nicht plötzlich selbst dran zu glauben. So verseucht ist Hamburg von diesem Slogan. Die Werbeagentur des Teufels hat wirklich ganze Arbeit geleistet.

Aber solange man am Münchener Hauptbahnhof kein Zugticket kaufen kann nach »Schönste Stadt der Welt«, um dann am hässlichen Hamburger Hauptbahnhof anzukommen, und solange man im Fast-Food-Restaurant keine »zwei schönste Städte der Welt und eine Portion Pommes mit Ketchup« bestellen kann, scheinen nur die Hamburger selbst diesen Quatsch zu glauben.

Was aber denken die Zuschauer der Quizshow? Nun ja, nachdem der Ole recht schnell aus der Show ausgeschieden ist, weil er die Frage, welchen Ort in Hamburg er am liebsten mag, falsch beantwortet hat, scheren sie sich nicht mehr viel um den Kerl. Der nächste Kandidat sitzt schon da und ist recht sympathisch.

Als Hamburg-Hasser hat man es natürlich nicht ganz so leicht, mit dieser Frechheit, mit dieser kapitalen Lüge, mit diesem Irrsinn umzugehen. Aber genau darum gibt es nun ja dieses Buch, nicht nur zufällig das beste Buch der Welt, an dessen Ende die Hamburger eigentlich einen Bürgerentscheid auf den Weg bringen müssten, um einen Städtetausch mit den Wienern, die in etwa genauso viele sind, anzustoßen. Nur sind die Wiener nicht blöd, und darum wird aus der Sache nichts. Aber die Hamburger sind eben schon blöd und werden deshalb ohne größere Schmerzen weiter in der Stadt leben können. Nur morgens werden sie manchmal in höchster Anspannung das Radio anmachen und erst zu zittern aufhören, wenn es wieder sieben Grad hat in ihrer schönsten Stadt der Welt.

Übrigens, der Nobelpreis für Medizin wäre ein Selbstgänger für die Person, die herausfindet, warum dieser riesige Witz bei niemandem ernsthaft einen Lachanfall hervorruft. Klar, einerseits ist das eben überhaupt nicht lustig, sondern ziemlich armselig. Andererseits aber ist die Behauptung eben so dermaßen lächerlich, dass eigentlich ganze Irrenhäuser und alle, die es werden wollen, vor Lachen brüllen müssten. Es bleibt eines der größten Mysterien der modernen Wissenschaft.

Zusammenfassung: Hamburg ist hässlich, außen wie innen. Taufen Sie Ihren Sohn niemals Ole.

21. GRUND

WEIL DAS HAMBURGER BIER DAS GRUNDWASSER VERSEUCHT

Man ist ja fast versucht, was Nettes über die Hamburger Brauereien zu sagen. Die produzieren schließlich Bier, das man im Endeffekt sogar als gesundheitsfördernd bezeichnen müsste. Es schmeckt nämlich so, dass man gar nicht so viel davon trinken mag.

So weit zur Theorie. Alkohol ist generell nicht gut, und nicht guter Alkohol ist manchmal noch schlechter.

Willkommen also im Reich der Hamburger Biere. Es mit diesem Gesöff bis zum Alkoholiker zu bringen, ist schon wirklich eine Leistung, alle Achtung. Da darf man sich ruhig Künstler nennen und sich auch einen Künstlernamen zulegen. Wer schon Alkoholiker ist, dem ist es natürlich sowieso egal, der trinkt sogar Nagellackentferner, wenn es sein muss. Und eben auch Astra und Holsten, die beiden prominenten Hamburger Marken. Das sind Biere, die direkt nach dem Öffnen schon schmecken, als stünden sie seit drei Tagen offen im Getränkehalter eines Geländewagens herum.

Astra hat ja immer diese ach so spritzig-witzigen Werbekampagnen, in denen sexistische Vorurteile in farbenfrohe sexistische Bildmotive übersetzt werden, die, man muss es wirklich sagen, leider sehr sexistisch sind. Ein Bier ist ein Bier ist ein Bier. Und ein Bier, das nicht schmeckt, ist ein Astra. Ehrlicher wäre es also, Astra würde zu Werbezwecken Schals verteilen, denn schal schmecken diese abgefüllten Pfützen, die da als Urtyp, Rotlicht und Arschkalt angeboten werden. Schal, schlapp und schwitzig.

»Ecken. Kanten. Holsten.« Tja, netter Versuch. Es ist das altbekannte Klischee vom norddeutschen Mann, das auch hier wieder bedient wird. Raue Naturburschen mit Bärten, die bei Wind und Wetter ihr Bier genießen und sich nicht unterkriegen lassen. Auch nicht von Wind und Wind. Und schon gar nicht von Wetter und Wetter. Aber eigentlich klingt der Slogan eher nach einem ungemütlichen Möbel. Ecken und Kanten und Holsten. Damit kommen wir ohne Umwege zum Bier. Wäre das ein Möbelstück, dann wäre es ein Stuhl, den man bei Ultra-Super-Bösewichten trefflich zum Einsatz bringen könnte, wenn man aus denen herauskriegen wollte, wie der Zahlencode lautet, mit dem der Zeitzünder der Ultra-Super-Bombe doch noch deaktiviert werden könnte, bevor die ganze Welt in die Luft flöge. Er, der Ultra-Super-Bösewicht, müsste nur auf diesem Möbel Platz nehmen, und er würde ganz schnell einknicken, direkt an der Holstener Kante, dort würde man ihn um die Ecke bringen können, aber so, dass er vorher gerade noch den Zahlencode ausspucken könnte. Und das bisschen Schaum vor seinem Mund tränke der Alkoholiker-Super-Agent mit dem Künstlernamen Humulus Lupulus gierig weg. THE END.

Ehrlich, Hamburger Bier macht alt und sterblich. Macht stinkend und riechend zugleich. Aber beim Versuch, vor sich selber wegzulaufen, stolpert man über Bierleichen, die sich beim Stolpern über Bierleichen die Hälse gebrochen haben. Die Tränen über ein verlorenes Leben sickern traurig ins Grundwasser.

22. GRUND

WEIL DIE *BILD* AUS HAMBURG KOMMT

Alte Männer mit Hüftschäden, Schuhe aus braunem Kunstleder, für diesen Regen und jenen Wind nicht angemessen gekleidet, stemmen sie sich dennoch gegen den Tag und bewegen sich langsam vorwärts. Jeder für sich allein. Zusammen wären sie ein Krankenhaus. Stieße man einen um, stürzte mindestens die Hälfte der anderen mit ihm. Während sie so dahinstapfen, murmeln sie von Zeit zu Zeit etwas vor sich hin, was sie selber akustisch nicht verstehen können. Sie kommen ihrem Ziel immer näher, bis sie dann tatsächlich da sind und in drei Sprachen (laut, in Großbuchstaben, leise) sagen können: »Die *BILD* bitte.«

Anschließend schlurfen die alten Männer, die sowohl Schlagzeilen, als auch Schlaganfälle heldenhaft wegstecken können, wieder nach Hause.

Leider ist es nicht so, dass nur alte Männer die *BILD* lesen. Sie ist die auflagenstärkste Zeitung Deutschlands. Sie ist auch die niederträchtigste Zeitung Deutschlands. Wäre sie ein Krankenhaus, dann wäre jede Blutabnahme ein Mordversuch und jede Mahlzeit würde von einer nackten, absolut willenlosen Krankenschwester gebracht werden. Und würde die Hälfte aller alten Männer umfallen, dann wüsste die *BILD* als Erstes, wer schuld daran ist. Je nach Laune des Chefredakteurs wäre es der Kommunismus, der Anglizismus oder das Apfelmus aus der Krankenhausküche. Die *BILD* vereinfacht alles. Sie dramatisiert alles. Sie macht alles traurig. Aber leider nicht wahr.

Diese Wüsten-Sonne – Werden wir alle Afrikaner?
Lotto-Zahlen immer blöder

Iltis erschoss Kreisrat
Die Würde des Menschen ist unantastbar
Vom Dackel der Schwiegermutter entmannt

Lustig, was?

Eine der Schlagzeilen ist erfunden und definitiv nicht von der *BILD*.

Nicht lustig, oder?

Tschuldigung, dass wir Opa gegessen haben
Deutscher Erfinder kann aus Katzen Benzin machen –
Für eine Tankfüllung braucht er 20 Miezen
Macht Harry Potter schwul?
Vogel fällt auf Schützenkönig – jetzt sitzt er im Rollstuhl
Bundesliga-Hammer: 1. Tor mit Penis geschossen!
Nationalspieler Gómez: »Es tat sehr weh«

Nichts erfunden. Und doch alles nur Erfindung. Das tägliche Ende der Welt, immer wieder neu erdacht von der *BILD*. Natürlich kann man die zitierten Schlagzeilen absurd finden und vielleicht sogar darüber lachen (wenn man auch über Atmen und Fahrradwege lachen kann).

Aber man sollte nicht übersehen, was dahintersteckt. Eine unmenschliche Maschine der Blödheit nämlich, eine blöde Maschine der Unmenschlichkeit. Die *BILD* kennt keine Scham, keinen Respekt, und definitiv erkennt sie die Würde des Menschen nicht an. Sie liefert alles, was sie in weniger als zehn Sätzen vereinfacht darstellen kann, den alten Männern mit Hüftschäden aus. Und den jungen Männern mit Blechschäden. Und den Frauen mit Männerschäden. Und allen Unmenschen mit Herzschäden.

Die *BILD* ist eine riesengroße Kloake. Sie führt Menschen vor, sie schlachtet Menschen aus, sie ist ein Ungetüm. Und sie kommt aus Hamburg.

23. GRUND

WEIL DAS NAVI VERSAGT

Ja, Hamburg hat die beste Band der Welt erst zur allerbesten Band auf der ganzen weiten Erde mitsamt ihren unbewohnten Inseln gemacht. Hamburg, du bist gebenedeit unter den Rock-'n'-Roll-Städten, und gebenedeit ist die Frucht deines Leibes, die beste Musikgruppe im ganzen Weltall: die Beatles!

Wenn die nicht Anfang der 1960er-Jahre sieben Stunden pro Abend hier gespielt hätten, vor Prostituierten, Ganoven und irgendwelchen Suffköppen, die nur auf den richtigen Sound zum Prügeln gewartet haben (*Hully Gully*), dann wären sie bestimmt in ihrer Entwicklung stecken geblieben wie ein pickeliger Computernerd im Dritten Reich. Aber weil die Beatles in Hamburg dauernd gesoffen, wahllos rumgevögelt und alle möglichen Drogen genommen haben, haben sie die Popmusik revolutioniert. Zwar erst Jahre später und ganz woanders, aber der Grundstein dafür wurde natürlich in Hamburg gelegt, das ist klar wie Kloßbrühe. Darauf kann die Stadt zu Recht stolz sein. Darum gibt es ja auch den Beatles-Platz auf der Reeperbahn.

Aber eigentlich ist das viel zu wenig. Falsche Bescheidenheit ist hier echt nicht angebracht. Man sollte alle Straßen in Hamburg entsprechend umbenennen, damit auch wirklich niemandem entgehen kann, dass die allergrößte Musikformation des Universums in dieser Stadt und vor allem von der Stadt selbst erschaffen wurde.

Also auf jeden Fall muss noch ein Beatles-Weg her. Und die Beatles-Straße.

- Große Beatles-Straße
- Breite Beatles-Straße
- Lange und gewundene Beatles-Straße

- Erste John-Lennon-Straße
- Zweite John-Lennon-Straße
- Dritte John-Lennon-Straße
- Vierte John-Lennon-Straße
- Penny-Lane-Straße
- Hier-hat-George-Harrison-mal-hingepinkelt-Weg
- Zwölfte Paul-McCartney-Straße
- Dreizehnte Paul-McCartney-Straße
- Pete-Best-hat-hier-immer-seine-Kondome-gekauft-Sackgasse
- Lennon-Johnny-Fleet
- Don't-pass-me-by-Weg
- Ringo-Starr-ist-jetzt-auch-ein-Beatle-Platz
- Auf-diesem-öffentlichen-Klo-hat-sich-Paul-McCartney-mit-einer-17-Jährigen-(Name-ist-dem-Hamburger-Senat-bekannt)-einmal-die-ganze-Nacht-eingeschlossen-Straße
- John-Lennon-stirbt-nie-Weg
- Paul-McCartney-wird-zwar-sterben-aber-hoffentlich-nicht-so-schnell-Straße
- Abbey-Road
- Abbey-Straße
- Abbey-Road-Straße
- Abbey-Road-Straßen-Weg
- Zweiter Abbey-Road-Straßen-Weg
- Stuart-Sutcliffe-Bleiche
- Die-Beatles-sind-viel-besser-als-die-Rolling-Stones-Straße
- In-dieser-Straße-wohnen-nur-Leute-die-die-Beatles-live-gesehen-haben-Straße
- Paul-McCartney-wurde-später-zum-Schlagerfuzzi-aber-in-Hamburg-war-er-noch-superlässig-Straße
- Eleanor-Rigby-Twiete
- Hundertzweiundzwanzigste John-Lennon-Straße
- Hundertdreiundzwanzigste John-Lennon-Straße

- Wenn-Stuart-Sutcliffe-noch-am-Leben-wäre-würde-er-in-dieser-Straße-mit-Astrid-Kirchherr-leben-Straße
- Ringo-Starr-hatte-einst-mordsmäßiges-Nasenbluten-an-einem-Wintertag-als-er-diese-Straße-entlang-lief-die-aber-jetzt-nur-noch-ein-Weg-ist-Weg
- Neben-der-Straße-in-der-Ringo-Starr-einst-im-Winter-mordsmäßiges-Nasenbluten-hatte-sodass-die-Blutspuren-im-Schnee-echt-beeindruckend-aussahen-wie-die-berichten-die-es-gesehen-haben-gelegene-Parallelstraße
- Max-Brauer-war-immerhin-Erster-Bürgermeister-als-die-Beatles-erstmals-in-Hamburg-auftraten-darum-bleibt-diese-Straße-doch-irgendwie-nach-ihm-benannt-Allee
- In-dieser-Straße-steht-der-Michel-weil-Hamburg-hat-ja-noch-viel-mehr-zu-bieten-als-nostalgische-Erinnerungen-an-die-Beatles-es-wird-allerdings-überlegt-den-Michel-in-Michelle-umzutaufen-Straße
- Die-Beatles-das-war-noch-Musik-Straße
- Die-Beatles-das-war-noch-Musik-nicht-dieses-mit-dem-Computer-erzeugte-seelenlose-Gestampfe-von-heute-das-ist-mir-echt-wichtig-mich-in-dieser-Hinsicht-klar-zu-positionieren-darum-bin-ich-auch-extra-aus-der-Siebenundneunzigsten-Ringo-Starr-Straße-hierher-gezogen-Straße

Ja, so ist Hamburg, wenn es nackt den Mond anheult, den es natürlich für den Hamburger Mond hält. Nur Medikamente im Leitungswasser verhindern das Allerschlimmste. Noch, muss man sagen, denn es steht zu befürchten, dass Hamburgs Geltungswahn nicht für alle Zeiten im Zaum gehalten werden kann. Hamburg ist eine Minderwertigkeitskomplexstadt. Eine Penisverlängerungsstadt. Eine Penisnochmalverlängerungsstadt. Alles, was ein gewisses Maß an Bedeutung verspricht, wollen sich die Hamburger auf ihre Fahnen schreiben. Alles, was den Geschmack von Welt mit sich bringt, ist gut. Alles Mondäne ist herzlich willkommen. Eigentlich müsste sich Hamburg auch auf diese Großkotzigkeit, die bis zum Himmel stinkt, etwas einbilden. Denn in diesem Punkt übertreffen sie andere Städte wirklich ganz deutlich.

Lieber aber natürlich würden die Hamburger behaupten, dass sich Neil Armstrong in Hamburg seine ersten Moon Boots gekauft hat.

Oder dass Mahatma Gandhi in Hamburg zum ersten Mal barfuß gelaufen ist.

Oder dass Dieter Bohlen in Hamburg zum ersten Mal einen klugen Satz von sich gegeben hat.

Hamburg ist die Yoko Ono unter den Städten.

24. GRUND

WEIL DER FISCHMARKT VOM FLAIR HER STINKT

In Hamburg taugt alles zur Touristenattraktion, was zum Himmel stinkt und die niedrigsten menschlichen Bedürfnisse anspricht.

Der Hamburger Fischmarkt ist ein Fahrstuhl ins neunte Untergeschoss.

Jeden Sonntag frühmorgens treffen da Touristen, die auf der Reeperbahn noch nicht genug bekommen haben, auf feierlustige Pinneberger, die auf der Reeperbahn bereits mehr als genug bekommen haben, und vermischen sich mit denjenigen Einheimischen, die zu den unangenehmsten ihrer Art gehören; denen nämlich, die sich nicht im Keller ihres Hauses selbst eingemauert haben.

Sie alle eint eines: der Glaube an das einzigartige Flair des Hamburger Fischmarktes. Sie denken, dass es sich dabei um einen der Gipfel der Atmosphäreerzeugungskunst handelt. Und so soll auch diese Hamburger Wahrheit überall verkündet werden.

Höret alle die frohe Botschaft, dass die Worte Flair und Fischmarkt und einzigartiges und Hamburger zusammengehören.

So wie die Worte Pickel und Taschentuch und Nadel und Eiter. Also gilt es, diese Phrase immer wieder unermüdlich einzubauen in alle Gespräche, die sich dafür anbieten:

»Liebling, ich habe so lange darauf gewartet, aber heute will ich es endlich wagen und dich fragen: Willst du mein Mann werden?«

»Mensch, da freu ich mich, dass du fragst. Ja, hab ich richtig Bock drauf. Lass uns auf jeden Fall an einem Samstag heiraten, dann können wir zum krönenden Abschluss unserer Hochzeitsfeier das einzigartige Flair auf dem Hamburger Fischmarkt genießen.«

»Und natürlich müssen wir auch über Geld sprechen und darüber, welche Gehaltsvorstellungen Sie haben.«

»Ach, wissen Sie, Geld ist mir gar nicht so wichtig, ich will nur nicht am Wochenende arbeiten müssen. Denn für mich ist es lebensnotwendig, dass ich regelmäßig das einzigartige Flair auf dem Hamburger Fischmarkt genießen kann.«

»Angeklagte, Sie haben das letzte Wort. Wollen Sie vor der Urteilsverkündung noch etwas sagen?«

»Herr Richter, ich war es nicht. Ich habe die Fußballmannschaft nicht vergiftet. Ich habe aber etwas anderes getan. Deswegen möchte ich jetzt gern ein Geständnis ablegen. Als ich einmal Liebeskummer und Zahnschmerzen gleichzeitig hatte, da habe ich das einzigartige Flair des Hamburger Fischmarktes nicht genug zu würdigen gewusst. Das ist zwar schon mehr als zehn Jahre her, aber ich bereue es wirklich aufrichtig und hoffe auf eine milde Strafe.«

Worin besteht aber nun dieses einzigartige Flair? Darin, dass unlustige, aber großmäulige Marktschreier versuchen, sich gegenseitig zu überbrüllen, um ihre Waren an den Mann und die Frau zu bringen. Und darin, dass Mann und Frau aus Dankbarkeit, dieses einzigartige Flair erleben zu dürfen, körbeweise Fische und Obst kaufen und Pflanzenkübel und irgendwelchen Plastik-Tand erwerben. Und darin, dass der Rest der Anwesenden allein beim

Beobachten dieser Kaufvorgänge das einzigartige Flair ganz deutlich spüren kann und deshalb ehrfürchtig und selig an ein Lächeln denkt. Dieses aber nicht wagt, um ja nichts kaputt zu machen. Atmosphäre pur. Da ist es dann gar nicht mehr unbedingt nötig, dass sich ein Pinneberger am Rand des Blickfeldes erbricht. Oder dass man von einem Taschendieb ausgeraubt wird. Oder dass man von einer Möwe angeschissen wird. Flair ist Flair.

In der angrenzenden Fischauktionshalle wird zum Abschluss des einzigartigen Flair-Erlebnisses bei Livemusik schließlich noch fleißig das Tanzbein geschwungen, was wiederum verstärkend zur Einzigartigkeit des Flairs beiträgt, das hier im Übermaß und verschwenderisch ausgeschüttet wird. Das Ganze ist in etwa so erhebend, als würden 30 Gerichtsvollzieher gleichzeitig an der Tür klopfen.

Bis zu 70.000 Besucher sollen sich jeden Sonntag auf dem Fischmarkt einfinden. Es wäre interessant, ob im Fall der Fälle 70.000 Zwangsjacken zur Verfügung stünden.

Draußen liegt verstreut unglaublich viel Müll herum, und der Sonntag ist, noch bevor er den Mittag erreicht hat, schon zu einer ganz traurigen Angelegenheit geworden. Gut, dass es das einzigartige Flair gibt, sonst könnte man fast denken, es gibt nur unglaublich viele doofe Menschen. Doofe Menschen, die gerne fast denken. Und wenn es ihnen tatsächlich einmal in Gänze gelingt, einen Denkvorgang zu Ende zu bringen, dann geht ihnen etwas sehr Erhellendes durch den Kopf: dass sie nur wenige Tage bis zum nächsten Feuerwerk, bis zum nächsten Fischmarkt oder bis zum nächsten Vollrausch überstehen müssen. Sie grinsen und warten.

Und sind Sie überrascht, dass der Hamburger Fischmarkt auch auf Tour geht? Natürlich nicht. »Hamburger Fischmarkt auf Reisen« nennt sich dieses grandiose Geschäftsmodell.[7] Schließlich wollen auch das reizarme Stuttgart, das farblose München, das armselige Offenburg und das trostlose Aschaffenburg das einzigartige Flair erleben, das die Menschen in Hamburg so froh macht, dass einer mal auf die Frage nach seiner Lieblingsstellung bei einer etwas vorwitzigen und leicht frivolen Radio-Umfrage geantwortet hat:

»Mitten auf dem Hamburger Fischmarkt zu stehen.«

Und dann ergänzte er noch: »Einmal bin ich umgefallen, weil ich so besoffen war. Da habe ich das einzigartige Flair von unten gesehen, und ich muss sagen, am liebsten wäre ich nie wieder aufgestanden.«

25. GRUND

WEIL DIE FRISUREN AUS BERLIN DREI JAHRE SPÄTER IN HAMBURG EINFACH SCHEISSE AUSSEHEN

Die Welt wäre eine gerechtere, würde man Städte danach beurteilen, wie die Friseursalons, die sich in ihnen angesiedelt haben, heißen. Das wäre auf jeden Fall sinnvoller, als Städte nach der Anzahl der Diktatoren, die in ihnen geboren wurden, zu listen. Und es wäre zudem fairer, als die Bewertung danach vorzunehmen, wie häufig die einzelnen Einwohner eines Ortes ihre Bettwäsche wechseln. Denn da könnte man einer Stadt wahrhaft unrecht tun, wenn da im Verborgenen einige Ferkel auf erstarrtem Stoff sich zur Ruhe betten und sich so rein gar nichts dabei denken. Da dies gerade in den schlimmsten Fällen in gänzlich von der Außenwelt abgeschotteten Rumpelkammern praktiziert wird, kann ja auch niemand regulierend einschreiten, um das Ergebnis für die Stadt zum Positiven zu wenden, indem zwangsweise die Betten frisch bezogen würden, während die um sich schlagenden Lumpen natürlich festzuhalten wären. Heimliche unheimliche Welten unter den Schmutzkrusten ungewaschener Existenzen. Schwamm drüber.

Mit den Namen von Friseursalons ist es anders, die prangen schließlich außen über den Türen, die sind nicht intim, sie sind gleichzeitig Öffentlichkeitsarbeit und Statement. Sie sind nicht geheim, die gehören zum Stadtbild wie eine Elbphilharmonieattrappe. Und wenn sie nicht nachts heruntergerissen werden, diese Friseursalonschilder, dann heißt das unmissverständlich, dass sie von den Einwohnern des Ortes akzeptiert und als Identitätsmerkmal anerkannt werden. Also können sie auch als objektives Kriterium zur Beurteilung der Qualität einer Stadt samt ihrer Bürger herangezogen werden.

Hamburg schneidet dabei ab wie ein Lehrling im *Friseursalon Haarlekin*. Schlecht schneidet der. Fast ein Ohr ab.

Hier einige Preziosen Hamburger Friseursalonbenennungskunst (setzen Sie sich hin):
Friseur Haarmonie, Frisierbar, Cuts & Mouse, Haupt-Sache, Das haarsträubende Studio, Mitschnitt, GeizHaar, Haarleys Friseur, Abschnitt, Hairreinspaziert, Friseur Open Hair, HaarSchuppen Pippig, Friseursalon Hairway, Komm-Hair, Die Haarchitekten, Manuels Haareszeiten, salon Haarpunzel, Friseur O Haar A, Salon Hairport, Haareszeit, Krehaartiv Friseur, Salon um Haaresbreite, Achim Bock

(Jetzt stehen Sie wieder auf und lassen Sie Ihre Haare einfach wachsen, für immer.)

Die Namen der Friseursalons in Hamburg könnten auch die Namen von Friseursalons in Landshut sein. Mit Ausnahme von *Headshop Grasweg* vielleicht. Das wäre wohl doch zu zweideutig und anstößig für Niederbayern (wegen der zu bewahrenden Unversehrtheit niederbayerischer Kinder und wegen der zu schützenden Versehrtheit niederbayerischer Suffköppe).

Salon Jeannette's Haarburg in Harburg gewinnt somit den Ehrenpreis (trotz des Apostroph's) und darf als einziger Friseursalon in Hamburg bleiben, alle anderen werden direkt nach China verfrachtet. Dort versteht keiner die Namen.

Na gut, seien wir mal großzügig, *Kurz & Schmerzlos* in der Weidenallee gewinnt den (zur Bewährung ausgesetzten) Nachwuchspreis für schütteres Haar auf den Köpfen verdrossener Trauerklöße, die bei einem unglücklichen Unfall im Umkreis einer Schrottpresse beide Arme verloren haben und somit keine Chance haben, sich die verbliebenen Haare mit dem Feuerzeug anzuzünden.

Die Frisuren, die in Berlin ihre Träger bereits unglücklich gemacht haben, kommen ein paar Jahre später nach Hamburg und machen ohnehin schon unglückliche Hamburger zu nicht ernst zu nehmenden unglücklichen Hamburgern.

Hamburger tun ja gerne mal so, als würde es Berlin gar nicht geben. Als wäre Berlin nur eine fiktionale Stadt in einem fiktionalen Film, den Klaus Beimer in *Lindenstraße*-Folge 1326 nebenbei geguckt hat, während er ein Flugzeugmodell aus Schiffsmodellteilen zusammenklebte. Hamburg ist das einzig Wahre, denkt der wahre Hamburger, und sonst denkt er nichts mehr. Wenn aber die gescheiterten Berliner Frisuren Hamburg erobern, dann finden möglicherweise hoch motivierte Verschwörungstheoretiker irgendwann noch eine gute Erklärung dafür. Bis dahin kurz und schmerzvoll: Cut!

26. GRUND

WEIL AUCH HANS ALBERS LIEBER IN BAYERN GELEBT HAT

»Was, das ist dein Vater? Das ist ja lustig, der sieht auf dem Bild ja aus wie Hans Albers.«

»Wer is'n das?«

»Äh, du lebst in Hamburg und kennst Hans Albers nicht?«

»Nee, da hab ich wohl was verpasst.«

»Hans Albers ist der Hamburger überhaupt, also neben Uwe Seeler und John Lennon.«

»Was macht der?«

»Der macht gar nichts mehr. Der ist längst tot.«

»Na gut, du Korinthenkacker, was hat er denn gemacht?«

»Der war Schauspieler, und *Auf der Reeperbahn nachts um halb eins* hat er auch gesungen.«

»Ah ja, das kenn ich.«

»Ja, klar kennst du das. Und vor ein paar Monaten hast du sogar auf dem Hans-Albers-Platz gekotzt.«

»Oh.«

»Ja, du solltest zumindest wissen, welche Denkmäler du schändest, haha.«

»Ich kann nicht jedes Mal vorher recherchieren, wo ich da wieder hinkotze. Was raus muss, muss raus, sag ich immer.«

»Ja, ich weiß, das sagst du tatsächlich immer. Jedes einzelne Mal. Ich kann es echt nicht mehr hören.«

»Wo ist denn nu der Hans-Albers-Platz genau?«

»Auf der Reeperbahn.«

»Wo da genau?«

»Also, es war das Kotzen, bei dem du gleichzeitig den Pimmel draußen hattest, weil du eigentlich in irgend'ne Ecke zum Pissen gehen wolltest.«

»Hab ich dabei ein Lied gesungen?«

»Ja. Kannst du dich jetzt erinnern?«

»Noch nicht ganz. Welches Lied hab ich denn gesungen?«

»Ich glaub, es war *The Winner Takes It All*. Ja genau, das war's. Kannst du dich jetzt erinnern?«

»Sei doch nicht so ungeduldig, wir kommen der Sache doch schon deutlich näher. Habe ich *The Winner Takes It All* im Sopran gesungen oder als Bariton?«

»Du hast tief gesungen. Jetzt alles klar?«

»Eine Frage noch. Hatte ich meinen Pimmel beim Singen in der Hand, oder habe ich die Händen zum Dirigieren benutzt?«

»Du hast dirigiert.«

»Ah, okay, dann fasse ich noch mal zusammen. Ich wollte pissen, hatte ihn schon draußen, musste dann aber kotzen und habe dabei *The Winner Takes It All* in der Bariton-Version zum Besten gegeben und dazu noch dirigiert. Ich glaube, dann weiß ich, wo der Hans-Albers-Platz ist. Es gibt zwar noch ein Kotzen, auf das diese Beschreibung zutrifft, aber das war in Stellingen und nicht auf der Reeperbahn.«

»Na, dann haben wir es jetzt ja.«

»Ja, sag ich doch. Das ist also Hans Albers. Toll. Wieder was gelernt.«

»Dein Vater sieht auf dem Bild echt aus wie er, echt krass.«

27. GRUND

WEIL FRANZ BRÖTCHEN EIN HANS WURST IST

Es gibt drei Arten von Menschen:
1. Diejenigen, die Franzbrötchen lieben und sie täglich essen. Das sind die Hamburger. Die kennen Sie ja schon. Das sind die hoffnungslosen Fälle.
2. Diejenigen, die so tun, als wären Franzbrötchen total toll. Das sind Hamburg-Touristen, die unbedingt irgendwas Gutes über Hamburg berichten wollen. Vor allem sich selbst. Sie weigern sich nämlich einzugestehen, dass Hamburg als Urlaubsziel eine einzige große Enttäuschung ist. Und sie wollen nicht blöd dastehen vor ihren Nachbarn, die übers Wochenende nach Butzbach gefahren sind, wegen eines unehrenhaften Verwandten, den sie im hiesigen Gefängnis besucht haben. In Butzbach sei es ganz possierlich und bezaubernd gewesen, berichten die Nachbarn nach der Rückkehr. Was sagt man darauf also, wenn man gerade aus Hamburg zurückgekommen ist?

»Hamburg war ein Traum. *König der Löwen* war total super, besser als jede Fernsehshow. Aber der Knüller waren die Franzbrötchen. Für die würde ich glatt morden.«

3. Diejenigen, die Franzbrötchen ganz furchtbar finden. Das sind die Menschen, die unseren Planeten vielleicht noch vor dem Untergang bewahren können.

Was sind Franzbrötchen überhaupt?, fragen jetzt die, die überhaupt kein Interesse haben, die Welt zu retten, sondern lieber weiter Serien auf Netflix gucken wollen und ab und zu lustige Bücher lesen (Glückwunsch, hier wäre fast eins gewesen, aber irgendwo hört der Spaß eben auch auf).

Also, Franzbrötchen sind Gebäckstücke, die außerhalb Hamburgs geradezu unbekannt sind. Warum wohl? Lassen Sie sich die Antwort auf die Fußsohle tätowieren und springen Sie dann auf dem anderen Bein ganz weit weg von Hamburg, immer weiter weg.

Wenn Sie einen Hamburger fragen, wird der Ihnen in höchsten Tönen von Franzbrötchen vorschwärmen, und er wird es tatsächlich ernst meinen. Wenn Sie ihn nicht stoppen, wird er ewig weitermachen und wird schließlich auch noch erzählen, dass Hamburg ja sowieso die schönste Stadt der Welt ist. Wahrscheinlich.

Das war ein Scherz von ihm, dieses »Wahrscheinlich«. Weil er kenne keine schönere Stadt, nicht einmal annähernd. Und selbst wenn er noch nicht in allen Städten der Welt gewesen sei und das auch niemals schaffen werde, außer er werde 100-fach geklont, so wolle er sich doch jetzt festlegen, man zögere ja ohnehin so oft im Leben, und das sei doch für nichts gut. Also, er lege sich jetzt fest, seine Heimatstadt Hamburg ist die schönste Stadt der Welt, und ein Franzbrötchen ist wohl das Leckerste, was man überhaupt essen könne.

»Außer natürlich, man wurde mit Blutwurst großgezogen.«

Auch wenn es im Gefängnis in Butzbach ganz nett sein soll, erschlagen Sie diesen Hamburger lieber nicht, krümmen Sie ihm nicht einmal ein Haar, er weiß es einfach nicht besser. Seine ganze Existenz ist auf diesen Lügen und Selbsthypnosen aufgebaut.

Ein Franzbrötchen ist ein ziemlich ödes Plundergebäck, das viel Zucker und Zimt enthält. Im Prinzip ist es eine missglückte Version der gemeinen Zimtschnecke.

Nehmen Sie eine Zimtschnecke, stellen Sie sie hochkant und lassen Sie ein Buch von Siegfried Lenz aus 75 Metern Höhe darauf fallen. Schon haben Sie ein Franzbrötchen.

Nehmen Sie ein anderes Buch von Siegfried Lenz, streuen Sie zwischen alle Seiten Zucker und Zimt. Schon haben Sie ein weiteres Franzbrötchen.

Nehmen Sie eine Hand von einem ehemaligen Nachbarn von Siegfried Lenz, legen Sie sie für 20 Tage in die Sonne und reiben Sie währenddessen jeden Morgen und jeden Abend Ihre Zähne mit einer Zucker-Zimt-Mischung ein. Beißen Sie am 21. Tag in die Hand.

Behaupten Sie dem Gutachter gegenüber, dass Hamburg die schönste Stadt der Welt ist, dann weiß er gleich Bescheid. Und nehmen Sie es nicht so schwer.

28. GRUND

WEIL AUCH DIE STATISTIK GEGEN HAMBURG SPRICHT

Jetzt aber mal Butter bei die Fische, wie manche Hamburger so unschön sagen. Und genau darum geht es, denn manche Hamburger sagen das, andere wiederum nicht.

Nach ein paar kleinen Neckereien und einigen harmlosen Witzchen über Hamburg und die Hamburger nun endlich mal etwas Handfestes und Wesentliches, Zahlen und Fakten nämlich.

Nicht alle Hamburger sind gleich. Und die, die gleich sind, sind nicht alle Hamburger, manche sind nämlich auch Pinneberger (so, jetzt seid ihr auch mal erwähnt worden, nun verzieht euch wieder).

So, nun konkreter: Es gibt Hamburger, die Mercedes fahren, und es gibt Hamburger, die nicht Mercedes fahren. Es gibt Hamburger, die vor Spinnen Angst haben und es zugeben, und es gibt Hamburger, die nicht zugeben, vor Spinnen Angst zu haben. Es gibt auch

Hamburger, die vor Spinnen keine Angst haben. Es gibt Hamburger, die keine Angst vor Spinnen haben, aber so tun, als hätten sie Angst. Bei manchen davon hat das sexuelle Gründe, bei anderen nicht. Sie sehen, das Ganze ist sehr komplex.

Es gibt Hamburger, die aus sexuellen Gründen behaupten, sie würden Mercedes fahren. Und es gibt Mercedesfahrer, die haben sogar schon während der Fahrt mit ihrem Mercedes behauptet, dass sie keinen Mercedes fahren würden. Beim Telefonsex geht das (wenn der Telefonsexpartner nicht schon einmal bei *Wetten, dass ..?* aufgetreten ist, weil er alle Automarken der Welt an den Fahrgeräuschen erkennen kann). Es gibt aber sogar Hamburger, die noch nie beim Autofahren, egal welche Marke, Telefonsex gehabt haben. Es gibt Mercedesfahrer, die keine Angst vor Spinnen haben, aber schon Spinnen mit ihrem Mercedes überfahren haben. Es gibt Hamburger Spinnen, die in den sexuellen Fantasien von Frankfurter Mercedesfahrern eine Rolle gespielt haben. Sie merken, bereits in den kleinsten Teilbereichen tun sich ungeahnte Tiefen auf.

So kommen wir nicht weiter. Wobei natürlich schon interessant ist, dass es in Hamburg Mercedeshändler gibt, die noch nie ein Fahrzeug an jemanden verkauft haben, der schon einmal während des Telefonsex eine Spinne erschlagen hat, nachdem er vorher gerufen hat: »Ei der Daus, eine Spinne!«

Es gibt sehr viele Hamburger, die das bereits geahnt haben, aber es gibt tatsächlich auch Hamburger, die behaupten, dass ihnen diese Tatsache völlig unbekannt sei.

Generell, man muss sagen, dass 70% aller Hamburger völlig unbekannt sind. Selbst ihre Eltern würden sie am liebsten nicht kennen. Merken Sie, jetzt geht es los, Butter bei die Fische.

70% dieser völlig unbekannten Hamburger sind höchst unsympathisch. Von diesen höchst unsympathischen Hamburgern sind 70% Idioten. Von diesen wiederum sind 70% nicht in der Lage, eine Stadt zu benennen, die sie schöner als Hamburg finden. Obwohl 70% von denen schon mal eine Postkarte aus einer schöneren

Stadt bekommen haben. Von diesen Leuten sind wiederum 70% HSV-Fans. Von diesen HSV-Fans können 70% die Abseitsregel in nüchternem Zustand nicht korrekt erklären. Von diesen Versagern sind 70% nicht in der Lage, Ludwig van Beethoven von Michel Houellebecq zu unterscheiden. 70% von diesen Totalversagern können sich total gut Witze merken, leider können 70% von ihnen die Witze nicht gut erzählen. 70% von ihnen lachen also als Einzige im Raum nach so einem Witz. Von diesen Leuten haben 70% die anderen 30% schon einmal verprügelt. 70% von den verprügelten 30% haben aber auch selbst schon mal jemanden verprügelt. 70% von diesen Verprügelten haben das Hamburgwappen als Tattoo auf der Arschbacke. 70% von denen haben diesen Text nicht bis hierhin gelesen. 70% von den Textabbrechern finden mittlerweile das ganze Buch scheiße. 70% von denen schreiben scheiße so: scheisse. Und die restlichen 30% so: scheise. 70% der Scheiße ist noch in den Hamburgern drin. Da kommt also noch so einiges.

29. GRUND

WEIL HAMBURG BEI DEN ANDEREN DER VERDAMMNIS ANHEIMGEFALLENEN STÄDTEN NICHT ANKOMMT

München: »Grüß Gott alle miteinander, willkommen zu unserem heutigen Treffen. Wie ihr seht, haben wir einen Neuzugang. Das ist Hamburg. Ich freu mich sehr, dass du nun auch zu uns gefunden hast, und heiße dich im Namen aller herzlich willkommen.«
Hamburg: »Jo. Danke.«
Berlin: »Wird aber och Zeit. Hast wohl geglaubt, du hast es nicht nötig, wa?«
Hamburg: »Hatte anderes zu tun.«
Mainz: »Dass ich nicht singe und lache!«

München: »Seid doch etwas netter zu Hamburg. Es war bestimmt nicht leicht für sie, hierherzukommen. Das wissen wir doch alle, dass es etwas dauert, bis man sich wirklich eingestehen kann, dass man Hilfe braucht.«

Frankfurt: »Also, ich hab das schon sehr früh gemerkt. Und ganz korrekt die Konsequenzen daraus gezogen.«

München: »Schön, Franki. Aber lassen wir Hamburg doch selbst erzählen, was sie dazu bewogen hat, in unsere Selbsthilfegruppe zu kommen.«

Berlin: »Ja, da bin ick echt mal verschärft jespannt druff, die Gründe zu hören.«

Hamburg: »Also, es ist so: Ich hab über mehrere Jahrzehnte versucht, also nicht nur versucht, sondern es auch bravourös geschafft ... äh, also ... mehr ... darzustellen, als ich, also ... um ehrlich zu sein ... als ich wirklich ..., äh, bin. Ich hab ... oje, es fällt mir echt schwer. Fällt mir echt nicht ganz so leicht, wie Geld zu verprassen ... äh, da drüber zu sprechen. Es ist ... nein, es ist nicht. Es ist ...«

München: »Wir verstehen dich, Hamburg, wir verstehen dich. Aber wisse, du bist unter Leidensgenossen. Wir sind alle betroffen. Nur zu, schnaufe durch und lass es raus.«

Baden-Baden: »Es ist nicht schlimm. Glaub mir, es wird dir guttun, dich zu öffnen.«

Hamburg: »Ja, okay. Geht gleich los.«

Berlin: »Keen Problem, wir haben ja Zeit. Die nächste Fußball-WM in Deutschland findet ja frühestens in 50 Jahren statt.«

München: »Berlin, lass doch mal stecken jetzt.«

Frankfurt: »Ja, es ist doch echt schön, dass Hamburg jetzt auch hier bei uns ist und dass sie bereit ist, zu ihren Schwächen zu stehen. I really appreciate that.«

Baden-Baden: »Ja, das stimmt. Wenn ich an meine Anfangszeit zurückdenke, meine Güte. Was ich für wahnwitzige Ideen hatte, um irgendwie Bedeutung zu erlangen. Wisst ihr noch. Ich wollte die Stadt sein, in der in China-Restaurants ausnahmslos Ungarn arbeiten dürfen, in der alle Verkäuferinnen in allen Schuhläden immer barfuß rumlaufen müssen und in der, nachdem die Sonne untergegangen ist, keiner mehr den Rückwärtsgang beim Autofahren benutzen darf.«

Berlin: »Ick hab selten so jelacht.«

Frankfurt: »Na ja, als kleine Stadt versucht man halt alles, um irgendwie aufzufallen, und möchte in irgendwelchen Neben-Kategorien, und seien sie noch so abstrus, herausragen. Und manchmal schießt man dabei eben übers Ziel hinaus.«

Baden-Baden: »Na ja, ich dachte halt damals, das würde sich echt gut im Reiseführer machen. Aber dank eurer Hilfe habe ich gemerkt, dass das Quatsch ist.«

München: »Stopp, ich glaube, Hamburg ist wieder so weit. Nur zu, Hamburg, lass es raus. Wir freuen uns, dass du deine Sorgen mit uns teilen willst. Wie ich vorhin sagte, wir sind ja auch nicht besser als du.«

Hamburg: »Also … ich kann eigentlich nur sagen, dass ich … also, dass ich sehr zufrieden bin mit dem, was ich in den letzten Jahrzehnten geschaffen und geleistet habe.«

Berlin: »Das hörte sich aber gerade noch ganz anders an. Oder hab ick was mit den Ohren?«

Hamburg: »Ich möchte mich echt für die Einladung bedanken. War interessant, mal zu sehen, mit welchen Problemen sich andere Städte so herumschlagen.«

München, Berlin, Mainz, Frankfurt, Baden-Baden: »Hä?«

Hamburg: »Es ist meine heilige Pflicht zu sagen: Ich bin anders. Ich bin nicht wie ihr. Ich habe keine Probleme.«

München, Berlin, Mainz, Frankfurt, Baden-Baden: »Hä?«

Hamburg: »Was sollte ich auch für Probleme haben. Ich bin schließlich die schönste Stadt der Welt.«

Berlin: »Ick hab doch tatsächlich nicht nur was mit den Ohren, sondern jetzt och noch mit'm Herzen.«

München: »Ich scheiß mich an.«
Mainz: »Ich fassenacht, äh … fasse nicht, was ich da höre.«
Frankfurt: »Ich bin auch ganz bedribbelt. Was is'n das für ein Gebabbel jetzt?«
Hamburg: »Entschuldigt bitte, wenn ich gähne, aber ich bin Neid und Missgunst gewohnt.«
Berlin: »Dit is pille palle.«
Hamburg: »Gähn.«
Baden-Baden: »Da muss ich gleich ein Brecherle machen.«
Hamburg: »Gähn.«
München: »Ja du Schnepfen, du elendige.«
Hamburg: »Lach.«
Frankfurt: »Halt, München, stell den Stuhl wieder hin. Aber sofort. Und alle jetzt wieder runterkommen. Meine Güte, das darf ja nicht wahr sein. Wir sind doch hier nicht im Kindergarten.«
München: »Ist ja gut, ich habe mich wieder im Griff. Ich atme tief ein und aus, das hilft. Ein. Und. Aus. Du hast schon recht, Franki. Ich hätte mich als Gruppenleiter nicht so hinreißen lassen dürfen. Das ist mir echt unangenehm, und ich möchte mich dafür entschuldigen.«
Berlin: »Kann jedem mal passieren, München.«
Mainz: »Ja, München, ist dir ja schon länger nicht mehr passiert. Du hast das ja ganz gut im Griff gehabt in letzter Zeit.«
Hamburg: »Ich nehme deine Entschuldigung an, München.«
München: »Danke, Hamburg.«
Hamburg: »Dafür nich.«

30. GRUND

WEIL _____ _____ AUS HAMBURG KOMMT

Warum muss _____ _____ ausgerechnet aus Hamburg kommen? Was für ein Unglück! Was für ein Schicksalsschlag! Was für eine Brieftaube mit schlechten Nachrichten! Das ändert nämlich alles.

Reißen Sie alle anderen Seiten aus diesem Buch heraus, möchte man als Autor desselben brüllen. Heben Sie nur diese zwei Blätter auf, möchte man verzweifelt flehen, Hamburg ist rehabilitiert. Ein Hoch auf Hamburg, möchte man rufen.

_____ _____ kommt aus Hamburg. Das ist bitter und grausam, das zerstört den ganzen schönen Plan. Wäre es doch nur anders. Käme _____ _____ doch nur nicht aus Hamburg, dann könnte man die verfluchte Stadt einfach versiegeln und dem Vergessen anheimfallen lassen, aber da _____ _____ nun einmal aus Hamburg stammt und dort gedeiht, ist Hamburg tatsächlich als wahrlich bedeutende Stadt anzusehen, denn _____ _____ ist wichtig für alle von uns, _____ _____ macht die Welt zu einem besseren Ort.

Und käme _____ _____ aus Salzburg oder Bukarest, aus Helsinki oder Paderborn, wir würden diese Städte verehren. Zu Recht.

Alles, was Hamburg sonst zu bieten hat, das kann Onkel Paul auch, wenn er gut drauf ist. Wenn er mit seinem Wellensittich Kunststücke zeigt oder die Namen aller bisherigen Bundeskanzler in 27 verschiedenen Sprachen aufsagt. Aber _____ _____, das ist etwas vollkommen anderes, das ist reiner Triumph. Damit erreicht Hamburg eine einzigartige Stellung in der Welt. Hamburg ist damit beinahe heilig. So wie Uwe Seeler. Oder eher so: Ein gemeinsames Kind von Uwe Seeler und Heidi Kabel, das wäre in etwa so heilig wie Hamburg. Weil _____ _____ aus Hamburg kommt.

Und diese frevelhafte Idee, Hamburg zu verteufeln, Hamburg niederzumachen, Hamburg ins Lächerliche zu ziehen, muss damit als Irrsinn, Bösartigkeit allerhöchster Exzellenzstufe oder gar als Teufelswerk bezeichnet werden. Nur ein Schuft, der sich seit 20 Jahren vorgenommen hat, Hamburg zu hassen, und sich mit Drogen vollgepumpt hat, um alles menschliche Empfinden auszuschalten, könnte diesen Plan jetzt noch aufrechterhalten wollen. Und nur der größte aller Schufte würde das dann vielleicht auch umsetzen können. Selbst Barack Obama hat _____ _____ als große Errungenschaft in der Entwicklung der Menschheit gewürdigt. Und jeder Briefträger braucht _____ _____. Und wenn Hunde _____ _____ hätten, dann wären sie uns Menschen sogleich überlegen. Mike Krüger hat auf dem Sterbebett, seine Frau hatte die Traueranzeige schon in der Zeitung geschaltet, noch nach _____ _____ verlangt. Und was passierte? Mike Krüger lebt immer noch.

Hamburg ist super, könnte man jetzt sagen. Und wer würde dieses Wort nicht bereitwillig im Mund tragen, um Hamburgs Verdienste in Bezug auf _____ _____ lobzupreisen?

Nun ja, wenn man ganz pingelig sein wollte, dann könnte man anführen, dass Hamburg eine aufgeblasene Scheißstadt ist, die so viele schlechte Seiten hat, dass selbst ein Mann, der hundert Hamburger Telefonbücher in einer Minute zerreißen kann, zu weinen beginnen würde, wenn er die alle vor sich sähe. Wenn Adolf Hitler den Klettverschluss erfunden hätte, würde auch keiner auf die Idee kommen, ihm deswegen all die anderen fürchterlichen Dinge nicht anzukreiden. Nur weil also _____ _____ zufällig aus Hamburg kommt, ist das kein Grund, alles zu vergessen, was Hamburg darüber hinaus zu so einem schrecklichen Ort macht. Im Gegenteil, es ist vielleicht ein besonders triftiger Grund, Hamburg zu hassen. Es ist alles nur Kalkül. So nach der Art: Wenn ihr _____ _____ nehmt, dann akzeptiert gefälligst auch all den anderen Scheiß. Nein, Hamburg, damit kommst du nicht durch.

Wenn Hamburg komplett mies wäre, könnte man milder urteilen, dann könnte man davon ausgehen, dass es einfach eine armselige Stadt ist, in der nichts Gutes gedeihen kann. Aber in Hamburg gibt es _____ _____. Und das ist eine absolute Unverfrorenheit, eine miese Nummer. Das ist der Beweis dafür, dass Hamburg einfach nicht wie _____ _____ ist.

Außerdem ändern sich die Zeiten. Es gibt immer mehr Menschen, die ohne _____ _____ sehr alt werden und dabei sehr glücklich sind.

Hamburg ist zu Recht die Stadt mit den größten Lücken im _____.

WENN DAS KULTUR IST, DANN HÄTTE ICH GERNE EINMAL KÜNSTLICHES KOMA ZUM MITNEHMEN BITTE

31. GRUND

WEIL HAMBURG DIE VERDAMMTE MUSICALHAUPTSTADT EUROPAS IST

Was ein Musicalsänger wirklich können muss: grinsen, während er singt. Nicht singen, wenn er nicht dran ist. Dann nur grinsen. Den Unterschied zwischen Grinsen und Singen erkennen. Was noch? Traurig nach oben gucken, wenn er ein trauriges Lied an den Mond singt. Abwesend dreinschauen, wenn er ein Lied über die abwesende Geliebte singt. Richtig gute Musicalsänger können sogar über ihren Schatten springen, während sie über Selbstüberwindung singen. Das ist die hohe Schule des Musicalgesangs. Fantastisch ist auch, wenn ein Musicalsänger in der Lage ist, während des Singens alles, was aus seinem Mund herauskommt, simultan pantomimisch darzustellen, sodass auch unsichere oder begriffsstutzige Personen im Publikum die Botschaft eindeutig verstehen und das Spektakel weiter entspannt und zufrieden genießen können.

Was eine Musicalsängerin können muss: sich nicht vom Grinsen des Musicalsängers irritieren lassen. Kleiner sein als dieser, während sie von seiner Größe singt.

Musicals sind wie Mikrowellenessen. Nur dass sich Männer wegen eines Mikrowellenessens im Normalfall kein Sakko anziehen und Frauen sich deswegen nicht schminken und einparfümieren. Das tun sie aber, wenn sie ins Musical gehen. Sie vögeln auch eine Woche lang nicht vor solchen Feiertagen. Sie kommen rein und voller Ehrfurcht angefahren aus dem Hamburger Umland, frisch rasiert und gebadet. Teilweise werden sie auch mit Reisebussen von richtig weither angekarrt, seltsame Dialekte und verstorbene Frisuren mit sich tragend.

Wenn ausreichend Zeit ist, dann muss auf jeden Fall noch eine Stadtrundfahrt sein, klaro. »Oh, der Hafen ... guck, eine Prostituierte ... war das nicht Ronald Schill eben ... hier soll Ringo Starr einst Nasenbluten gehabt haben ... so riecht also Reeperbahnkotze vom Vortag, interessant.«

Selfies vor allen Wahrzeichen Hamburgs, vor dem Michel genauso wie vor der Ritze, am Schluss noch ein Franzbrötchen im Stehcafé. Dann aber endlich zu den singenden Löwen, da geht einem nun endlich das Herz auf, und es schwingt sich wie Tarzan empor in allerhöchste Höhen. Bald fließen Tränen, und wenn das nicht von allein geschieht, wird nachgeholfen, man denkt dann einfach an das Wunder von Bern und überlegt, ob das nicht doch das bessere Musical gewesen wäre. Das ist traurig genug. Die grinsenden Musicalsänger grinsen trotzdem weiter. Die Musicalsängerinnen wechseln ihren Beruf auch nicht plötzlich mitten im Stück, und so bleibt alles beim Alten. Musicals sind nicht nur wie Mikrowellenessen vor dem Essen, sie sind auch wie Mikrowellenessen nach dem Essen.

Musicals sind schrecklich, Hamburg ist schrecklich, beides zusammen ist eine ganz unheilvolle Verbindung. Wie godzillagroße siamesische Zwillinge, die sich nicht trennen lassen und sich singend darüber streiten, wer wohl besser ohne den anderen zurecht käme. Fakt ist: Hamburg ist nicht nur in Deutschland die Nummer 1 in dieser höchst zweifelhaften Kategorie, sondern hat mittlerweile auch London hinter sich gelassen und ist somit sogar die Musicalhauptstadt Europas. Das ist die fünfttraurigste Sache überhaupt, die man über eine Stadt sagen kann. Aber Hamburg jubiliert und denkt, dass Blödes, wenn es gesungen wird, zum Intelligenztest wird, den man mit Bravour bestanden hat. Die Hamburger würden das Phantom der Oper zum Bürgermeister wählen, wenn es möglich wäre. Hamburg atmet diese elenden Singspiele wie schlimmen Mundgeruch aus. Wenn Sie hier als Zuschauer in einem Musical einen Schlaganfall bekommen würden, gäbe es ein Jahr später ein Musical über Sie. Musicals sind Hamburgs Antwort auf Verschwörungstheorien, die besagen, dass schon lange Außerirdische mitten unter uns leben.

Musicals sind nüchtern betrachtet Geräuschverschwendung. Das Leben wird in Musicals nur ungefähr gestreift. Musicalbesucher sind nur ungefähr Menschen. Und Hamburg ist ungefähr um einen Grund, gehasst zu werden, reicher.

Noch ein kleiner Tipp für Leute ohne Skrupel und Moral: Stellen Sie T-Shirts her mit der Aufschrift *Wir sind Musicals*. Stellen Sie sich damit vor die einschlägigen Etablissements in Hamburg, und Sie werden ordentlich Geld damit machen (allerdings natürlich auch seelisch verrotten). Jeder 783. Käufer dieses T-Shirts wird irgendwann einen Menschen töten (vielleicht auch einen Außerirdischen). Jeder 111. Käufer ist selbst ein Außerirdischer (jeder elfte davon hat das mittlerweile vergessen und sagt alle sieben Sätze Folgendes: »Mehr als ein Hamburger kann ein Mensch nicht werden«).

32. GRUND

WEIL IN MÜNCHEN DOCH SCHON EIN HOFBRÄUHAUS STEHT – »OANS, ZWOA, G'SUFFA«

Japanische Fotografen fotografieren japanische Männer, die ebenfalls wie Fotografen aussehen und Maßkrüge stemmen. Das Hofbräuhaus in München ist ein Ort der Wunder. Eines dieser Wunder ist, dass es keine Berichte davon gibt, wie betrunkene Killer japanische Fotografen, die ebenfalls wie betrunkene Killer aussehen, mit Maßkrügen erschlagen. Denn hier erscheint alles möglich, was sich ein liebeskummergeplagter B-Movie-Regisseur mit Zahnschmerzen ausdenken kann. Soll heißen, das Münchner Hofbräuhaus ist ein Unort.

Nein, Sie halten keinen Fehldruck in Händen. Verachten Sie München ruhig für ein paar Sekunden. Versuchen Sie es. Denken Sie einfach an Karl-Heinz Rummenigge. Spüren Sie es? Ja, München hat durchaus seine eigene Wegseinsberechtigung.

Aber nun stellen Sie sich vor, wie Hamburg als Onkel aus München verkleidet mit einer penisfarbenen verschwitzten Hand nach

Ihrem Hals greift und Ihnen den Atem nehmen möchte. München ist Kindergeburtstag, Hamburg ist schwarze Messe.

Was macht ein Hamburger, wenn er mehrere Abende hintereinander mit Freunden saufen war und ihn das Gefühl beschleicht, er müsse nun aber mal etwas Kultur dazwischenschieben? Er nimmt anstatt des schwarzen Adressbuches das rote zur Hand, das mit den niveauvolleren Freunden. Für den Abend verabreden sie sich dann im Hamburger Hofbräuhaus. Dort betrinken sie sich dann auf Bajuwarisch. So deppert muss man erst mal sein. Als Mensch, aber auch als Stadt.

In Hamburg steht ein Münchner Hofbräuhaus. Da gehen die Hirnchirurgen ein und aus.

Eine schlechte Kopie eines miesen Originals ist so nützlich wie ein Kleinhirn im rechten Knie. Aber wahrscheinlich finden die Hamburger ihre Münchner Hofbräuhäuser (es gibt tatsächlich gleich drei davon!) einfach nur kultig und witzig. Das ist wie Tourist in der eigenen Stadt sein. Da können sie sich selbst eine Karte schicken, auf der steht, dass Hamburg die geilste Stadt der Welt ist. Der Empfänger wird die Karte kopfschüttelnd angucken, weil er das natürlich schon längst wusste. Hahaha.

Ab ins Hofbräuhaus. Wenn der blöd lachende Hamburger eine Lederhose hätte, dann zöge er sie jetzt an. Und wenn er zwei hätte, würde er versuchen, zwei anzuziehen, das wäre dann noch witziger und kultiger. Wenn er keine hat, zieht er keine an und ist trotzdem witzig, indem er bairisch spricht.

»Jo mei, dös is heite wieda lustik.«

Ja, so lustig wie ein Olaf-Scholz-Schlüsselanhänger in Lebensgröße. Zu allem Überfluss feiert Hamburg im Herbst auch noch mehrere Oktoberfeste. »Mit Blasmusik und bayrischen Schmankerln«.[8] Und mit ohne Herz und Seele. Vielleicht könnte Hamburg ja noch was von München abkupfern, dessen zweite Silbe nämlich. Dann hieße es künftig Hamburgchen. Würde ganz gut passen. Auch locker noch neben das Kleinhirn im Ellenbogen.

33. GRUND

WEIL MOZART IN HAMBURG GEGEN SEINEN WILLEN AN DIE MASCHINEN ANGESCHLOSSEN WURDE

Laieszhalle, Parkett, dritte Reihe.

»Guten Abend, gnädige Frau.«

»Guten Abend.«

»Ah, herrlich ist das. Wissen Sie, ich freu mich schon den ganzen Tag auf das Konzert, es ist eines meiner liebsten Stücke überhaupt.«

»Ja, ich liebe es auch sehr. Außerdem habe ich die Sonate schon viel zu lange nicht mehr gehört. Passt ja auch ganz wunderbar in den Monat Mai.«

»Da sagen Sie was sehr Wahres. So belebend und erfrischend ist dieses Werk.«

»Traumhaft, einfach traumhaft. Das ist heute mal wieder ein Abend nach meinem Geschmack. Wissen Sie, ich und mein Mann, wir haben ein Konzert-Abonnement, und dadurch sind wir ja ganz regelmäßig hier. In letzter Zeit war ich aber doch häufiger unzufrieden mit dem Programm. Und ich hab schon zu meinem Mann gesagt: Karl-Otto, manchmal ist dieses Konzert-Abonnement geradezu gefährlich. Karl-Otto, hast du gehört, was ich gerade zu dem Herrn gesagt habe?«

»Nein, Linde-Schatz, hab ich nicht gehört.«

»Ich habe gesagt, dass ich dir gegenüber letztens geäußert habe, dass ich diese Abonnement-Konzerte zuweilen als richtig gefährlich empfinde. Er hört leider nicht mehr so gut, darum ist es auch besser, wenn Sinfonien gegeben werden, da kommt mehr durch bei ihm.«

»Wie meinen Sie das mit den gefährlichen Abonnement-Konzerten, gnädige Frau?«

»Nun, man weiß ja nie so genau, was einen da erwartet. Und selbst wenn Mozart drauf steht, ist ja nicht immer auch verlässlich Mozart drin. Diese ganzen jungen Künstler, bei denen kann man sich ja nicht immer sicher sein, ob sie ihren Mozart auch gut genug kennen. Und außerdem spielen die ja auch noch allzu gern was Modernes zusätzlich. Das kann dann richtig unappetitlich werden. Karl-Otto, was hat das Trio letztens noch gespielt nach der Pause?«

»Was meinst du, Linde-Schatz?«

»Vor zwei Monaten. Der Trio-Abend. Vor der Pause war Mozart dran. Und nach der Pause haben die dann noch sowas Modernes gespielt. Ich glaube, es war ein Pole.«

»Ah, du meinst Tworschack. Ja ja, Tworrschagg war das. Dwohrschalk.«

»Ja, Tvorsack, genau. Nicht schön, ganz und gar nicht schön.«

»Die wollen halt auch junge Leute in klassische Konzerte locken, gnädige Frau. Das ist alles, was dahintersteckt. Vom Prinzip her ja nachvollziehbar, aber ich glaube, die sind mit der Art und Weise, wie sie das erzwingen wollen, auf dem Holzweg.«

»Ja, Musik kann man nicht imitieren. Und das Herz lässt sich sowieso nicht täuschen. Das merkt von ganz allein, ob Musik lebt oder nicht. Oh, da kommt er. Oje, was hat der denn für eine Frisur. Na, da drück ich Mozart aber mal ganz fest die Daumen.«

34. GRUND

WEIL KUNST IN HAMBURG SO KÜNSTLICH IST

Als moderner Mensch, der in einer tollen Stadt wie Hamburg lebt, liebt man natürlich Kunst. Wer intelligent ist, liebt Kunst, wie könnte es auch anders sein. Wer Kunst liebt, ist ein guter Mensch, ein feiner Mensch, ein Mensch, dem man sein Blut anvertrauen würde, müsste man es kurzerhand und aus nicht näher benannten Gründen vorübergehend auslagern. Wenn man zwei Stunden später wiederkehrte, bekäme man vom rot angelaufenen Kunstliebhaber sein Blut bist auf den letzten Tropfen zurück.

Wenn man Kunst betrachtet, verfliegen alle Sorgen. Selbst nur jemanden anzuschauen, der gerade ein Kunstwerk betrachtet, ist schon erhebend. Vergessen Sie Orgasmus-Gesichter und sagen Sie Hallo zu Kunstbetrachter-Gesichtern.

Gut ist auch, jemanden zu kennen, der mit einem Künstler befreundet ist. Wenn man drei Bier getrunken hat, kann man auf einer Party so tun, als wäre man selber derjenige. Und mit ein bisschen Kokain in der Nase wird man schließlich ganz schnell selber zum Künstler. Man baut dann einfach einen Turm aus an diesem Abend noch nicht erwähnten Berufen auf dem eigenen Kopf, beleuchtet das Gebilde mit einer Taschenlampe und nennt das Ganze schließlich »Weltherrschaft« oder »Irgendein Frauenname, der nicht Heike ist«.

Das ist ja überhaupt das Wichtigste: den doofen Leuten ganz klar zu sagen, wofür das Kunstwerk steht und was es bedeuten soll.

»Nein, das ist nicht nur ein drei Wochen alter Fleischsalat. Das ist er schon längst nicht mehr. Das ist vielmehr ein Sinnbild für die Ausbeutung mazedonischer Frauen unter 1,60 Meter, die in McDonald's-Filialen in Koblenz das Erbrochene auf den Toiletten wegwischen müssen.« Hamburg erzeugt nur mittelmäßige Kunst. Ausnahmen bestätigen auch hier die Regel, und die Regel ist: Hamburg ist eine künstliche Stadt. Hier entsteht eine Kunst, die entsteht, weil noch Platz ist. Vier Meter hohe und sieben Meter breite Kunst und 1,99 Meter große Künstler, die in einer Kleinstadt vom Weltall aus erkennbar wären. Hamburg macht Kunst aus Berechnung. In solcherlei Kunst steckt eine Notwendigkeit, die vom Fremdenverkehrsamt budgetiert wurde, aber keine lodernde Dringlichkeit, kein züngelndes Risiko. Es ist einfach nur der Zeitvertreib von Langweilern, die beim Wechseln einer Glühbirne eine Erektion bekommen und das dann in ihr Tagebuch schreiben.

Heute hatte ich mal wieder ein erhebendes Erlebnis. So eine 100-Watt-Birne erzeugt wirklich einen mordsmäßigen Schatten.

Hamburger Künstler sind Künstler, die nicht mit dem Rücken an der Wand stehen und deshalb sehen können, dass die Wand noch ganz leer ist. Manche machen Yoga, andere sind nicht gelenkig genug und machen eben Wand-Ausfüll-Kunst.

»Mein Therapeut hat mir empfohlen, Künstler zu werden.«

»Eines Tages hatte ich Nasenbluten, und die Tropfen auf der Käsescheibe sahen aus wie ein Fremdwörterlexikon.«

»Ich bin noch nie in meinem Leben in Hundescheiße getreten. Das ist wirklich eine Kunst bei all den Hunden, die hier herumrennen.«

Hamburg ist eine Malen-nach-Zahlen-Stadt. Da werden die Künstler ausgewählt wie Schöffen. Oder wie Freiwillige im Zirkus, die sich unter einen Elefanten legen sollen. Oder wie Sargträger.

»So, wir haben genug Alkis, die an allen möglichen Ecken herumstehen, mehr können wir echt nicht mehr unterbringen. Aber wir brauchen ganz dringend noch ein paar Künstler. Wer meldet sich freiwillig? Kommt schon, es geht um Hamburg. Künstler sein ist außerdem cool. Und das Schöne ist, ihr könnt dabei nichts falsch machen. Kunst ist unantastbar. Und wenn trotzdem irgendjemandem nicht gefällt, was ihr fabriziert, dann wird der von der Stadtverwaltung auf einer geheimen Liste der Kunstbanausen geführt, was ihm unmöglich machen wird, jemals Leiter eines der drei bedeutendsten Museen der Welt zu werden. Jedenfalls wenn es nach uns geht. Wir werden auf jeden Fall zu insistieren versuchen, sollte sich für so einen Kerl ein derartiger Karriereschritt anbahnen. Ihr seid also ein ganz besonderer Personenkreis. Und das Arbeitslosengeld II kriegt ihr drei Tage früher als alle anderen Hartzer auf euer Konto. Was, das ist nicht verlockend? Na gut, ein paar von euch dürfen gleichzeitig Künstler und Alki sein oder andere Drogen einschmeißen. Dann kriegt ihr von der Kunst, die manchmal richtig wehtun kann, auch nicht mehr so viel mit. Und eine Sucht beweist letztlich doch auch immer, dass jemand sehr sehr sehr sensibel ist. Also wirklich sehr. Und das ist doch die beste Voraussetzung dafür, sich auch über kleine Dinge freuen zu können. Über einen Pickel am Arsch beispielsweise, der von alleine wieder weggeht und zwar genau einen Tag bevor man sich einen reduzierten Preis auf die Arschbacke tätowieren lässt. Tut uns doch bitte den Gefallen. Werdet Künstler. Hamburg braucht euch. Euch und hübsche Musicalsängerinnen. Und Leute, die gern Fahrradreifen flicken. Und Menschen, die beim Biertrinken über Witze lachen können, die sie schon zehnmal gehört haben.«

35. GRUND

WEIL IN HAMBURG DIE ÄRZTE KEINE HOSEN TRAGEN

Die Ärzte sind eine Band aus Berlin. Kann man gut finden, wenn man 14 Jahre alt ist. Kann man auch mit 17 noch gut finden, wenn man sie als 14-Jähriger geliebt hat. Muss man mit 50 noch gut finden, wenn man mit einem der Bandmitglieder verwandt ist.

Die Toten Hosen sind eine Band aus Düsseldorf. Findet man gut, wenn man 15 Jahre alt ist und mit den Ärzten nicht so viel anfangen kann. Oder wenn man denkt, dass Sänger Campino ein cooler Typ ist, der irgendwann Bundespräsident werden muss. Oder wenn einem die Musik irgendwas sagt, so etwas wie: »Wir sind sozialkritische Biertrinker, die Punk spielen wie andere Golf. Wir haben gern Spaß, und wenn ihr laut mitsingt, könnt ihr ein bisschen sein wie wir. Vielleicht müssen wir das dann nicht mehr sein und können stattdessen Golf spielen.«

Zwei Bands, die man Hamburg nicht anlasten kann. Aber! Viel schlimmer! Aus Hamburg kommt die Zombieversion der beiden Bands. Hier haben sich nämlich ein paar talentlose Typen zusammengetan, um die Musik der Ärzte und der Toten Hosen zu spielen, wie andere an sich selber herumspielen. Und schon haben wir den Schlamassel: eine Coverband namens Die Toten Ärzte.

Aber versuchen wir es mal ganz nüchtern. Coverbands gibt es überall, Coverbands sind keine wirkliche Bedrohung, meistens spielen sie auf Stadtteilfesten oder in ihrem eigenen Keller. Die Coverband namens Die Toten Ärzte hat natürlich jedes Recht, Musik zu machen. Musik ist Freude und Ausdrucksmittel. Das Leben ist so herrlich vielfältig, es gibt eine solch reiche Auswahl an Musik, und jeder kann die hören, die ihm gefällt (dies ist zu unterschreiben und solange man keine rücksichtslosen Nachbarn hat, die einem ihre favorisierten Kompositionen durch überkandidelte Lautstärkeregelung an den zur Verfügung stehenden Geräten aufdrängen, ist das eine Theorie, die im Leben sehr gut umgesetzt werden kann).

Also ist doch alles gut. Wir können demnach weitergehen zu der nächsten harmlosen Nichtigkeit, die Hamburg ein klein wenig unkommod macht. Also, liebe Tote Ärzte, habt weiterhin Spaß und noch viel Erfolg in der hoffentlich güldenen Coverband-Zukunft.

So würde das in etwa klingen, wenn einem ein verrückter Toter Arzt mit einem Bohrer und einer Gigli-Säge die Schädeldecke geöffnet und das Hirn entfernt hätte. Da die Toten Ärzte aber allgemein mit Instrumenten nicht so gut umgehen können, kann man mit voller Hirnleistungskraft sagen, dass diese Band an sich ein Folterinstrument ist, ein seit mehreren Jahren abgelaufener Gutschein für Digitales Ausräumen.

»Durchführung
- Schürze und Handschuhe anlegen
- Schutzunterlage unter das Gesäß des Patienten schieben
- Mit einer Hand die Gesäßhälften spreizen
- Das Einführen des Fingers durch Eincremen des Afters mit z.B. Vaseline erleichtern
- Vorsichtiges Einführen des Zeigefingers in den After
- Umfassen der verhärteten Stuhlmengen mit dem Zeigefinger durch Einknicken des Zeigefingers
- Mit dieser Fingerstellung den verhärteten Stuhl aus dem Enddarm holen

- Den Stuhl in kleinen Portionen aus dem Enddarm entfernen, bis der Stuhl vom Patienten wieder durch Pressen mitgeholfen bzw. selbstständig abgeführt werden kann«[9]

Mit anderen Worten, die Toten Ärzte sind scheiße und analog nur schwer auszuhalten. Sie sind nämlich weder tot, noch sind sie Ärzte. Sie sind keine Verwandten und keine 14 mehr. Sie sind nur eines: ein Grund, Hamburg noch etwas mehr zu hassen.

36. GRUND

WEIL NACH DEM FILM VOR DEM FILM IST, UND WÄHREND DES FILMS IST TROTZ DES FILMS

In Hamburg ins Kino zu gehen, ist ein Fehler. Viele Menschen machen diesen Fehler. Darum ist es ja überhaupt erst ein Fehler. Viele Menschen sind nämlich oft ein Fehler. Viele Menschen in einem Bett. Viele Menschen in einem Personalausweis. Viele Menschen im Kino.

Und es ist wahrlich keine Freude, wenn man als Kinogänger feststellen muss, dass all die anderen der Fehler sind. Man kann sich, nachdem diese Erkenntnis erst einmal gewonnen ist, gar nicht mehr auf den Film konzentrieren. In Hamburg werden ja keine schlechteren Filme als in anderen Städten gezeigt. Aber die Filme werden durchaus schlechteren Menschen gezeigt. Denn zum überwiegenden Teil gehen in Hamburg nicht einfach Menschen ins Kino, um einen Film zu gucken, nein, in Hamburg gehen viele Menschen ins Kino, damit sie ins Kino gehen und damit sie den wenigen, die wirklich den Film gucken wollen, auf die Nerven gehen.

Es gehört für manche einfach dazu (zu dem leeren, angepassten Leben), ein Cineast zu sein. Und Cineast ist man auch nur, weil das Wort so einen Klang hat. Ähnlich dem Wort »Kretin«. Alles andere ist dem Cineasten nur Begleiterscheinung. Ins Kino gehen, das ist wie übers Wetter reden. Das ist wie Klopapier benutzen. Das ist wie zum Psychiater gehen. Das ist wie Kaffee trinken. Das ist wie Facebook. Es ist wie, einen Scherz über Angela Merkel zu machen. Die anderen tun es schließlich auch. In Hamburg gibt es Kinozentren mit einer Bowlingbahn im Keller, einem Steakhouse im Erdgeschoss, einem Fitnessstudio oben drüber. Der Billardsalon liegt direkt auf dem Weg zur Erlebnis-WC-Landschaft im ausgelagerten Westflügel, der auch die Karaokekneipe beherbergt. Im Ostflügel befinden sich Kampfschule, Tanzschule und Gesamtschule. Im 2. Untergeschoss gibt es schließlich noch ein geheimes Tierversuchslabor, in das man allerdings nur mittels des richtigen Codewortes Zutritt erlangt. Alles in allem können Eltern ihre Kinder also unverzagt am Freitagabend am Eingang des Kinokomplexes absetzen. Und sie zehn Jahre später wieder abholen.

In Hamburg ins Kino zu gehen macht immer nur den anderen Spaß. Wenn sie glücklich sind, werden sie auch glücklich bleiben. Nichts kann sie erschüttern. Auch wenn der behinderte kleine Junge im Film stirbt und der Vater sich danach sofort selbst das Leben nimmt, weil er den Schmerz nicht ertragen kann. Auch wenn es im Film keine Katzen gibt. Auch wenn der Film voller Idioten ist. Alles egal. Alle fläzen sich auf ihren Sitzen, 5-Liter-Cola-light-Becher und riesige Popcorn-Eimer auf ihren Schößen. Und in diesen Eimern wühlen sie herum und halten alle Hände für ihre eigenen.

In Hamburg sind Filme wie das Licht am Ende des Tunnels. Keiner begreift, dass dahinter noch etwas sein muss, alle lassen sich nur blenden. In Hamburg ins Kino zu gehen ist in etwa so, wie eine öffentliche Toilette auf der Reeperbahn zum Ort eines Heiratsantrages zu machen. Oder ein Haus mit 15 Stockwerken zu bauen, um vom Dach zu springen, sobald es fertig ist.

Alle reden über den Film. Während des Films. Und alle haben den Film während des Films eigentlich schon wieder vergessen. Sie reden dann über alles andere. Sie reden darüber, dass sie gerne Musik hören und viel Fahrrad fahren und dass das Schlimmste für sie wäre, andere Menschen anzuöden. Das würden sie nicht ertragen können. Langweilig zu sein. Oder nervig. Und zum Glück wussten sie schon vorher, dass der Film sie nicht zu Langweilern oder Nervensägen machen kann. Das flüstern sie dauernd vor sich hin. Und der Film geht unterdessen zu Ende, wie eine Klopapierrolle ab und zu zu Ende geht.

Die Hamburger Cineasten machen dann direkt mit ihrem Leben als Kretins weiter, und der Film läuft zwei Stunden später erneut, aber dann sieht ihn schon keiner mehr. Die Billardspieler spielen Billard, die Gewinner gewinnen, die Verlierer gehen aufs Klo. Dort arbeiten Programmkinogänger als Spiegelbild hinter der Scheibe. Und so sehen die Kinocenterbesucher gar nicht so kaputt aus, wie sich ihre Schritte auf dem Boden der Tatsachen anhören.

37. GRUND

WEIL WIR NICHT FÜR DIE HAMBURGER SCHULE LERNEN, SONDERN FÜRS LEBEN

Beantworten Sie folgende Fragen, und beachten Sie, dass auch jeweils mehrere der vorgegebenen Antwortmöglichkeiten richtig sein können.

1. Was ist diese sogenannte »Hamburger Schule« überhaupt?
a) Es wäre natürlich seltsam, wenn so eine große Stadt wie Hamburg nur eine Schule hätte. Die Klassenzimmer müssten riesig sein, und alle bräuchten Mikrofone und Ferngläser. Das kann es also nicht sein. Die Antwort ist: Die Hamburger Schule ist so was wie die Frankfurter Schule. Man kann also nicht in einen Baumarkt gehen und sagen: Ich brauche mal ordentlich viel Farbe, um die Hamburger Schule neu zu streichen. Es gibt keinen Hausmeister in der Hamburger Schule. Noten gibt es aber schon.

b) Die Hamburger Schule ist eine Musikbewegung, die Ende der 1980er, Anfang der 1990er etwas mehr Intelligenz und Anspruch in die deutschsprachige Rockmusik zu bringen versucht hat. Was zum Teil auch gelungen ist.

c) Die Hamburger Schule war durchaus mal b), ist mittlerweile aber nur noch ein Etikett, das jede dahergelaufene Band, die englischsprachige Musik ins Deutsche übersetzt, ganz beiläufig auf der Stirn kleben hat (»Ja, das hat uns total beeinflusst, darum sind ja auch unsere Texte so intellektuell und sozialkritisch. Ach übrigens, in meiner Freizeit lese ich dauernd Bernhard Thomas, wirklich ständig«).

d) Die Hamburger Schule ist d), nämlich eine vollkommen um sich selbst kreisende Chose.

2. Was ist nur mit Blumfeld passiert?

a) Die Band ist in einen Aufzug gestiegen, der für maximal 13 Personen geeignet ist.

b) Blumfeld ist einfach älter geworden. Das ist anderen Bands auch schon passiert, den Rolling Stones beispielsweise.

c) Gegenfrage: Warum fragt das bei Tocotronic keiner?

d) Die Band ist im 9. Stock ausgestiegen und merkte zu spät, dass diese Etage bereits in der Zukunft lag bzw. gelegen haben wird.

3. Wie heißt Schorsch Kamerun mit richtigem Namen, und als was ist Rocko Schamoni bei ihm angestellt?

a) Georg Kamerun. Schamoni ist sein Freund, kriegt aber ab und an Schweigegeld für die Geheimhaltung des Pseudonyms.

b) Schorsch Einlandinwestafrika. Schamoni ist sein Kartograf.

c) Georg Ringsgwandl. Schamoni ist sein Dolmetscher für Bairisch.

d) Rocko Schamoni. Schamoni ist sein Chef.

4. Was für eine Bedeutung hat Subkultur noch in einer Gesellschaft, in der jedwede Subkultur längst von Werbeagenturen an den Kapitalismus verscherbelt worden ist?
a) Genau! Endlich bringt die Subkultur was, Umsatz nämlich. Liebe Grüße an alle 6–85-Jährigen, die sich zu Recht für cool halten und sich als superindividuelle Individualisten fühlen dürfen, weil sie nämlich anders sind als all die anderen.
b) Sie ist eine Schublade voller Nostalgie (LxBxH in Kilometern: 42x40x0,025), in der irgendwo auch noch die Schlüssel für die Scheiß-Handschellen sein müssen (Beate im Schlafzimmer würde sich wirklich sehr freuen).
c) Also, die Subkultur ist das Fundament, auf dem unser 10-Personen-Zelt steht. Was für Geschichten wir erzählen könnten, ich und die neun anderen, wir haben da so einiges erlebt. Wir können ja warten, bis sie zurück sind. Das Helene-Fischer-Konzert müsste eigentlich schon zu Ende sein.
d) Wenn alle Hamburger, die regelmäßig Arte gucken, sich um die Binnenalster herum aufstellen würden, und zwar aufsteigend angeordnet nach dem Maß der Bildschirmdiagonale ihres Fernsehers, und laut »Wir sind gar nicht da« skandieren würden, dann wäre Hamburg schlagartig wieder ganz weit vorn mit dabei in den feuilletonistischen Subkulturranglisten.

5. Was gibt es nun eigentlich herumzumäkeln an der Hamburger Schule? Hat sie nicht die deutschsprachige Rockmusik nachhaltig positiv beeinflusst und geprägt?
a) Ja, aber nun sind die Schüler von damals zum Teil schon frühberentet. Die Zeit vergeht, horch, die Zeit vergeht. Aber wir kennen das ja. Wer in der Schulzeit als witziges Kerlchen galt, danach aber nicht mehr viel gerissen hat, der wärmt dann für alle Zeit immer wieder die alten Witze auf, in der Hoffnung, dass doch noch einmal jemand darüber lacht. Oder er schreibt einen Roman.

b) Ja, da gab es ein paar Bands, die neuen Schwung und eine neue Qualität in die deutschsprachige Musikszene gebracht haben, und das Zentrum dieser Bewegung war Hamburg. So weit, so gut. Aber ganz generell ist doch zu sagen, dass so ein Auffrischungsprozess ohnehin alle paar Jahre geschehen muss und auch unweigerlich passiert, das lässt sich gar nicht verhindern (gucken Sie sich mal die Musikgeschichte seit dem Mittelalter an). Ob das dann immer eine Verbesserung bedeutet, das sei mal dahingestellt. Aber was ist mit der Hamburger Schule, Abiturjahrgang 1994, passiert? Sie ist eine verdammte Marke geworden. Hamburger Schule™. Egal, wie lange das nun her ist und wie wenig ein Aufbruch ein konservierbarer Prozess ist, die sogenannte »Hamburger Schule« dient unverwüstlich als immerwährendes Gütesiegel. Da möchte man doch sagen, ich kotz gleich. Da möchte man doch sagen, jetzt muss ich auch mal was dazu sagen. Da sagt man dann schließlich, jetzt muss aber echt mal was Neues kommen, etwas, was die Alten alt aussehen lässt. Musik von freilaufenden Musikern, Musik ohne Bodenhaftung, Musik aus Castrop Rauxel.

c) Ich frage mich was ganz anderes, nämlich Folgendes: Was hat mich bloß so ruiniert?

d) Ich mag keine deutschsprachige Rockmusik.

38. GRUND

WEIL DIE ELBPHILHARMONIE HAMBURG NOCH TEUER ZU STEHEN KOMMT

Halleluja! Mit der Elbphilharmonie wird alles besser. Da drin wird sich Wasser in Wein verwandeln. Und billiger Wein in guten Wein. Und guter Wein in das Blut Christi. Und aus depperten Menschen werden Weise. Und aus Weisen Waisen. Deren Eltern nämlich werden auf dem Weg zu ihren Plätzen verenden.

Aber von vorn. Seit 300 Jahren wird nun schon an der Elbphilharmonie gebaut. Sie sollte ursprünglich zehn Mark fuffzich oder umgerechnet 37 Hühner kosten. Im Januar 2017 soll sie nun tatsächlich eröffnet werden (Datum geändert, richtiges Datum der Redaktion bekannt) (Nein, Scherz beiseite. Es kann quasi nichts mehr dazwischenkommen. Außer vielleicht der Weltuntergang.).

Auf jeden Fall wird die Elbphilharmonie dann fast 800 Millionen Euro gekostet haben. Johannes Brahms dachte dereinst, er könnte darin eigenhändig eine seiner Sinfonien dirigieren, nun werden die Einstürzenden Neubauten im Januar 2017 darin spielen. Mit der Buchung einer Band solchen Namens beweisen die Programmmacher zumindest Humor. Es ist ziemlich sicher davon auszugehen, dass das Gebäude nach dem Konzert immer noch stehen wird. Außer natürlich der Weltuntergang findet genau während des Konzerts statt.

Die Elbphilharmonie soll das neue Wahrzeichen Hamburgs werden. Denn Udo Lindenberg wird ja nicht ewig halten.

Hamburg ist mal wieder stolz. Und bei Wikipedia steht in dem Artikel über das neue schönste Konzerthaus der Welt ernsthaft: »kurz auch ›Elphi‹ genannt«. Versuchen Sie doch mal, beim Artikel über Adolf Hitler »kurz auch ›Adi‹ genannt« einzufügen.

Die Elbphilharmonie ist das Bügelbrett, auf dem Hamburg seine Kritiker plättet. Die Elbphilharmonie ist die Wichsvorlage für Menschen, die beim Masturbieren ihrem Geschlechtsteil Namen aus Mozart-Opern geben.

Mittlerweile haben sich ja scheinbar alle damit abgefunden, dass die Elbphilharmonie viel viel teurer geworden ist als ursprünglich geplant. Aber eines hat niemand bedacht. Die Zuschauerränge im großen Saal sind wie in der Berliner Philharmonie nach dem Prinzip der sogenannten Weinberg-Architektur angelegt. Die Bühne befindet sich etwa mittig im Saal, und rundherum aufsteigend sind die verschiedenen Zuschauerblöcke angeordnet. Und genau da liegt der falsche Hase im Pfeffersack. Denn wer einmal erlebt hat, wie das erlauchte Klassikpublikum in der Laieszhalle (der Ort, an dem bislang klassische Konzerte in Hamburg aufgeführt wurden) seine Plätze einnimmt, der muss doch bereits jetzt nächtlich von schlimmen Albträumen gequält werden, in denen Konzerte in der Elbphilharmonie erst nach monatelangem Gewusel beginnen können. Dann, wenn das ursprünglich vorgesehene Orchester längst abgereist ist oder sich aufgelöst hat und durch Freiwillige ersetzt worden ist (»Ist zufällig ein Geiger anwesend? Vielleicht noch einer? Und ein Cellist? Einen Klarinettisten brauchen wir auch noch.«) und mindestens die Hälfte der Zuhörer auf dem Weg zu ihren Plätzen verhungert oder verdurstet ist und bereits schlimm vor sich hin stinkt (»Ist zufällig ein Arzt anwesend? Und ein Leichenbestatter?«).

Es ist nämlich so: Die Laieszhalle ist ein ziemlich schlicht aufgebauter Konzertsaal. Bühne, Parkett, zwei Ränge, Seitenreihen. Eine Toffifeepackung ist komplizierter. Aber für viele Hamburger Konzertbesucher stellt die Suche nach ihrem reservierten Sitzplatz eine fast unlösbare Aufgabe dar. Sie irren mit von der mittäglichen Nudelsuppe noch offen stehendem Mund umher, können Parkett links nicht von Parkett rechts unterscheiden, sitzen im 1. Rang statt im 2., Reihe 7, Platz 24 kann genauso gut Reihe 9, Platz 17 sein. Alles ist möglich. Nichts geht mehr.

»Wer hat sich nur diese ganzen Zahlen ausgedacht? Und warum hat mein Sitzplatz keinen Bezug zu meinem Leben? Ich bin 88 Jahre alt und habe im Zweiten Weltkrieg sieben Russen erschossen. Ich hätte gern Platz 7 in Reihe 88. Muss denn alles so kompliziert sein? Ist ja wie Lottospielen hier.«

»Parkett? Ich dachte, damit ist der Bodenbelag gemeint. Jetzt hab ich mich extra die Treppen heraufgequält.«

»Hahaha, wie witzig, jetzt sitze ich doch tatsächlich auf dem falschen Platz. Da hab ich ja wieder was zu erzählen morgen. Und die ganzen nächsten Jahre.«

In der Elbphilharmonie wird das Ganze jedoch um ein Vielfaches schlimmer. In der Elbphilharmonie werden die Plätze nämlich folgendermaßen bezeichnet: »Etage 12, Bereich B, Reihe 4, Sitz 9«. Oder »Etage 15, Bereich K, Reihe 2, Sitz 3«. Es ist also völlig unrealistisch, dass ohne umfassende ambulante Unterstützung jemals ein Konzert vor Mitternacht wird beginnen können.

2.100 Plätze fasst der große Saal. Das heißt im Klartext, dass mindestens 2.099 persönliche Platzassistenten jeden Abend zur Verfügung stehen müssen, deren Aufgabe es ist, die vor Erregung zitternden Musikfreunde an ihren Platz zu geleiten. Derjenige, der keinen Assistenten abbekommt, setzt sich einfach auf den einen frei gebliebenen Platz. So einfach ist das.

»Nein, nicht da, das ist doch der Platz des ersten Geigers.«

39. GRUND

WEIL DER HENKER DES HENKERS DES HENKERS IN HAMBURG AM SEIDENEN FADEN HÄNGT

Da sitzen die jungen Frauen. Diejenigen, die früher hier in »Rettet die Wale«-T-Shirts gesessen hätten und jetzt »Wolfgang Herrndorf lebt«-T-Shirts tragen. In der Hand jeweils eine Fritz-Kola. Weit und breit ist kein Koffer zu sehen oder sonst etwas, was dafür spräche, dass sie sich von der Welt entfernt haben. Dennoch wandeln sie in anderen Sphären. Sie kicherten vor Beginn der Veranstaltung, jetzt lachen sie lautlos ihre Nachbarin an und laut den Autor, wenn er etwas Lustiges vorliest. Und dass er etwas Lustiges vorliest, das steht unumstößlich fest, spätestens seit da ein Lachen drei Reihen weiter hinten aufflammte. Und nun lachen immer alle, wenn der lustige Autor lustig liest oder traurig wird, weil keiner lacht. Das Lustige trägt also schon einmal dazu bei, dass der Abend nicht vergeudet ist. Denn Spaß haben ist wichtig. Wie Atmen, Essen und Lippenbalsam.

Aber was so einen Abend zu einem Erfolg macht oder eben auch zu einer Erfahrung, das hängt an der Frage, ob der Autor etwas vorliest, in dem sie selbst vorkommen können, die jungen Frauen. Und an diesem Abend gelingt es. Denn ihr gemeinsames gut gemeintes und gut getimtes Lachen unterbricht den Autor nicht, sondern es gehört zum Text, es war von vornherein mit eingebaut. Und das ist so dermaßen gut gemacht, dass es für jede glühende Seele im Publikum eine Freude ist, endlich erkannt zu werden, als eine von denen, die in dem Moment schon verstehen, dass sie gemeint sind, und sich das nicht erst hinterher einreden müssen. Wir sind es, der Autor ist der Kanal.

»Das ist wahre Kunst, Baby«, sagte der Freund eines Freundes eines Freundes, bevor er für die Kunst starb und vorzeitig aufstand, um noch als Einzelner gehen zu können.

In der Gruppe sein Leben zu verbringen, so fühlt es sich an, wenn man vorgestern auf einem Angus & Julia Stone-Konzert war und nun eben auf einer Lesung von Benjamin Maack ist und morgen bei einer Vernissage im Enfants Artspace (»Probably the smallest Art Space in Hamburg – or possibly the world.«)[10] sein wird. Weil dort eine Bekannte einer Bekannten einer Bekannten ihre Fotos ausstellt.

Und die Mutter der Mutter der Mutter von Benjamin Maack war die erste Frau, die über das Lachen in einer zweideutigen Situation gelacht hat. Das war damals bei einer Kinovorführung, in der ein Mann mit einer Figur aus dem Film zu streiten anfing.

So jung müsste man noch mal sein und so gutgläubig. In Hamburg zumindest. Aber natürlich ist nicht jeder in Hamburg, der die Kultur lebt und von der Kultur belebt wird, jung. Und schon gar nicht ist jeder eine junge Frau. Aber die saugen nun mal das Licht an. Die alten Säcke darben im Dunkeln, aber natürlich sind sie auch da, treiben sich da herum, wo es nicht wehtut, wenn das Leben in andere Bahnen gelenkt wird.

Und dann feiert man den Autor, den Musiker, den Künstler. Um sich selbst zu feiern. Den eigenen guten Geschmack. Das eigene Dasein, anstatt zu Hause ganz weit weg davon zu sein. Und wenn es vorbei ist, strotzen manche nur so vor Energie, egal ob nun junge Frau mit Undercut oder alter Sack mit Tonsur, und nicken unaufhörlich, während andere erklären, warum das gerade so grandios gewesen ist. Dann werden die Rollen getauscht, und die, die gerade noch genickt haben, erklären jetzt passend zum Rhythmus des Nickens der anderen, dass das fast grandios war. Aber dass es erst durch ihr Nicken zur Gänze grandios geworden ist.

Der Autor steht inzwischen hinter 150 leer getrunkenen Flaschen Fritz-Kola und möchte doch eigentlich nur ein Benjamin-Maack-T-Shirt tragen und im Regen und bergauf nach Hause gehen, bis ihm der Bart abfällt. So weit weg ist der Ort von jedem Wort.

Der Raum ist rot geworden. Keiner redet mehr über Köpfe hinweg, alle reden in die Stille hinein. Es ist beinahe verabscheuungswürdig, dass es hier keine Falltüren über der Hölle gibt.

Und was können die Autoren, die Musiker und die Künstler dafür, dass sie wie Henker sind, die selber hängen. Denn Benjamin Maack ist ein wirklich guter Autor. Und er hätte es wahrlich verdient, ohne Publikum zu lesen. Oder vor Menschen, die sich direkt vor der Tür noch schnell die Zungen herausgeschnitten haben und deren Hände verliehen wurden an Katzenbesitzer.

WIE DIE HAMBURGER WIRKLICH SIND, DAS WOLLEN SIE GAR NICHT WISSEN

ST. PAULI

40. GRUND

WEIL HAMBURG FREAKS MAGNETISCH ANZIEHT

Wenn einer in seinem Provinzkaff drei Mal hintereinander in der Jahreschronik als Dorfdepp aufgeführt wurde oder wenn seine Mitbürger schon einmal mit Forken und Fackeln vor seinem Haus aufgetaucht sind und dort bedrohliche Chöre angestimmt haben, dann ist der Betreffende reif für Hamburg. Dann kann er mit all seinen Flausen im Kopf in die Freie und Hansestadt ziehen und sich hier aufführen wie ein cooler Großstadt-Extraordinärer.

Er kann zum Beispiel am Samstagnachmittag mitten auf der Spitaler Straße sitzen und meditieren, während pro Sekunde 428 shoppende Menschen um ihn herumsausen. Er aber sitzt ganz relaxt da, so als würde nur alle 428 Jahre ein Staubkorn in ein paar Hundert Metern Entfernung vorbeischweben. Er ist ein sogenannter Tiefenentspannter, und jeder soll das sehen. Darum sitzt er da. Später, wenn er allein ist, befriedigt er sich selbst und stellt sich dabei vor, wie neidisch alle auf ihn gewesen sind. Und wenn in seiner Fantasie ein Gesicht auftaucht, das ganz und gar nicht neidisch guckt, dann kommt er. Wenn er übers Wasser gehen könnte, dann würde er das andauernd tun und alle zwei Meter mit wasserfestem Stift Autogramme auf die Alster schreiben.

Andere Freaks wiederum basteln an der Dunkelheit der Nächte. Tagsüber stehen sie im Schrank und stellen sich vor, sie wären ein Anzug, den man nur zum Blutsaugen trägt. Wenn es dunkel ist, kommen sie heraus und schleichen sich in die Kneipen und die Bars. Dort stehen sie dann wie von Langeweile tödlich verletzt in der Ecke, haben Hüte auf, die andere zur Aufbewahrung von Schrumpfköpfen benutzen, und starren so lässig vor sich hin, als ob sie auf einen Bus warten, der sie zu einer Beerdigung von jemandem bringt, den sie überhaupt nicht kennen. Sie hoffen, dass sie von anderen »kaputter Typ« genannt werden, damit sie das mit einem stummen Zeitlupenkopfschütteln von sich weisen können. Sie stellen sich vor, dass andere sich selbst befriedigen bei dem Gedanken, einen echt kaputten Typen gesehen zu haben. Vor Tagesanbruch kehren sie wieder in ihre Aufladestationen zurück, in ihre Eimsbütteler Wohnungen oder in ihre WGs in Altona-Nord, wo ihre Mitbewohner gerade ihre Nägelschneide-Videos bei YouTube hochladen oder Briefe an Gott schreiben.

Es gibt in Hamburg auch Freaks, die Hobbys haben wie Nasenbluten oder auf den Weltuntergang zu warten. Und während sie das tun, sagen sie einfach alles, was sie denken, ohne tatsächlich darüber nachzudenken. Die, die bluten, denken meistens an Nasenbluten und reden auch genau darüber. Die Apokalyptiker denken nur an den bevorstehenden Weltuntergang und reden über Angebote bei Penny. Manche Freaks sind sehr atypische Freaks und gehen jeden Tag joggen. Manche von ihnen sind so narzisstisch, dass sie rückwärts laufen, um zu sehen, wer ihnen hinterherguckt. Manche Freaks sind echte Einzelgänger. Und manche sind in der Masse grau wie Bleistiftstriche. Es gibt Freaks, die erkennt man sofort, und manche lassen sich erst durch jahrelangen Psychoterror enttarnen. Manche muss man sogar heiraten dafür.

Freaks sind insgesamt eher uninteressant, und sie können das auch nicht gut verbergen. Manche von ihnen sind tatsächlich verrückt. Viele von ihnen sind einfach nur viel zu viele.

41. GRUND

WEIL DIE HAMBURGER ZUM LACHEN AUS DEM KELLER KOMMEN

Man könnte es ja fast rührend finden, wie sie sich bemühen. Hamburger versuchen nämlich sehr oft und mitunter recht vehement, witzig zu sein. Sie geben dabei wirklich ihr Bestes. Witzig allerdings ist das Ergebnis zumeist nicht. Gelacht wird trotzdem. Lachen bedeutet nämlich: Ich bin gut drauf. Und das ist eine der Schlüsselqualifikationen für ein erfolgreiches Leben in Hamburg. Dieses »Guckt nur, wie ich mich amüsiere, was muss ich nur für ein toller Typ sein, das ist ja kaum zu fassen, oh mein Gott, ich lache ja schon wieder über irgendwas, ich werfe den Kopf zurück, und schallend strömt das Gelächter aus mir heraus, ich darf wohl zu Recht behaupten, dass ich auf dem Höhepunkt meines Lebens angelangt bin« ist neben Ficken und Fußball das Lebenselixier für den durchschnittlichen Hamburger Mann zwischen 18 und 35. Bei den Älteren ist das nicht viel anders, nur lässt die Bedeutung des Geschlechtsverkehrs nach und nach nach (ein absoluter Höhepunktssatz dieses Buches – bitte unbedingt in Rezensionen zitieren, gerne auch völlig zusammenhangslos, »lässt nach und nach nach«!).

Bei den Hamburger Frauen ist, weil sie eben Frauen sind, alles mal wieder etwas komplexer. Nichtsdestotrotz lachen auch sie über unlustige Witze, und sei es nur aus Höflichkeit. Und wenn sie betrunken sind, lachen sie aus allen denkbaren Gründen über alles. Selbst über die Ankündigung des Spaßmachers, jetzt gleich einen schlechten Witz zu erzählen. Gelächter ist Hamburgs Heimweg in die durchschnittliche Mittelmäßigkeit. Es ist wie dieses amerikanische Sitcom-Hintergrundgelächter. *Ah, das war also jetzt witzig gemeint, danke für den Hinweis.*

Denn es wäre natürlich ziemlich traurig, wenn nur der Witze-Erzähler selber lachen würde. Dann könnte er sich nach drei Witzen das Leben nehmen. Da halten die Hamburger dann schon zusammen und lachen einfach über alles. Sie wollen schließlich ja, dass Hamburg die zweitgrößte Stadt Deutschlands bleibt, da wären so viele sich suizidierende unlustige Witze-Erzähler sehr kontraproduktiv.

Gerne werden auch lustige Stellen aus Filmen oder Fernsehshows nacherzählt. Natürlich auch nicht lustig. Nicht lustig, das möchte man in Hamburg eigentlich immer sagen, wenn ein neuer Tag anbricht.

Die Hamburger und ihr Humorverständnis stehen in der Fips-Asmussen-Tradition (Sagt die Chinesin zu ihrem Mann: »Morgen gehst du mir nicht vor die Tür, da werden die gelben Säcke abgeholt!« – Fips Asmussen auf Twitter im Jahr 2014![11] 147 Jahre nach der Erfindung des Dynamits.).

Hamburger können eigentlich auch nur das »Hahaha« wirklich gut. »Hihihi« fällt ihnen schon deutlich schwerer, und ein »Hohoho« hört man hier nur selten. »Hehehe«, so klingt es, wenn sie über jemand anderen lachen. Das wird durchaus gerne genommen. Über sich selbst lachen Hamburger hingegen nur sehr ungern. Sie haben Angst, dass das Leute aus anderen Städten auch tun, und sie wollen sich ja nicht mit denen gemein machen.

Hamburger wollen ja generell immer ganz cool und locker rüberkommen. Innerlich aber sind sie total verspannt, weil verkrampft darum bemüht, dieses Image der Lässigkeit für ihre Umgebung aufrechtzuerhalten. Auswendig gelernte Sprüche, die horoskopmäßig auf fast alle Gelegenheiten passen, werden dann in schnoddriger Manier rausgehauen, dass man fast denken möchte: Mensch, bei dem hat die Bedeutung des Geschlechtsverkehrs aber ganz abrupt nachgelassen und konnte durch nichts gleichwertig ersetzt werden. Nicht lustig, mal wieder.

Auch Widrigkeiten nehmen die Hamburger selten mit Humor. Sie nehmen generell alles immer mit schwitzenden Händen und formen es nach ihrem Ebenbild. Das klappt bei der Selbstbefriedigung noch ganz gut, beim Lösen von Problemen ist das wenig förderlich. Und so wird in Hamburg alles immer schwerer und hoffnungsloser.

Hamburg ist nicht lustig, selbst dann nicht, wenn alle Hamburger gleichzeitig lachen. Man sollte sich am besten gar nicht darüber aufregen. Das wäre in etwa so, als würde man sich vom Dach eines mehrstöckigen Hauses zu Tode stürzen wollen und sich gleichzeitig darüber beschweren, dass es regnet. Da könnte man ja auf dem Dach nur allzu leicht ausrutschen.

Darüber muss sogar der verzweifelte Witze-Erzähler kurz schmunzeln und nimmt sich vor, beim nächsten Versuch ein Haus mit einem Dach zu nehmen, das sehr sehr flach ist.

42. GRUND

WEIL HAMBURG VOR QUEEN MARY AUF DIE KNIE FÄLLT

Ein Kreuzfahrtschiff ist wie Analsex. Manche fahren darauf ab, anderen wiederum geht es am Arsch vorbei. Die, die darauf abfahren, winken, die anderen sitzen zu Hause und gucken Splatterfilme oder spielen Sudoku.

Die Hamburger scheinen alle darauf abzufahren, sogar diejenigen, die sich eine Kreuzfahrt niemals leisten könnten. Vielleicht sogar gerade die. Spielen Sudoku, gucken Splatterfilme und finden Kreuzfahrtschiffe von hinten geil und winken ihnen nach.

In Hamburg wird ja alles, was nach großer weiter Welt schmeckt, als gut bewertet; ist stets willkommen als Zeichen der eigenen Größe. Was für ein Glück also, dass die Queen Mary 2, eines der größten Passagierschiffe der Welt, regelmäßig in Hamburg anlegt. Was für ein Brimborium da dann jedes Mal veranstaltet wird. Ein Bohei wird da gemacht, als wäre in einem 200-Seelen-Kaff über Nacht plötzlich eine zweite Kirche aufgetaucht. Und jedes Mal wenn die Queen Mary 2 dann von Hamburg aus auf große Fahrt geht, feiern Zehntausende entlang der Elbe, als würden Zehntausende Zahnschmerzen zu Ende gehen. Diese Leute würden auch feiern, wenn die Queen Mary eine Katze überfahren würde. Es gibt jedes Mal ein riesiges Feuerwerk und allerlei Schnickschnack, der jedem Junkie auf kaltem Entzug gefallen müsste.

Neue Forschungsergebnisse aus dem Jahr 2015 aber müssten selbst Junkies noch erblassen lassen. Im *Hamburger Abendblatt* war im Juli 2015 zu lesen, dass Wissenschaftler nach wie vor eindringlich vor den gesundheitlichen Gefahren durch Schiffsabgase warnen. Denn auch moderner Schiffsdiesel ist nach neuesten Erkenntnissen extrem gesundheitsbelastend. Fatalerweise sind die wenigsten Schiffe mit Rußpartikelfiltern ausgestattet. »Wir sind bei Schiffen heute leider erst so weit wie bei den Autos im Jahr 1935«, wird Professor Jeroen Buters (TU München/Helmholtz Zentrum München) in dem Zusammenhang zitiert.[12]

Bemerkenswert ist natürlich auch, dass es bis Oktober 2015 im Hamburger Hafen keine Luft-Messstation gab. Dann hat es doch geklappt, die Messstation war sogar schneller gebaut als die Elbphilharmonie. Man darf gespannt sein, wie sehr sich der Krebs von dieser Maßnahme der Stadt beeindrucken lassen wird.

»Hallo Hamburg«, ruft er bislang weiterhin jeden Tag aufs Neue, und Hamburg jubelt ihm unverdrossen weiter zu, guckt fasziniert den Kreuzfahrtschiffen und den riesigen Containerschiffen hinterher und ist stolz auf seinen Hafen. Wie Nazis auf ihre Staatsangehörigkeit.

Hallo Hamburg, du bist nicht ganz wasserdicht.

Hallo Hamburg, der alte Seebär ist tot.

Hallo Hamburg, für dich bleibt leider keine Welt mehr übrig.

Analsex ist wie Analsex. Wie 1935 auch schon. Seitdem hat sich nichts verändert. Die Deppen jubeln immer noch den monströsen Ungetümen zu.

Gegendarstellung: In dem Textchen »Weil Hamburg vor Queen Mary auf die Knie fällt« wird behauptet, dass in Hamburg regelmäßig Zehntausende die Queen Mary 2 feierlich verabschieden würden.

Hierzu ist festzustellen, dass es eher Hunderttausende sind.

Hamburg, den 8.5.2016

Ein Weltwunder

Anmerkung des Verfassers: Ich bleibe 10.000 Mal zu Hause.

43. GRUND

WEIL HAMBURG IMMER KLEINER WIRD, JE NÄHER MAN RANKOMMT

Wenn die erste Meldung in den Radionachrichten lautet, dass in den nächsten drei Wochen die Queen Mary 2 im Trockendock bei Blohm+Voss so richtig ordentlich aufgemöbelt wird und ein umfassendes »Refit-Programm« durchläuft, dann kullern einigen Hamburgern vor Glück die Spermatropfen die Kniescheiben hinunter. Und nicht wenige Hamburgerinnen ziehen zur Feier des Tages Knieschoner über, damit sie sich nicht verletzen bei den vielen Freudensprüngen, die sie im Lauf des Tages noch zu machen gedenken. »Das Lieblingsschiff der Hamburger«[13] ist einfach ein Weltstar. Und durch die Schönheits-OP in der Stadt wird Hamburg selbst mal wieder zum Nabel der Welt.

Wenn Hamburg in den Besitz des Schlüsselbeins von Adolf Hitlers Großvater kommen würde, dann wären viele Hamburger unglaublich stolz, und Hamburg wäre fortan das Schlüsselbein der Welt. Und wenn Helene Fischer tatsächlich irgendwann nach Hamburg zieht, wie es auf hamburg.de seit zwei Jahren stolz angekündigt wird[14], dann wäre Hamburg quasi die heile Welt der Welt. Das Schunkelparadies in der Mitklatschhölle.

Die Wahrheit ist: Hamburg ist das größte Kaff der Welt. Hamburg vereint die Nachteile einer Kleinstadt, die hier zehnfach potenziert monströs und im gewaltigen Mief daherkommen, mit den Nachteilen einer Großstadt (teuer, laut, anonym, unbarmherzig, brutal, mörderisch, kaum jemand benutzt noch Stofftaschentücher etc.), ohne andererseits großstädtische Vorzüge zu bieten. Nein, es gibt in Hamburg keine nennenswerte Offenheit, keine bemerkenswerte Vielfältigkeit, keinen Raum für besondere Innovationen. Nein, auch St. Pauli bietet das nicht. Wenn Sie tagelang ungewaschen, wirre Melodien aus dem letzten Loch pfeifend, dahinwanken wollen, ohne komisch angeguckt zu werden, ja, dann machen Sie das besser auf St. Pauli als in Blankenese. Aber glauben Sie dennoch nicht, dass St. Pauli etwas mit der Welt außerhalb eines Selbsttätowierungsworkshops zu tun hat. Es ist einfach Scheißégalité, die hier ihre Bierfahne hisst.

Hamburg ist letztlich nur 187-mal Klein Borstel. Und all diese Klein Borstels aneinandergefügt sind, wie wenn man die falsche Antwort auf eine Frage 187-mal hinschreibt. Oder wenn man 187 Taxis ruft, weil man schneller zum Flughafen muss, als das ein Taxi schaffen kann. Oder 187 Föhne zum Erbonkel in die Badewanne wirft, um auf Nummer sicher zu gehen. Oder 187-mal Danke sagt, wenn ein Fußgänger vom Fahrradweg runtergeht. Oder 187 Kondome überzieht, wenn man von einer Wahrsagerin gesagt bekommen hat, dass man von seinem eigenen Sohn dereinst getötet werden wird. Oder wenn man 187 blöde Beispiele aufführt, um zu belegen, was klar auf der Hand liegt: Hamburg ist eine Provinzstadt im Norden von Deutschland, nicht unweit der Grenze zum guten Geschmack.

44. GRUND

WEIL AM SCHULTERBLATT EIN TRAUERSPIEL STATTFINDET

Ort: Frühsommer.
Zeit: Fünf Monate später.
Kulisse: Holztische und Plastikstühle vor einem portugiesischen Café aus Pappmaschee.
Die auftretenden Personen sind:
Eine lachende Frau, die so ein schönes Gebiss hat, dass man dauernd über ihre Zähne lecken möchte. Sie sitzt an einem voll besetzten Tisch, aber niemand leckt.

Schade.

Das war er auch schon, der leider ungenutzte Höhepunkt des Stücks. Danke für deine Aufmerksamkeit, für dein Kommen und für deine Hoffnung. Vielleicht passiert es ja ein andermal. Es lohnt sich, wieder hier vorbeizuschauen.

Der Vollständigkeit halber sei im Folgenden noch der Rest des Ensembles aufgeführt:

Irgendein Typ, schmal wie ein Firmling, der fastet. Pepitahut auf dem Kopf. Was insofern schlecht ist, weil man dadurch die Zigarette, die so lässig hinter seinem Ohr steckt, nicht sehen kann.

Aber dafür sitzt am Nebentisch ein Schnauzbartträger, Anfang 20, der Pfeife raucht und für alle gut sichtbar *Unterwegs* von Jack Kerouac liest. Er blättert nur selten um.

Eine junge Frau, die etwas verloren am Rand der Szenerie steht, darf nicht fehlen. Sie ist einfach etwas verplant und hat deswegen ihren Platz nicht gefunden. Sie hat eine große Brille auf und einen Dutt auf dem Kopf. Tatsächlich ist das alles, was sie tut: diese Brille und den Haarknödel haben. Vielleicht wollte sie aber auch nie etwas anderes werden. Im Laufe des Stückes setzt sie aber dann noch einen drauf. Weil sie es kann. Sie hält einen schicken grünen Apfel so vor ihren Mund, dass ein Reinbeißen jederzeit möglich erscheint. Also doch noch so etwas wie ein Höhepunkt, mit dem so gar nicht gerechnet werden konnte.

Jetzt auch mit Ton.

Ein Mann, etwas älter, etwas dicker, etwas Sonnenbrand auf der Stirn. Er trägt ein ironisches T-Shirt (*The A-Team*) und redet laut über Fußball und warum intellektuelle schwule Spieler nicht erfolgreich sein können. Weil die Fans so blöd sind, sagt er und sieht danach noch mal um eine Stunde älter aus.

Eine Mutter, die ihr Kind behandelt wie den Außenminister eines anderen Landes. Sie übersetzt alles, was das Baby im Kinderwagen von sich gibt, für alle Umstehenden und erwartet, dass alle mitschreiben.

Ein paar der Mitschreiber betreiben Blogs, die heißen wie »Hallo Hamburg, sagt Hamburg«.

Oder »Es ist auch mal okay, scheiße drauf zu sein«.

Oder »Easiophobie«.

Dazu: noch: eine Menge: Statisten, die jederzeit und ohne: Probleme: die Rollen: der anderen einnehmen: können.

Und viel Galão und immer eine Fritz-Kola mehr, als man gerade noch gezählt hat.

Und dann natürlich Hamburg, in das man so gerne hineinbluten möchte.

Das ist doch alles inhaltsleere Scheiße, brüllt eine Rentnerin, die auf einem Segway vorbeifährt.

45. GRUND

WEIL ALLE HAMBURGER SICH AUFFÜHREN WIE 1,8 MILLIONEN HAMBURGER

»Ein Hamburger hat Scheiße gebaut«, sagt ein Architekt und lacht.

»Ein Hamburger hat bis eine Million gezählt«, sagt ein Dokumentarfilmer als Warnhinweis vor seinem neuesten Werk namens *Ein Hamburger hat bis eine Million gezählt*.

»Ein Hamburger hat sich als Hamburger verkleidet«, sagt ein Hamburger.

Hamburger sind, wie sie sind. Aber das sind Flugzeugabstürze auch, nur bei Weitem nicht so häufig. Wenn ein Hamburger aus 12.000 Metern Höhe auf Sie drauf fällt, sind Sie mausetot. Und Hamburger haben oft Höhenflüge, weil sie sich gegenseitig andauernd einreden, dass sie etwas ganz Besonderes sind. Wiedenborsteler könnten sich da schon eher etwas einbilden, sie sind tatsächlich besonders, es gibt nämlich nur ein Dutzend von ihnen.[15] Wenn da einer stirbt, muss der Wikipediaeintrag überarbeitet werden. Wenn in Hamburg einer den Löffel abgibt, bleibt die Sprechblase unversehrt in der Luft hängen, bis der nächste nachgerückt ist und den Unsinn weiterplappert.

»Hamburg ist so eine geile Stadt«, sagt dann eben irgendein anderer. Zu einem anderen. Der weiß das aber schon. Das war ja schon immer so. Hamburger sind, wie sie sind. Und sie sind verdammt stolz darauf, Hamburger zu sein. Bleiben wir auf dem Boden der Tatsachen und führen folgendes Frage-Antwort-Spiel durch.

F: Sie sind alle so stolz darauf, Hamburger zu sein. Warum eigentlich?

A: Weil Hamburg einfach großartig ist.

F: Warum eigentlich?

A: Na ja, Hamburg ist total schön, all die schönen Ecken und Plätze. Wir leben gern hier.

F: Aha.

A: Ja, außerdem passiert hier so viel, es ist immer was los.

F: Okay, aber warum sind Sie stolz darauf?

A: Es ist schön, hier zu leben. Das ist Lebensqualität.

F: Warum sind Sie stolz darauf?

A: Weil hier so viele tolle Sachen passieren. Der Hafengeburtstag zum Beispiel, die Harley Days, das Alstervergnügen, es gibt dauernd irgendwas. Helene Fischer möchte auch hierherziehen.

F: Warum sind Sie stolz darauf?

A: Wir sind alle Teil dieser Stadt, wir machen die Stadt zu dem, was sie ist. Darauf können wir doch echt stolz sein. Til Schweiger wohnt auch hier.

F: Aha.

A: Ja, jeder trägt sein Stück dazu bei, dass Hamburg so schön ist.

F: Wie viele sind Sie?

A: Wenn wir uns alle als Olaf Scholz verkleiden würden, bräuchten wir die SPD gar nicht mehr.

F: Sehr lustig. Aber mal ernsthaft, wenn Sie sich so miteinander verbunden fühlen, wenn das Dasein als Hamburger so identitätsstiftend ist, müssen Sie sich dann nicht auch dafür schämen, wenn in Hamburg ein neugeborenes Kind aus dem Fenster im 10. Stock geworfen wird?

A: Aber das haben ja nicht wir getan. Wir verurteilen das.

F: Oder wenn in Hamburg die Obdachlosen durch allerlei Schikanen aus dem Blickfeld der Touristen vertrieben werden.

A: Na ja, dafür können wir ja nichts. Wir überlassen auch mal dem Hinz&Kunzt-Verkäufer die Münze aus dem Einkaufswagen. Also warum sollten wir uns schämen? Und Helene Fischer würde auch nicht nach Hamburg ziehen wollen, wenn die Stadt so furchtbar wäre, oder nicht?

F: Aber warum sind Sie stolz, Hamburger zu sein?

A: Sollen wir uns denn schämen, Hamburger zu sein?

F: Wenn Sie stolz darauf sind, Hamburger zu sein, dann müssten Sie sich im Gegenzug auch Gedanken darüber machen, was hier alles schiefläuft und warum.

A: Also, wir schämen uns auf jeden Fall nicht dafür, stolz auf unsere Stadt zu sein. Für die anderen Dinge können wir nichts. Wir haben doch schon gesagt, dass wir solche Vorfälle verurteilen. Und Til Schweiger z.B. setzt sich doch auch sehr für soziale Projekte ein. Darauf sind wir jetzt nicht stolz, ist ja sein Engagement, darauf kann er selbst stolz sein. Aber wir sind stolz darauf, dass wir Til Schweiger in unsere Stadt gelockt haben.

F: Sie sollten auf jeden Fall aber nicht stolz darauf sein, sich nicht zu schämen.

A: Na ja, wir sind so viele. Und wie viele sind Sie?

F: Ich bin nur ein Buch.

A: Eben, und dazu noch ein Paperback. Aber immerhin sind Sie ein Hamburg-Buch.

F: Darauf bin ich aber nicht stolz.

A: Zu Recht. Im Gegenteil, Sie sollten sich was schämen für den Müll, den Sie über die Stadt auskippen.

F: Ich will mich nicht besser machen, als ich bin. Denn eigentlich kippe ich nur Hamburg über Hamburg aus. Ich will das Interview hier aber lieber beenden, um ein Fantasyroman zu werden.

Hamburg ist ein Hase im Hasenkostüm. Ein Vampir mit Plastikzähnen. Hamburg macht einfach das, was bei Wikipedia über Hamburg steht. Hamburg ist eindimensional genug, um als Metapher für Beispiellosigkeit herhalten zu können. Hamburg sagt »Wir«, und ihr sagt: »Genau!« Keiner sagt »Genua«. Alle ruft Ihr: »Hier!«

»Hamburch!«

Und auch wenn ihr stille Post spielt, wird am Ende, 17 Kilometer weiter weg, drei Stunden später, genau das herauskommen, was ein Lügner in die Stadt hineingeflüstert hat: dass Hamburg geil ist. Respekt. Supi. Hahaha.

Ein Hamburger hat recht gehabt, sagt ein Bauchredner irgendwo in der Menge, und alle drehen sich um.

Ein Hamburger hat ein Neugeborenes aus dem Fenster geworfen und den Vorhang zugezogen.

Ein Hamburger hat schon vor seiner Geburt begonnen, seinen Wikipedia-Eintrag vorzubereiten.

46. GRUND

WEIL HAMBURGER NIEMALS VERSCHWINDEN WERDEN

Lieber Carl, wie geht es dir eigentlich? Ich habe es mir so fest vorgenommen, dich das zu fragen. Und wie du siehst, ich habe es geschafft.

Es war mir aber auch ein Bedürfnis. Denn ehrlich gesagt, ich habe das ungute Gefühl, wir haben die letzten 20 Jahre nur über mich geredet. Wahrscheinlich übertreibe ich maßlos. Aber du kennst mich ja, ich übertreibe für gewöhnlich wie hundert Übertreiber, wenn sie manisch sind. Ich werde sogar für meine Übertreibungen übertrieben verehrt. Und weil ich auch übertrieben bescheiden bin, schmeckt mir das eigentlich gar nicht so sehr. Aber ich kann kaum etwas dagegen tun. Ich bin ja auch übertrieben geduldig gegenüber meinen Bewunderern und weise sie erst viel zu spät in die Schranken. Zu dem Zeitpunkt sind sie mir längst verfallen.

Doch heute habe ich meinen nüchternen Tag. Stell dir mich nackt vor. Und beruhige dich sofort wieder. Ich stehe zu meinem Wort, dass ich mich vor platonischen Freunden nie nackt zeigen will, weil ich diese vortrefflich funktionierenden Beziehungen nicht unnötig durch meine Reize gefährden möchte. Also nackt im Sinne von pur. Das, was ich wirklich bin, darum soll es gehen, weil ich ja weiß, dass viel zu viele Menschen von mir ganz schnell geblendet werden.

Doch wenn man mir meine Heftpflastersammlung wegnimmt, immerhin die größte der Welt (meine Sammlung ist größer als die Sammlungen der zehn nächstgrößeren Pflastersammler der Welt zusammen genommen), was bleibt dann eigentlich noch? Und wenn wir mal außer Acht lassen, dass ich über hundert einheimische Vögel täuschend echt nachahmen kann, was bin ich dann noch? Ich bin einst sehr schön gewesen, ja, das muss ich zugeben, und ich war auch einmal eine hervorragende Badmintonspielerin, die Spiele nur verloren hat, wenn sie das selbst so wollte. Aber mittlerweile bin ich nur noch eine fantastische Köchin und eine hervorragende Menschenkennerin. Zeig mir das Knie eines Menschen, und ich sehe sofort, ob er was taugt oder nicht, sag ich ja immer zum Spaß. Aber in Wahrheit bin ich natürlich nicht so oberflächlich und naiv. Nein, ich gucke mir die Menschen von oben bis unten ganz genau an und analysiere ihre Bewegungen, ihre Mimik und ihre Worte sehr gründlich.

Und wenn ich dann ein Urteil fälle, dann liege ich auch verlässlich richtig, das darf ich mit Fug und Recht behaupten. Keiner kann sein wahres Wesen vor mir verstecken. Wenn ich einen Maler sehe, will der mich sofort malen. Wenn ich einen Quizmaster sehe, stellt der mir sofort eine Frage. Die ich natürlich beantworten kann. Wenn ich einen Mörder sehe, trachtet der mir sofort nach dem Leben. Es ist nicht immer leicht für mich. Manchmal weiß ich gar nicht, in welchen Bereichen ich mich eigentlich engagieren soll, wo ich mich und meine Fähigkeiten gewinnbringend einsetzen kann. Denn auch mein Tag hat nur 24 Stunden. Dabei würde ich so gern etwas Gutes tun. Jetzt wirst du vielleicht sagen, ich solle doch auch mal an mich denken. Aber weißt du, das kann ich nicht. So bin ich einfach nicht gestrickt.

Ich sag dir jetzt mal was, damit du siehst, wie ernst ich es meinte, als ich vorhin schrieb, dass ich ganz nackt und ehrlich und pur sein will. Kein Blendwerk, kein Lichtschein, kein Getöse. Ich kann nicht stricken. Das erstaunt dich jetzt, oder? Ich weiß, was du jetzt denkst. Meine liebe und herzensgute Freundin Dorothee, die ich so gut kenne wie eine Pianistin, für die ich seit 20 Jahren bei jedem Konzert der Notenwender bin, die mit rechts und auch mit links schöner schreiben kann als eine chinesische Kalligrafin, die mit ihrem Fingerspitzengefühl in jeder brenzligen Situation das Gleichgewicht wiederherstellt, die soll nicht stricken können? Aber wenn du jetzt nachdenkst, lieber Carl, dann wird dir auffallen, dass ich in all den Jahren, die wir uns jetzt kennen, immer vermieden habe, in irgendeiner Form über das Stricken und auch über alles andere, was nur ansatzweise in diese Richtung gehen könnte, zu reden. Der einfache Grund dafür ist, dass ich das Stricken nicht beherrsche und mich sehr dafür schäme. Das ist meine große Schwäche, und hiermit gebe ich das unumwunden zu.

Hach, wie befreiend das ist. Und ich wünschte, ich könnte damit ein Vorbild für alle sein, endlich zu ihren Schwächen zu stehen. Und siehst du, wieder denke ich nur an andere. Ich kann einfach keine Egoistin sein. Ich kann es nicht. Ich kann es nicht. Ich kann es nicht.

Lächle wenigstens du über meine Schwächen, lieber Carli.

Deine fast verschwindende Dorothee

PS: Niemand, den ich kenne, kann unter Wasser so lange die Luft anhalten wie ich.

47. GRUND

WEIL DER FC ST. PAULI ZWAR ANDERS IST ALS DER HSV, ABER AUCH FANS HAT

Ja, der FC St. Pauli ist nicht so scheiße wie der HSV und Hitler, aber er ist dennoch schlimmer als eine Lebensmittelvergiftung und die FDP. Fan des FC St. Pauli zu sein, ist scheinbar so etwas wie eine Auszeichnung. Zumindest tun die Fans so. Schließlich sind sie nicht einfach nur irgendwelche Deppen, die selber aufgrund der falschen Haarfarbe oder einer Fraktur im kleinen Finger eine Fußballprofikarriere knapp verpasst haben und nun biertrinkend und grölend an den Wochenenden eine x-beliebige Fußballmannschaft anfeuern. Nein, sie sind Anhänger oder besser gesagt sogar Teil dieses kultigen Kultvereins FC St. Pauli von 1910 (Kultjahr! Mutter Teresa wurde geboren). Sie trinken Bier und grölen und haben selber nie Fußball gespielt. Sie haben früher nur die Menschheit retten wollen. Zumindest haben sie mal vorgehabt, das zu wollen. Und schon das ist mehr, als HSV-Fans sich in ihrer Fantasie überhaupt ausmalen können.

Selbst in bayerischen Käffern gibt es ihn, den Pauli-Fan. So einer zu sein ist nämlich in, es ist cool, politisch total korrekt und viel leichter, als Papst zu werden.

Das Merchandising ist natürlich auch deutlich besser als bei anderen Fußballklubs. Man nehme eine Piratenflagge und hänge sie nur hoch genug in den verregneten Hamburger Himmel, schon fliegen die Brieftauben mit den Ablehnungsschreiben von MENSA in eine ganz andere Richtung. Der Totenkopf lässt sich aber auch auf fast alles drucken. Auf Quietscheenten, auf Regenschirme, auf Windeln und ebenso auf ein Brett vorm Kopf.

St. Pauli spielt immer zweitklassig, auch wenn sie zwischenzeitlich mal in der 1. Liga sind. Bei einem dieser Kurzausflüge hat der Verein dann auch mal den FC Bayern München besiegt und sich daraufhin zum »Weltpokalsiegerbesieger« erklärt. Das spricht durchaus für ein kleines bisschen Humor, aber den hat Angela Merkel auch. Immerhin denkt sie, sie könnte irgendwann einmal Bundeskanzlerin werden.

Ah, okay, jetzt wundern Sie sich. Aber dieser Text ist schon im Jahr 2001 geschrieben worden. Denn seitdem hat sich bei St. Pauli nichts verändert. Der Verein ist stehen geblieben. Als immerwährendes Zukunftsmodell einer politisch korrekten Sache.

Wofür der FC St. Pauli nicht alles stand, steht und für immer stehen wird. Für Offenheit und Toleranz, für das Gute im Menschen und das Beste im Urin. Alles spricht für diesen Klub. Und genau das spricht gegen ihn. Es handelt sich um einen Mythos, der wie ein Busenwunder künstlich aufgeblasen wurde. Es ist wie ein Loblied auf die Sänger des Loblieds, von den Sängern selbst gesungen. Sich selbst zu feiern, das hat Sogkraft. Es ist wie Gruppen-Onanie. Selbsthypnose. Mitläufertum. Und wenn das »wir« doch eh schon so gut ist und wir damit über alle Zweifel erhaben sind, dann brauche »ich« als Einzelperson ja gar nichts mehr groß zu machen, dann kann ich mich ja auch verhalten wie ein Fan von Hannover 96 oder vom VfB Stuttgart und bleibe trotzdem einer der guten St.-Pauli-Fans. Was für eine famos-geile Geilheits-Famosität. Wir sind links und alternativ. Und so kann ich trotzdem Dschungelcamp gucken und Mikrowellenessen in mich reinstopfen. Forza St. Pauli!

St.-Pauli-Fans tragen ihre Käppis und Mützen und Trikots und Kapuzenpullis nicht nur zu den Spielen, sondern täglich. Beim Waschen und beim Scheitern. Bei der Vergesslichkeit und am FKK-Strand. Bestimmt auch bei ihrer Heiligsprechung.

Fazit: Ein Fußballverein ist grundsätzlich gut, weil Fußball ein toller Sport ist. Fans sind meistens doof, weil sie das einfach am besten können. (Nebenbei bemerkt: Alle Fans. Auch die der Rolling Stones. Oder die von Adolf Hitler. Und sogar die von Stefanie Sargnagel.)

Ein Fußballverein, der spielen will, braucht nur Licht, und ein bisschen Luft, im Ball und außen rum. Die Luft in den Zuguckern könnte man ab und zu mal ablassen. Vielleicht ist dann zwischen ihnen wieder etwas mehr Platz für Demut und für sich daran anschmiegende Neugierde.

48. GRUND

WEIL HAMBURGER DIE MEHRZAHL VON SCHEUSAL SIND

Hamburger sind locker, freundlich und entspannt. Ja genau, und Neonazis sind politisch interessiert, Stücke von Scooter sind filigran, und bei Hempels unterm Sofa wohnen Angela Merkel und ihr Mann. Hamburger sind so nett wie Brot.

Hamburger stellen auch in einer fast vollen S-Bahn erst einmal ihre Tasche auf den einen freien Platz neben sich und gucken selbstzufrieden aus dem Fenster. Wenn man Glück hat, haben sie gerade einen Millionenbetrag geerbt und beschimpfen einen nicht aufs Übelste, wenn man fragt, ob sie den Sitz vielleicht frei machen könnten. Wenn sie Millionär sind, drängeln sich Hamburger beim Bäcker gerne vor.

»Wer kommt jetzt dran«, fragt die Bäckereifachverk ...

»WIR«, brüllen sie sogleich.

Und plötzlich stehen 42.000 Millionäre vor Ihnen in der Warteschlange. Nun, vielleicht sind es auch nur knapp 20, die restlichen 41.980 Millionäre kaufen längst schon nicht mehr selbst ihre Brötchen. Jedenfalls sind die reichen Hamburger noch eine Spur rücksichtsloser als die Mittelschichts-Hamburger, denn natürlich denken sie, sie könnten sich diese schlechten Manieren leisten. Die Mittelschichts-Hamburger hingegen denken, sie sind untere Oberschichts-Hamburger, und durch regelmäßige Selbsthypnose können sie sogar noch eine Schippe drauflegen und verhalten sich wie mittlere Oberschichts-Hamburger, die sich ab und an rausnehmen, sich wie obere Oberschichts-Hamburger zu benehmen. Achtung, da kommt einer von denen.

»Weg da, hier komm ich. Und wenn nicht ich komme, kommt mein Ego. In dem anderen S-Bahn-Wagen habe ich bereits sieben Plätze besetzt. Überall habe ich Tüten abgestellt, gefüllt mit Brötchen vom Vortag, die ich für den halben Preis bekommen habe.

Und wenn ich vier Millionen Brötchen zum halben Preis gekauft habe, habe ich so viel Geld gespart, dass ich es mir leisten kann, fortan die Brötchen von morgen schon heute von einer nackten Physiknobelpreisträgerin backen zu lassen. Und wenn ich zu sechs Milliarden Menschen nett gewesen bin, schlicht dadurch, dass ich sie nicht beschimpft und sie nicht einmal böse angeguckt habe, habe ich es mir verdient, für den Rest meines Lebens wie ein Tyrann auftreten zu dürfen und komplette S-Bahnen mit Reserviert-Schildern auf meinen Namen zu besetzen. Und wenn sich jemand darüber beschweren sollte, bleibe ich wie immer ganz hanseatisch locker und hanseatisch lässig und hanseatisch entspannt und lasse ihm von meinen Bodyguards ganz hanseatisch freundlich meine Einstellung zu seinem Leben erklären. Er sieht es danach bestimmt mit ganz anderen Augen.«

49. GRUND

WEIL DER TYPISCHE HAMBURGER SO AUSSIEHT

Liebe 7.225.243.512 Nicht-Hamburger, Sie wollen natürlich nicht darauf warten, bis dieses Buch verfilmt wird, Sie wollen jetzt schon wissen, wie so ein Hamburger aussieht. Ja, das ist verständlich. Sie wollen schließlich auf der Hut sein und Hamburger künftig meiden, rechtzeitig die Straßenseite wechseln, wenn einer ankommt, Ihre Töchter wegsperren, wenn einer in der Stadt ist. Da ist es natürlich sehr hilfreich, ein Bild vor Augen zu haben.

Nichts leichter als das. Es soll also ein Phantombild des typischen Hamburgers erstellt werden. Sie können das direkt selbst machen. Keine Sorge, auch wenn Sie im Kunstunterricht in der 7. Klasse zuletzt gezeichnet haben und da auch nur eine Zigarettenschachtel, Sie werden das hinkriegen. Die Beschreibungen und die Anweisungen, was Sie zu machen und wie Sie den Stift zu führen haben, werden so genau sein, dass das Ergebnis nicht fehlschlagen kann. Aber seien Sie gewarnt, es wird kein schöner Anblick werden.

Wir nehmen einen typischen Hamburger, also einen von der schlimmsten Sorte. Männlich, knapp über 40, trägt gern Slipper und will dringend erzählen, wie er einmal einer Prostituierten Geschlechtsverkehr vorgetäuscht hat. Weil er ja nie mit Nutten würde.

Nehmen Sie also jetzt ein Stück Papier, das so groß ist, dass ein Kopf in Lebensgröße darauf Platz finden kann. Der Stift, den Sie benutzen, sollte schon einmal zur Abfassung einer Streitschrift für die Wiedereinführung des Testbildes im Fernsehen verwendet worden sein.

So, los geht's. Zeichnen Sie den Umriss eines Kindskopfes in der Größe eines Erwachsenenkopfs auf das Blatt. Ein bisschen Kopfweh sollten Sie gleich mit dazuzeichnen. Machen Sie jetzt ein Pause und essen Sie einen Hering aus der Dose. Das bringt so das richtige Hamburgfeeling. Riechen Sie es? Gehen Sie, nachdem Sie Ihre erste große Liebe angerufen und nur »Für immer« in den Hörer geflüstert und dann wieder aufgelegt haben, zurück an Ihr Werk (sollte Ihre erste große Liebe schon tot sein, rufen Sie in einer Entgiftungsstation für Drogenabhängige an und flüstern »Für immer« in den Hörer. Machen Sie dann mit dem Bild weiter).

Malen Sie jetzt ein rechtes Auge dorthin, wo bei einem Berliner das linke Auge wäre. Und jetzt noch mal ein rechtes Auge an die Stelle, wo bei einem Hannoveraner das rechte Auge wäre. Machen Sie über beide Augen eher schmale Augenbrauen, so wie die eines Politikers, der gerade seinen Rücktritt erklärt hat und der gerne AC/DC hört, obwohl er seit seinem neunten Lebensjahr eine Handprothese hat.

Die Nase, die da jetzt wie ein Zugschalter zwischen diesen Augen nach unten baumeln soll, muss aussehen wie die eines Heiratsschwindlers. Sie muss fein sein, eher schmal und lieblich im Abgang. Eine Nase wie aus der Papiertaschentuchwerbung. Eine Nase, die von vorne so aussieht wie von unten.

Darunter ein Mund, der noch nie das Wort »Anmut« ausgesprochen hat (»An Mut hat es mir noch nie gefehlt« zählt nicht), ansonsten eher der Mund eines Schnabeltassenbenutzers ist.

Jetzt ist wieder eine Pause vonnöten. Sie müssen eine Tablette nehmen. Egal was für eine. Sie muss aber grün sein. Wenn Sie auf die Toilette müssen, betreten Sie diese mit dem linken Fuß zuerst. Wenn Sie nicht auf die Toilette müssen, betreten Sie Ihren rechten Fuß mit dem linken Fuß zuerst. Erschlagen Sie ein Insekt.

Machen Sie jetzt endlich weiter. Die Haare, oh die Haare. Nehmen Sie die letzten 300 Insekten, die Sie erschlagen haben, und kleben Sie diese als Haare auf Ihr Bild. So. Die Wangenknochen bitte dadurch erzeugen, dass Sie an den dafür ungefähr infrage kommenden Stellen zusammengeknüllte Bons von Budnikowsky (Kauf einer Großpackung Papiertaschentücher und Kauf einer Packung gefühlsechter Kondome) unter das Papier legen und mit einem Hammer darauf schlagen.

Fast schon fertig. Essen Sie zur Belohnung eine Quiche Lorraine.

Zum Abschluss bitte noch zwei Teelöffel Zimt in ein Kondom füllen. Dann direkt über Ihrem Bild aufblasen, bis es platzt. Voilà.

Ihr erster Hamburger. Glückwunsch! Hierhin eine Version davon im Maßstab 1:7,73 übertragen bitte:

Bitte scannen, fotografieren, fotokopieren, faxen, mailen, gedankenübertragen Sie Ihr Meisterwerk an u.uns@gmx.de oder an: Uwe Uns, c/o Schwarzkopf & Schwarzkopf Verlag GmbH, Kastanienallee 32, 10435 Berlin. Vielleicht lässt sich in Hamburg eine Ausstellung mit den Werken organisieren. In der 27. Auflage dieses Buches werden auf jeden Fall die 111 besten eingesandten Bilder abgedruckt. Versprochen.

50. GRUND

WEIL DIE EPPENDORFER FRAUEN KALT LÄCHELN, SOLANGE DER KÖRPER NOCH WARM IST

Lassen Sie sich von einem Psychiater begutachten und durch ihn bestätigen, dass Sie geistig völlig gesund sind. Legen Sie das Gutachten in einen Tresor. Stecken Sie die Zahlenkombination für den Tresor in eine magensaftresistente Kapsel. Schlucken Sie diese. So kann im Fall der Fälle bei einer Obduktion nachgewiesen werden, dass Sie im Vollbesitz Ihrer geistigen Kräfte waren, als Sie sich auf den Weg nach Eppendorf gemacht haben.

Eppendorf ist nicht Deppendorf, wie Sie jetzt vielleicht vermutet haben. Nein, solche billigen Wortspiele kommen ja gar nicht in die Tüte. Dies ist eine Sozialstudie. Und zwar deshalb, weil da das Wort Seriosität gleich mitschwingt. Darum Krawatte umgebunden und Desinfektionsmittel eingesteckt.

Es geht also um Eppendorf, einen nordwestlich der Außenalster gelegenen Hamburger Stadtteil, der viel Grün und viel »urbane Lebensqualität« bietet, wie es so schön heißt. Als »schmuck« und »schick« wird Eppendorf auf hamburg.de bezeichnet. »Schmick« und »schuck« würde ein rumänischer Papagei sagen, wenn er nach seiner Meinung zu Eppendorf oder zum Einfluss der Theologie Karl Barths auf die Reformierte Kirche Rumäniens gefragt werden würde. Wer lebt also in diesem Eppendorf, und warum lebt kein rumänischer Papagei dort?

Nehmen wir eine beliebige Eppendorfer Familie. Es ist früher Nachmittag. Der Mann ist Tennis spielen gegangen, weil das Wetter zum Arbeiten zu schlecht ist. Der Sohn onaniert, weil der Sohn für die Hausaufgaben zu schlecht ist. Und die werte Gattin und Mutter, Frau Katja Deppendorferin, 38 Jahre alt, geht gerade im Geiste die zweite Vorauswahlliste für die endgültige Shoppingliste für den nächsten Tag durch. Schließlich ist Vorbereitung alles.

Auch für die nächste Aktion ist Frau Deppendorferin sehr gut gewappnet. Sie zieht einen weißen Nike-Jogginganzug an. Es ist ein Anzug von solcher Prächtigkeit, dass niemand, nicht einmal eine Taube, wagen würde, darauf zu scheißen. Frau Deppendorferin walkt jetzt mit ihrem Windhund namens Pitigrilli, den sie an einer goldenen Leine führt, durch den Eppendorfer Park. Status ist nicht alles, Bewegung ist auch gut.

»Keine Bürgerrechtsbewegung, nur Bewegung, hahaha. Wenn die Welt sich schon nicht um mich dreht, muss ich mich um die Welt drehen«, sagt Frau Deppendorferin ganz gerne mal zwischendurch.

Sie hat einen zusammengeknüllten 10-Euro-Schein einstecken. Für den Fall, dass jemand sie anbetteln sollte.

Während Pitigrilli am Ende noch Dehnübungen macht, versucht Frau Deppendorferin, die noch fehlenden 1.300 Schritte im Stand zu absolvieren, und trippelt auf der Stelle, hat dabei einen Ohrwurm von Roger Cicero und die Idee, einen Lifestyle-Blog zu eröffnen.

Während der Sohn immer noch zu schlecht für Hausaufgaben ist, ist der Mann vom Tennisplatz direkt zum Zahnarzt seiner Zahnärztin gedüst, um bei ihm eine kleine Füllung zu erneuern. Dann ist er endlich zu Hause, und seine Stimme hallt vom Marmorboden wider, als er verkündet, dass er heute den ganzen Tag noch kein Leid gesehen habe. Frau Deppendorferin kommt aus dem begehbaren Kleiderschrank, in dem sie weitere 1.300 Schritte zurückgelegt hat, und sieht ganz fantastisch aus. Sie trägt elegante braune Stiefel und darüber was von Prada. Schmick und schuck. Daneben eine schlichte Cartier-Uhr am Handgelenk. Darüber die Haare von Grace Kelly. Darüber die Gunst des Schicksals. Knapp darunter schwebt ein Hauch *Albis* von Santa Eulalia.

Frau Deppendorferin trifft sich mit Bettina D., einer ihrer allerbesten Freundinnen aus der Kategorie »Nicht ganz so hübsch wie ich, nicht ganz so intelligent wie ich, hat aber einen reicheren Mann als ich«. In der Hochlage darf sie sich keine Freundinnen aus anspruchsvolleren Kategorien zumuten. Und auch Frau D. sieht toll aus. Elegante braune Stiefel, Prada-Kostüm, Cartier-Uhr und Grace-Kelly-Frisur. Sie gehen gemeinsam zur Essigmanufaktur.

Auf dem Weg dorthin treffen sie auf andere elegante Prada-Cartier-Grace-Kelly-Frauen. Und am Ende stehen sie in einer Schlange und können ganz einfach durchgezählt werden. 13 Grace Kellys, die Essig kaufen wollen. 13 Grace Kellys, die dadurch jedoch im Grace Kelly-Schwarm vor dem Eppendorfer Baum fehlen.

Dort stehen aber trotzdem noch genug von ihnen, um mit ihren goldenen Haaren jede düstere Stimmung zu vertreiben. Sie summen sanft lächelnd die Melodie eines Roger-Cicero-Liedchens, während ein Feldforscher versucht, sich schnellstmöglich am Eppendorfer Baum aufzuknüpfen. Darüber ein Hauch *Albis* von Santa Eulalia. Ganz knapp darunter der Dunst des Schicksals.

51. GRUND

WEIL DIE HAMBURGER HIPSTER ZU ALT SIND

Ja, in Hamburg gibt es auch Hipster, klar. Es gibt zwar im Vergleich immer noch deutlich mehr Seemänner, die nie zur See gefahren sind, aber die Hipster sind stark im Kommen. Das Besondere an den Hipstern in Hamburg ist, dass sie deutlich älter sind als die

Hipster in anderen Städten. So richtig aufdrehen tut der Hamburger Hipster erst ab 45. Kurz vor viel zu spät.

»Aber besser spät als nie«, sagt er. Vorher war er ein sportlicher Typ, mit einem Sportwagen von Fiat und einer Schwester, die als Sportlehrerin arbeitete. Jetzt ist seine Schwester plötzlich Goldschmiedin und lebt auf einem Bauernhof in der Nähe von Wuppertal. Bis Mitte 20 trug der Hipster einen Ohrring. Das Loch kann man noch sehen. Einmal zwängte sich da eine Ameise hindurch, was er vor einem Badezimmerspiegel in einem Hotel in Porto stehend erstaunt beobachten konnte. Das ist sonst auf der Welt noch nie zuvor bei einem lebenden Menschen passiert. Aber das weiß der Hipster nicht, er hält das Ganze nur für eine lustige kleine Anekdote, die er meist sogar zu erzählen vergisst. Er selbst hält sich eher für etwas Besonderes, weil er gern und gekonnt französische Redewendungen in Gespräche einstreut. Früher hat er Element Of Crime gehört. Wenn er leicht angetrunken ist, legt er auch heute noch *Weißes Papier* auf und hofft immer, dass er dabei weinen kann. Er kegelt sehr gut. Bogenschießen und Golf hat er auch schon ausprobiert und bei Ersterem fast eine Krähe erschossen und sich bei Letzterem beinahe ein Bein gebrochen.

Jetzt spielt er Klarinette. Sein Ziel ist es, irgendwann bei der Beerdigung seines besten Freundes dessen Lieblingslied spielen zu können. Südamerikanisches Kino wurde in den letzten Jahren immer wichtiger für den alten Hipster. So wichtig, dass er nun regelmäßig ins Solarium geht. Er las schwedische Krimis, bevor die en vogue waren, jetzt liest und sammelt er rumänische Homosexuellenromane, in denen immer irgendwann einer der Liebenden eine Mahler-Sinfonie auflegt, woraufhin immer innerhalb der nächsten fünf Seiten jemand stirbt.

Der Hipster wollte immer mal Heroin ausprobieren. Das will er mittlerweile nicht mehr, er möchte lieber Benjamin von Stuckrad-Barre kennenlernen. Jetzt aber sucht er sich erst einmal eine Freundin, die 19 Jahre jünger ist als er, und lässt sich von ihr klamottentechnisch beraten. Das geht leider schief, aber er stolziert trotzdem kerzengerade auf dem Holzweg entlang, kann sein kleines Bäuchlein meistens ganz gut einziehen dabei. Er nimmt sich vor, künftig französische Phrasen mit italienischen zu vermischen, und in ganz besonderen Momenten will er einfach nur schweigen.

Dieser komplexe Bursche wird allzu leicht unterschätzt, wenn man ihn nur oberflächlich betrachtet. Man sieht dann eben nur den Mann, der eine lustige Brille wie eine Taschenlampe, ein trauriges Hemd wie die Flagge eines untergegangenen Landes, eine lächerliche Hose wie ein Ausrufezeichen hinter einer Frage und Schuhe wie Hüte trägt (Hipster-Satz!). Einen Mann also, der langsam, aber sicher alt wird und der das bisher einfach noch nicht ganz so gut hingekriegt hat mit dem Leben. Aber eben nur, weil er unbedingt in der Nachwelt ankommen wollte, ohne bereits tot zu sein.

52. GRUND

WEIL FRAUEN LEIDER AUCH HAMBURGER/INNEN SIND

Nein, in den Texten dieses Buches sind nicht Personen männlichen und weiblichen Geschlechts gleichermaßen gemeint. Es wird nicht aus Gründen der einfacheren Lesbarkeit nur die männliche Form verwendet.

Der/die Autor/in war/ist der Meinung/Überzeugung, dass die Hamburger Männer besonders/herausragend doof/unangenehm sind/sind bzw. sind/bleiben. Die hervorstechenden negativen Eigenschaften der Hamburger/innen scheinen doch stark männlich geprägt zu sein. Was ja kein Wunder ist, da es sich ja auch mit den hervorstechenden negativen Eigenschaften auf der ganzen Welt so verhält. Man kann sich also bei vielen Texten in diesem Buch die *innen* sparen und sie aufheben für Finnen, die an Regenrinnen wie

Spinnen hochklettern, um den Regenrinnen-wie-Spinnen-zu-erklimmen-Wettbewerb zu gewinnen.

Wir leben ja zum Glück in Zeiten, in denen Frauen aus den Rollen, die ihnen über Jahrhunderte zugeschrieben worden sind, ausbrechen. Eine Frau kann mehr sein als »die Frau«. Mehr sein als eine Frau, die sich wie ein Mann verhält. Mehr sein als eine Frau, die sich nicht wie eine Frau verhält. Mehr sein als eine Frau, die sich nicht eindeutig verhält. Die Frauen können 3,5 Milliarden Frauen sein, jede einzelne von ihnen kann wie jede andere sein oder eben anders als alle anderen und am nächsten Tag dann wiederum anders als sie selbst. Und wenn sie dann den Kopf noch frei haben, die Frauen, und genug Abstand zu sich selbst, dann können sie einfach Menschen sein.

Was ja im Umkehrschluss bedeutet, dass Männer ebenfalls mehr sein könnten als Kriegstreiber, Rechthaber, Biertrinker und Kaninchenzüchter. Aber irgendwie können sie das scheinbar doch nicht. Wollen vielleicht sie auch nicht. Darum sind sie in Hamburg weiterhin HSV-Fans, Griller, *BILD*-Leser und Anti-Feministen.

Das Paradoxe am Feminismus ist, dass Frauen auch HSV-Anhängerinnen, Grillerinnen, *BILD*-Leserinnen und Anti-Feministinnen sein dürfen. Gleichberechtigte Chancen machen ja nicht automatisch klüger.

Es bleibt jedoch festzuhalten (Stand: Juni 2036): Noch sind die Hamburger Männer größere Idiot/innen. So hoch können Hamburger Frauen als Idiot/innen mit Sprungfeder/innen an den Füßen gar nicht springen. Aber da wir uns in Hamburg befinden, sind natürlich auch die Frauen hier nicht ohne. Es gibt sie reichlich, die Tussis, die Dumpfbacken und auch die bösartigen Geschöpfe. Sie sind HSV-Fans, grillen gern, lesen noch vor ihren Männern die *BILD* aus und manipulieren regelmäßig den Wikipedia-Artikel über Feminismus.

Wenn Sie einer solchen Frau begegnen, brauchen Sie nichts weiter zu tun, als die Luft anzuhalten. Wenn Ihr Gehirn dann nicht mehr ausreichend mit Sauerstoff versorgt wird, können Sie ganz gelassen ein Gespräch mit der Frau beginnen, ohne dass die Gefahr besteht, dass Sie in Streit geraten.

Leider gilt in Hamburg immer noch: Erfolgreich sind die Frauen, die sich wie Männer benehmen. Auf allen Ebenen. Beim Saufen werden keine Schwächen gezeigt. Bei Diskussionen werden keine Schwächen gezeigt. Bei gefährlicher Körperverletzung werden keine Schwächen gezeigt. Beim Tragen von Klavieren werden keine Schwächen gezeigt. In der Politik werden keine Schwächen gezeigt. Die Frauen, die das nicht schaffen, sind nicht erfolgreich, können aber dennoch unglaublich nervig sein.

Je weiter sich aber so eine Frau von Hamburg entfernt, umso erträglicher wird sie interessanterweise. Eine Frau, die mit dem ICE von Hamburg Richtung München fährt, ist bereits in Hannover eine wesentlich angenehmere Gesprächspartnerin, die auch nicht mehr dauernd »Das geht gar nich« sagt. In Fulda sagt die Frau dann schon Sachen, die auch von Mutter Teresa stammen könnten. In München sieht sie Mutter Teresa dann fast schon ein bisschen ähnlich, und man hat sie spätestens jetzt ins Herz geschlossen.

Wenn Hamburger Frauen also nur Frauen wären (oder Katzen, Katzen in Kalkutta), dann wären sie bessere Menschen (Katzen!). Dann wären sie auch nicht in Hamburg. Wenn in Hamburg keine Frauen wären, wären in Hamburg auch bald keine Männer mehr. Und wenn Hamburg menschenleer wäre, wäre Hamburg erträglich. Wenn Hamburg erträglich wäre, würden intelligente Menschen dorthin ziehen. Wenn dann irgendwann auch wieder Männer nach Hamburg kommen wollen würden, könnte man ihnen sagen, dass sie mal die Luft anhalten sollen. So lange bis der Zug wieder anfährt.

SCHLECHTE TEXTE, DIE SIE SICH SPAREN KÖNNEN, LESEN SIE LIEBER WAS VON MAX GOLDT

53. GRUND

WEIL DER WINTER IN HAMBURG ELVIRA MIT VORNAMEN HEISST UND SICH AUCH SO VERHÄLT

Wenn man sich anguckt, was im Winter in Hamburg so abgeht, dann steht man ziemlich ratlos da und muss sich stundenlang am Kopf kratzen. Man möchte natürlich gerne eine Erklärung haben. Weil man aber keine bekommt, von niemandem, ist man geradezu gezwungen, sich selber eine Theorie zusammenzubasteln. Was bleibt einem anderes übrig? Und siehe da, ein bisschen ins Blaue hinein gedacht, und man merkt ganz schnell, wie eins das andere ergibt. Schnell wirkt alles sehr schlüssig und es gibt kaum noch Zweifel, man kann die kratzende Hand wieder vom Kopf entfernen. Man weiß jetzt, warum der Hamburger Winter so ist, wie er ist.

Sehen wir uns nun also die Details an: In Hamburg gibt es einen Geheimbund namens »Der Hamburger Winter vom 29.1.1993«. Das steht hiermit schon mal fest. Erklärung dafür: Die Frau von Rolf Ockermann, der diesen Geheimbund ins Leben gerufen hat, feierte am 29.1.1993 ihren 73. Geburtstag. Spätabends, nach einem wundervollen Tag, an dem sie und ihr Mann zusammen in einem feinen Hamburger Restaurant aufs Vortrefflichste gespeist (Störparfait mit Ossietra-Kaviar, marinierter Roter Bete und Buchweizen-Blini) und dann noch einen netten Film im Fernsehen gesehen hatten (»Findest du es etwa lustig, wenn ich diesen Namen sage? Schwanzus … Longus?!«[16]), flüsterte Frau Ockermann im Bett zärtlich:

»Rolfi, das war ein wundervoller Geburtstag. Ich habe es sehr genossen, und ich war so froh, wirklich so unglaublich froh, dass heute kein Schnee lag. Gute Nacht, mein liebster Rolfi.« Sie lächelte ihn noch einmal an und knipste dann die Nachttischlampe aus.

Das Gesagte (»Rolfi, das war ein wundervoller Geburtstag. Ich habe es sehr genossen, und ich war so froh, wirklich so unglaublich froh, dass heute kein Schnee lag. Gute Nacht, mein liebster Rolfi«)

hat sich bei Rolf Ockermann tief eingeprägt, und er machte es sich zur Lebensaufgabe, diesen Worten (»Rolfi, das war ein wundervoller Geburtstag. Ich habe es sehr genossen, und ich war so froh, wirklich so unglaublich froh, dass heute kein Schnee lag. Gute Nacht, mein liebster Rolfi«) wahrhaft biblische Schwere und Tiefe zu geben. Erklärung dafür: Am nächsten Tag lag seine über alles geliebte Elvira Ockermann, geborene Wildgans, erkaltet neben ihm im Bett. Ihre letzten Worte also (»Rolfi, das war ein wundervoller Geburtstag. Ich habe es sehr genossen, und ich war so froh, wirklich so unglaublich froh, dass heute kein Schnee lag. Gute Nacht, mein liebster Rolfi«), das Lob eines schneelosen Wintertages im spröden Hamburg, wurden fortan maßgebend für ihren zurückgebliebenen Gatten – allerdings gab es zuerst noch eine kurze Phase schwerster Depression, mit der auch ein eher halbherziger Selbstmordversuch einherging, im Zuge dessen Rolf Ockermann den Inhalt von zwei Tuben UHU-Alleskleber verschluckte.

Als er diese Schwächeperiode überstanden hatte, wurden unglaubliche Energien in Rolf Ockermann freigesetzt. Er mobilisierte ein paar seiner alten Wehrmachtskameraden, und so wurde schließlich am 6.6.1993 der Geheimbund »Der Hamburger Winter vom 29.1.1993« ins Leben gerufen, der es sich zur Aufgabe machte, dass der Winter in Hamburg immer so sein solle wie an jenem 29. Januar. Schneelos nämlich und damit genau so, dass Elvi Ockermann, geborene Wildgans, abends glücklich einschlafen könnte.

Viele der alten Recken, die dem Geheimbund angehörten, fühlten sich endlich wieder wichtig, eingeschworen auf ein gemeinsames Ziel. Und der Winter war ihnen ohnehin seit 1941/42 sehr verhasst. Es dauerte nicht allzu lange, da schloss sich die Gesellschaft bürgerlichen Rechts namens »Gesellschaft bürgerlichen Rechts zur Aufrechterhaltung von Helmut Schmidt auch nach dessen Ableben« (abgekürzt: GbRzAvHSchandA) dem Geheimbund mangels eigener Betätigungsfelder an. Das war gut, weil damit einige einflussreiche Leute zum Geheimbund stießen. Es brachte aber letztlich auch große Probleme mit sich. Die Schmidt-Anhänger (immerhin fast 70 Personen, wenn vollzählig anwesend) rauchten alle Kette, und so musste nach jeder Versammlung der ausgebaute Bunker, der dem Geheimbund als Treffpunkt diente, saniert werden. Dies verschlang viel Geld, sodass die eigentliche Idee, Hubschrauber anzuschaffen, die mit Wärmestrahlern ausgestattet über Hamburg fliegen sollten, um Schnee wegzuschmelzen, nie realisiert werden konnte. Dabei hätte eigentlich allein die Leidenschaft des Geheimbundführers ausreichen müssen, allen Schnee wegbrutzeln zu lassen. So sagten zumindest seine Mitstreiter und Anhänger. Beeindruckend sollen sie gewesen sein, die Redeschwälle von Rolf Ockermann, der bei den Treffen mit einer Mischung aus Speichel und Tränen auf seine Kameraden einwirkte. Mit großer Leidenschaft und Hingabe hielt er die Erinnerung an seine große Liebe aufrecht, auch dann noch, als er selbst körperlich stark abbaute. Die anderen Geheimbündler waren zwar theoretisch auch Feuer und Flamme, aber praktisch passierte da nicht viel. Erklärung dafür: Den Schnee zu bekämpfen, dazu war diese Gruppe wackerer alter Männer konkret einfach nicht mehr in der Lage. So kam es, dass die Mitglieder des Geheimbundes wohl ihren Einfluss in der Politik geltend machen und wichtige Lobbyarbeit leisten konnten. Das führte aber letztlich zu dem fatalen Ergebnis, dass der Schnee, der in Hamburg zum Teil durchaus kräftig zu fallen vermag, von einem Großteil der Bevölkerung und auch von den Verantwortlichen schlicht ignoriert wurde. Daraus entstand schließlich eine Tradition.

»Schnee? Wo? Ach das. Nee, das ist kein Schnee. Das ist Werbung für irgendein Skigebiet in Südtirol. Sieht aber tatsächlich täuschend echt aus, muss man schon sagen.«

Und so wird in Hamburg bis zum heutigen Tage einfach so getan, als wäre wieder der schneelose 29. Januar 1993. Auf Teufel komm raus. Autofahrer fahren mit Sommerreifen, einen Winterdienst gibt es nur sporadisch, das Schneeschippen bleibt für die Hamburger eine exotische Sportart, ähnlich dem Pultstockspringen.

Rolf Ockermann starb 2003, der Geheimbund hat sich bald darauf aufgelöst. Ab und an trafen sich auch danach noch ein paar der Kameraden, um über Telefone mit sich herumtragende Jugendliche und über Skifahrer zu schimpfen.

Zum Glück mussten nur wenige von der alten Garde den Winter 2009/2010 erleben. Da stießen die Krankenhäuser in Hamburg an ihre Kapazitätsgrenzen. Erklärung dafür: Wochenlang waren Nebenstraßen und Fußwege mit Eis überzogen, Anwohner kamen ihrer Räumpflicht nicht nach, und die Stadtreinigung kümmerte sich wie üblich nur um die Hauptstraßen. Viele Wege und auch die Zugänge zu Bushaltestellen waren so vereist, dass sich die Fußgänger, vor allem alte Menschen, reihenweise Knochenbrüche zuzogen. Es ist also so: Wenn Hamburg Glück hat, fällt wenig bis gar kein Schnee, und die Wege und Straßen sind nicht spiegelglatt. Dann kommen die Hamburger heil durch die kalte Jahreszeit und singen jeden Abend im Bett ein Loblied auf ihre Vorfahren, die dereinst glorreich den Winter besiegt haben. Wenn der Winter allerdings ein paar Schippen drauflegt, dann haben die Hamburger selbstredend auch dafür eine gute Erklärung parat: »Es gibt wohl n büschn Streit im Himmel.«

Dann lutscht der Volksmund weiter Eis.

54. GRUND

WEIL HAMBURG KEINEN SINN ERGIBT, DA KÖNNEN SIE NOCH SO VIELE FRAGEN BEANTWORTEN

Bochum ist die zweihundertdreiundvierzigstschönste Stadt Deutschlands. In Bochum leben drei in Hamburg geborene Faustballspieler. Wie schön sind diese im Durchschnitt? Sind Hamburger schöner, wenn sie drei Jahre lang kein Zahnweh hatten? Und wenn sie schon seit drei Jahren Zahnweh haben, wie lange jammern sie dann schon? Wie viele Lügen stecken in folgendem Satz: In Hamburg kann ein 80-Jähriger 70 Jahre alt werden? Und wie viele Lügner braucht es, um diesen Satz auszusprechen, ohne dass er lächerlich wirkt? Und wenn jemand in Hamburg glücklich ist, wie heißt dann dessen Katze?

Haben Sie eine der bisherigen Fragen mit Katze beantwortet? Wenn Hamburg ein Tier wäre, wie viele Beine hätte es noch, wenn man ihm versehentlich eines beim Fernsehen abschneiden würde? Wenn der Oberbürgermeister von Hamburg 100 Kilo wiegen würde, wie hoch müsste die Wahlbeteiligung sein, damit er nicht wiedergewählt wird? Wie alt ist die älteste Kneipe auf St. Pauli um sechs Uhr morgens? Und wenn darin einer stirbt, wie viel kostet dann das nächste Bier, das einer bestellt, der denkt, der Typ da in der Ecke schlafe nur? Wann kann man in Hamburg endlich alle Kleingeister überleben?

Man geht in Hamburg auf die Straße und stellt fest, dass der Frühling endlich gekommen ist. Warum ist man trotzdem unzufrieden? Wenn man in Hamburg vom 3. Stock aus die die Aussicht auf Paris hätte, aber dennoch kaum einer französisch spräche, würden sich dann eher die Hamburger oder die Pariser als Ausländer fühlen?

Wenn Sie in Hamburg Liebeskummer haben, warum werden Sie trotzdem noch von wildfremden Menschen angerempelt? Wenn Sie Ihre Wohnung ganz lange nicht verlassen wollen, um wie viel länger wird der Weg nach Hamburg mit jedem Tag? Wie hoch ist der Michel? Wie hoch ist er, wenn Sie so hoch springen, als hätten Sie gerade 13 Millionen Euro im Lotto gewonnen? Wie hoch ist der Gewinn, wenn Sie nur 30 Zentimeter hoch springen?

Und wenn Sie vom Michel herunterspringen, wie hoch müsste der Lottogewinn sein, damit Sie nur drei Meter tief fallen? Wie lange würden Sie hier jetzt noch weiterlesen, ohne auch nur eine Frage richtig beantwortet zu haben?

55. GRUND

WEIL HAMBURG UM EIN EINKAUFSZENTRUM HERUM GEBAUT WURDE

Haben Sie sich auch schon oft in den schlaflosen Nächten nach verlorenen Wimbledon-Endspielen gefragt, wie wohl ein Einkaufszentrum auf dem Mond aussehen würde?

Die Antwort ist recht einfach. Es würde aussehen, wie alle Einkaufszentren aussehen. Furchtbar nämlich. Genauso wie ein Katalog für Einkaufszentren aussehen würde: unmenschlich, stumpf und poliert. Ein unbelebtes Einkaufszentrum um Mitternacht muss noch trostloser sein als ein leeres Herz, wenn man einen Heiratsantrag von einem netten, aber nicht geliebten Menschen bekommt. Aber natürlich nicht so schlimm wie ein volles Einkaufszentrum tagsüber. Einkaufszentren sind wie Kartoffelchips, Nachmittags-Talkshows, Fitness-Zeitschriften und Nazis – die Welt wäre eine bessere ohne sie.

Aber in Hamburg sind Einkaufszentren die neuen Kirchen. Die Menschen pilgern hin und tauschen dort ihre Sorgen gegen Produktplatzierungen in ihrem Leben ein. Sie kaufen und lächeln. Sie rempeln andere Leute an und schauen böse. Es ist wie in einem Versuchslabor. Wenn man das Dach eines Einkaufszentrums abheben würde, könnte man all die kleinen Menschlein sehen, wie sie ameisenmäßig dahinwuseln, mit kleinen Tütchen in den Händchen, mit kleinen Hirnchen drin, denn in den Köpfchen ist ja nur noch Plätzchen für die neuen Schätzchen. Wenn man das Dach ohnehin schon abgehoben hat, könnte man auch wunderbar in das Einkaufszentrum hineinkotzen. Die Menschen würden sich dennoch weiterhin unbeirrt den Weg zu den von ihnen bevorzugten Produkten bahnen.

Shoppen als Hobby, für manche ist es gar die große Liebe, und für sehr viele ist es besser als Sex. Letzterer findet manchmal noch am Sonntag statt. Aber nur das Standardprogramm, keine anstrengenden Stellungen und auch sonst mit keiner besonderen Verausgabung oder persönlichen Hingabe verbunden, ab Montag muss man schließlich wieder fit und bereit sein für das supergeile Einkaufen.

Hamburg ist die perfekte Stadt für so ein Leben, denn alle Wege führen geradewegs zu irgendeinem Einkaufszentrum. Darin hallen das Gemurmel der Menschen und ihre Schritte von den Wänden wider, und unablässig summt im Hintergrund das Geräusch, das bei sinnlosem Leben immer entsteht. Die Luft in Einkaufszentren ist so schlecht wie Boris Becker als Sympathieträger.

In Hamburg gibt es alibimäßig noch ein paar kleine Läden und Geschäfte, türkische Kioske, rumänische Bestattungsinstitute. Es stehen auch eine Menge Wohnhäuser in Hamburg herum, in denen abends sogar Licht brennt, und von den Balkonen winken hin und wieder Menschen. Und manchmal laufen sogar ein Mann, eine Frau und ein Kind einem ferngesteuerten Schmetterling hinterher, den es nirgendwo zu kaufen gibt. Der Boden unter ihnen ist grün und von getarnten Fahrsteigen durchzogen. Sie sollen Glück transportieren, die Laufbänder genauso wie die Menschendarsteller. Es ist alles nur eine Illusion, eine große Täuschungsmaschinerie. Damit zumindest auf den ersten Blick verborgen bleibt, dass Hamburg letztlich ein einziges großes Einkaufszentrum ist.

Aus jedem zweiten Fenster grinst ein Besitzer von drei elektrischen Dosenöffnern und sieben Dutzend Paar Schuhen mit Klettverschluss und elf Litern *ck one*. Aus der anderen Hälfte der Fenster springen die, die vergessen haben, ihre Treuepunkte rechtzeitig einzulösen.

56. GRUND

WEIL DER HAFENGEBURTSTAG IST WIE NICHT IM LOTTO ZU GEWINNEN

Der Hafengeburtstag ist eine Mischung aus Schlager Move, Harley Days und Hamburger Dom. Also etwas ganz Furchtbares. Viele Menschen drängen sich an einem Ort zusammen und sind fröhlich, auch wenn sie gar nicht fröhlich sind. Vier Tage dauert der »Spaß«. Und vier Tage kann niemand ernsthaft am Stück fröhlich sein. Nicht einmal ein frisch gekürter Wimbledonsieger, der einen Tag später 20 Millionen im Lotto gewinnt und dessen Frau am dritten Tag von den Toten aufersteht, um ihm am vierten Tag ein gesundes Kind zur Welt zu bringen.

Es gibt auch keine nachvollziehbaren Gründe, fröhlich zu sein. Es gibt auf dem Hafengeburtstag teures ungesundes Essen, das billig schmeckt. Dazu keine allzu gute Livemusik, die schlechte Livemusik wie keine allzu schlechte Livemusik erscheinen lässt. Es gibt eine große Einlaufparade zu Beginn (nein, nicht das, was Sie jetzt denken, es fahren wirklich nur Schiffe ein) und eine große Auslaufparade zum Abschluss (da wird die Einlaufparade einfach rückwärts abgespielt). Und am Samstag gibt es natürlich ein großes Feuerwerk. Gut, in Hamburg gibt es an jedem Wochenende ein Feuerwerk, gähnen wir also und freuen uns, wenn keiner, den wir mögen, auch nur einmal nach oben in den Himmel guckt. Sich neue Freunde suchen zu müssen, ist nämlich eine aufwendige Sache.

Man darf wirklich froh sein, dass es keinen Rathaus-, Michel-, Hauptbahnhofs-, Planten-un-Blomen-, Fernsehturm-, Speicherstadt-, Öffentliche-Toilette-Alte-Rabenstraße-Geburtstag gibt. Aber wer weiß. In Hamburg ist der Spaß an der Freude so groß, da lassen sich noch allerlei Gelegenheiten aus dem Boden stampfen, um die Feste so zu feiern, wie sie fallen sollen.

Der Hafengeburtstag ist wie ein HSV-Spiel. Es gibt nichts Tolles zu sehen, aber es gibt Bier. Und wenn die Sonne scheint, regnet es immerhin nicht. Und wenn man nach Hause geht, hat man wieder ein paar Stunden rumgebracht, die man ansonsten wohl dafür hätte nutzen müssen, sich mit sinnvollen Dingen zu beschäftigen.

Liebe Hamburger, auch ihr könnt Wimbledon gewinnen. Aber immer nur einer nach dem anderen. Liebe Taschendiebe, ihr könntet am Hafengeburtstag wirklich eure Freude haben. Liebe Misanthropen, auch ihr könntet einen eurem Zwecke dienlichen Abstecher zum Hafen durchaus herzhaft zu missbilligen wissen. Liebe Zahnärzte, kommt in Scharen zum Hafengeburtstag. Hier beißen sich in unglaublich großer Anzahl Menschen die Zähne aus. Und zwar an der Aufgabe, nicht von der Masse verschluckt zu werden.

Liebe alle guten Geister, kommt doch zurück zum Hafengeburtstag. Die von euch Verlassenen warten hohl und stumpf am Tor zur Welt.

57. GRUND

WEIL HAMBURG WIE EIN HALBHOCH GESCHOSSENER ELFMETER IST

Es ist nur das Spiel um den 3. Platz beim Fußballturnier der Messdiener im Bezirk Wandsbek. Aber jetzt gibt es Elfmeter. Und wenn der drin ist, dann kann Peter Göwöhr-Hondebissich vielleicht doch noch ein guter Mensch werden. Er hat die Hoffnung ja eigentlich schon aufgegeben. Mit fast elf Jahren ist es nämlich normalerweise schon zu spät, seinem verkorksten Leben noch eine entscheidende Wendung zu geben. Aber was haben Elfmeter nicht schon alles bewirkt auf dieser Welt. Sie haben ganze Nationen in tiefste Trauer gestürzt. Sie haben aber auch ganze Völker in ekstatische Freude mit anschließenden Gruppenkopulationen versetzt, aus denen Kinder hervorgegangen sind, die dann alle den Vornamen des erfolgreichen Schützen tragen durften (wenn Mädchen heraus kamen, verfluchte man diese und taufte sie auf den Namen der Mutter des Schützen (wenn die Mutter des Schützen selbst bereits nach der Mutter eines vormaligen erfolgreichen Elfmeterschützen benannt wurde, dann versuchte man, diese als Taufpatin zu gewinnen (wenn die Frau aber schon tot war, dann verfluchte man die eigene Tochter ein weiteres Mal und gab sie zur Adoption frei))).

Elfmeter sind also mitunter eine sehr wichtige Sache. So wichtig wie Tschernobyl und Rock 'n' Roll. Und nun, kurz vor Ende des Spiels um den 3. Platz beim Messdienerfußballturnier im Bezirk Wandsbek, kann Peter Göwöhr-Hondebissich mit einem einzigen Schuss sein ganzes Leben verändern. Vielleicht gehen dann seine Pickel weg. Vielleicht kriegt er dann endlich Haare am Sack. Vielleicht lädt ihn Karin Broll dann zu ihrer nächsten Geburtstagsparty ein. Vielleicht herrscht dann Weltfrieden. Er ist der beste Spieler seiner Mannschaft, aber das ist längst nicht so schwer, wie der entscheidungsfreudigste Spieler seiner Mannschaft zu sein.

Der Ball liegt schon auf dem Punkt, und immerhin weiß Peter auch bereits, dass er den Elfmeter unbedingt verwandeln will. Nur wohin er schießen soll, damit ihm dieses auch gelinge, das weiß er leider noch nicht. Ins Tor natürlich, am Torwart vorbei natürlich, aber wie? Mit dem Fuß natürlich, mit Schmackes natürlich, aber wann? Im richtigen Augenblick natürlich, in dem Moment natürlich, wenn der Torwart angestrengt darüber nachdenkt, was in seinem Leben alles besser wird, wenn er den Schuss hält. Wenn Elfmeter eine solch todsichere Sache für Schützen wären, wie mitunter behauptet wird, warum geht der Torwart dann nicht in der Zwischenzeit ein Eis essen. Nein, dieser Mistkerl denkt ernsthaft darüber nach, den Schuss von Peter eventuell halten zu wollen. Das macht diese ganze Sache so kompliziert. Es ist wie eine Gerichtsverhandlung, bei der der Mörder den Richter für den Mörder hält und der Richter den Mörder für seinen eigenen Sohn, der vor vielen

Jahren entführt worden ist von einem Kaminkehrer, der den Sohn für den vor Jahren entführten Sohn seiner Schwester hielt, die sich aus lauter Verzweiflung ebenfalls mehrmals entführen ließ, in der Hoffnung, dass sie an denselben Entführer geriete. Der Plan ging nicht auf, und von der 14. Entführung kam sie schließlich nicht zurück.

Das Ziel, einen Elfmeter zu verwandeln, kann leicht fehlgehen. Klar, der Torwart steht in der Mitte, aber das bleibt ja nicht unbedingt so. Der Torwart ist wie einer, der aus Frankfurt am Main kommt und plötzlich in Frankfurt an der Oder lebt. Plötzlich steht er in der linken Ecke und grinst dem Ball entgegen, der dorthin unterwegs ist.

Peter Göwöhr-Hondebissich wird nach links schießen, das hat er inzwischen beschlossen. Er läuft bereits an, als ihm einfällt, dass links ja nicht gleich links ist. Links oben ist nicht gleich links unten. Aber er kann das nicht mehr näher erörtern jetzt, er muss sich auf seine Füße konzentrieren. Doch dann beschließt er vor dem letzten Schritt seines Anlaufs doch noch eine Planänderung, weil ihm da auffällt, dass er ein Rechtsfuß ist, das hatte er vor lauter Nachdenken über das mögliche Geburtstagsgeschenk für Karin Broll ganz vergessen. Er wird deshalb jetzt nach rechts schießen. Halbhoch. Weil er sich nicht entscheiden kann, ob rechts unten oder rechts oben besser ist. Aber immerhin fällt ihm in dem Moment ein, was er Karin Broll zum Geburtstag schenken könnte. Eine elf Meter lange farbige Lichterkette. Das ist cool. Bei dem Gedanken muss er lächeln.

Der Torwart hält.

Und Hamburg ist genauso. Hamburg ist wie ein halbhoch geschossener Elfmeter. Und die wiederum sind wie Gedanken, die man sofort ausspricht. Der Torwart muss also kein Gedankenleser sein, um halbhohe Elfmeter zu halten. Vorausgesetzt natürlich, er ist in der richtigen Ecke. Denn selbst wenn er auf einen flachen Ball spekuliert, wird er noch relativ leicht den halbhohen Ball mit der anderen Hand erreichen können. Und wenn er wirklich mit einem hohen Ball unter die Latte rechnet, dann wird er bei einem halbhohen Ball fast zwangsläufig angeschossen werden. Denn er springt ja nicht erst drei Meter hoch, um dann von oben nach unten fallend auf den Ball, der unter der Latte einschlagen möchte, zu warten.

Einen Elfmeter halbhoch zu schießen ist, wie bei einer Quizshow extra die falsche Antwort zu geben, wenn es um den Hauptgewinn geht, in der Hoffnung, dass die Psychologin des Senders, die einem den Suizid nach der harschen Pleite ausreden soll, sich als die Traumfrau schlechthin entpuppt, die sich natürlich sofort in einen verliebt und sowieso selbst mehrfache Millionärin ist und nur noch bei dem Sender arbeitet, weil sie ein so guter Mensch ist.

Hamburg ist der Ort, an dem man landet, wenn man nicht zu Ende denkt. Wenn der Tank nicht voll ist. In Hamburg gibt es nur falsche Antworten. Und keinen Gewinn.

Hamburg ist ein Torwart, der den Ball schon in der Hand hält. Und grinst. Und Sie müssen trotzdem noch anlaufen. 42.000 Kilometer lang.

Wenn man sich nicht entscheiden kann, ob man bereits ein gutes Leben hat oder ob man dafür erst ein halbes Scheißleben hinter sich gebracht haben muss. Egal ob in Frankfurt oder in Frankfurt, das ewige Scheißleben gibt es nur in Hamburg.

58. GRUND

WEIL HAMBURG NUR EINE TRAUMSTADT IST

Träumen Sie nicht von einer besseren Welt. Auch außerhalb Hamburgs ist Hamburg schlimm. Manchmal sogar noch schlimmer. Denn fast jeder Hamburger träumt davon, in die Träume anderer einzudringen, um dort sagen zu können: »Hallo. Ich erkläre dir jetzt in deinem Traum das Ziel deiner Träume.«

Es ist ein Phänomen, und man könnte hier fast einen Fast-nicht-für-möglich-zu-halten-Satz zur Anwendung bringen (so wie beim erschreckenden Erfolg der Band Revolverheld, der ebenso fast nicht für möglich zu halten ist). Denn man kann typische Hamburger auch 7.383 Kilometer von der Realität entfernt als Hamburger identifizieren. Und sie müssen dazu nicht einmal den Mund aufmachen und »Moin Moin« sagen oder ein St.-Pauli-Käppi tragen. Man erblickt sie, seufzt und raunt seinem Mundschenk zu: »Das da, der Typ da drüben, das ist ein Hamburger.«

Dann befiehlt man den eigenen Armeen mit einem Fingerzeig, ihn auszulöschen. Und 10.000 Mann rennen los bzw. möchten losrennen. Aber sie kommen nicht vom Fleck. Sie bleiben und treten und rasen und wüten auf der Stelle, trotz wild zappelnder Beine. Sie werden immer verzweifelter, werden immer wütender, doch ihre Schreie klingen wie Quietscheentchenquietschen. Und nachdem sie alle Energie aus sich herausgepresst haben, heben sie ab und werden in den Himmel hinaufgezogen wie dämliche Haspa-Luftballons. Hamburger sind unbezwingbar. Zumindest in Träumen.

Typische Hamburger mögen prinzipiell nicht ganz so typisch sein, wie typische Hitlers typisch sind. Von denen bräuchte man ja nur einen briefmarkengroßen Teil zu sehen, um sie zu erkennen. Wobei man ja unter Umständen nicht genau wüsste, ob der Teil, den man sieht, vielleicht nur ein Ausschnitt eines größeren Ganzen ist. Da kann man echt froh sein, dass die Hitlers ausgestorben sind. Nicht dass man sich da noch vertäte und blamierte, indem man Reinhold Messner zu einem Hitler erklärte.

Typische Hamburger sammeln sowieso keine Briefmarken. Briefmarken sammeln ist schließlich out, was typische Hamburger ja partout nicht sein wollen und was typische Münchner Briefmarkensammler noch gar nicht wissen und was typischen Saarbrücker Minigolfspielern völlig gleichgültig ist, weil sie einfach Spaß haben wollen und sich höchstens gegenüber typischen Billard spielenden Saarbrückern abgrenzen wollen. Und so sind die wenigen Briefmarken sammelnden Hamburger, die ihre Sammlung 7.383 Kilometer von der Realität entfernt natürlich gar nicht dabeihaben, einfach nur Hamburger. Ganz ohne typisch und somit out. So out, dass sie eigentlich auch typische Bremer sein könnten. Vielleicht stehen die untypischen und damit vielleicht sogar sympathischen Hamburger völlig unerkannt mitten in einer Gruppe typischer Hamburger. Die ja als solche sofort zu erkennen sind.

Sie fragen sich jetzt natürlich, wie das denn nun verdammt noch mal vonstattengehen soll. Es ist ganz einfach. Typische Hamburger sind einfach größer als alle anderen. Weil sie sich für die Größten halten. Und weil das ihre kranken Träume sind, wirkt es tatsächlich. Aber das ist noch nicht alles, typische Hamburger schweben dazu noch fast einen halben Meter über dem Boden, weil es für sie ein absolutes Hochgefühl ist, Bürger der Freien und Hansestadt Hamburg zu sein. Sie sind also ohnehin schon mindestens 2,30 Meter groß und werden bei jeder Berührung eines anderen Hamburgers um einen weiteren Zentimeter größer, schweben außerdem noch durch die Gegend wie die Zahnfee und glauben, jederzeit Billard spielen zu können, ohne mit einem typischen Saarbrücker verwechselt werden zu können. Was ja auch stimmt, weil typische Saarbrücker angenehme und bodenständige Zeitgenossen sind.

Hamburger tragen oben auf dem sich ohnehin schon sehr weit oben befindlichen Kopf die 80er-Jahre-Mittelscheitel-Frisuren von Konfirmanden, die sie sich natürlich am laufenden Band an der Zimmerdecke ruinieren. Das mit der zerstörten Frisur ändert aber natürlich nichts daran, dass typische Hamburger die schönsten typischen Einwohner aller nur möglichen typischen Städte sind, von denen aber nur eine die schönste Stadt der Welt sein kann. Deshalb kehren sie natürlich auch bald wieder aus 7.383 Kilometer Entfernung zurück, weil Hamburg so typisch und schön und gut ist und eben das einzig wahre Zuhause. Eigentlich kehren sie sogar sehr überstürzt wieder, weil es anderswo einfach nicht aushaltbar ist mit all den winzigen Menschen.

Und so bringen die Hamburger Erzählungen über typische Einwohner der anderen Städte mit, die mit gesenkten Köpfen zu ihren Rathäusern trotten, um dort Städtepartnerschaften mit Hamburg anzuregen.

Aus diesen Träumen auswärtiger Möchtegern-Hamburger machen die Hamburger ihre eigenen Träume. So träumen sie die traurigen Träume der anderen, um dann im eigenen Traum aufzuwachen und erfreut festzustellen, dass sie Hamburger sind.

Wenn sie dann wirklich aufwachen, weil ihre Unterhose ganz klebrig und feucht ist, sind sie 1,76 Meter groß, und das ist nicht groß genug, um die eigenen Füße nicht riechen zu können. Aber das ist nicht das, was sie unruhig macht. Sie rennen zum Spiegel und sind heilfroh, dass sie eine HSV-Badekappe auf dem Kopf haben. Sie sind also wirklich Hamburger, es war nicht nur ein Traum. Sie sind eine unbezwingbare Armee, sie und die anderen unbeirrbaren Armen. Ja, Hamburg ist eine Stadt voller Killer. Eine Stadt für todlangweilige Traumtänzer. Typischer Fall von Albtraum.

59. GRUND

WEIL MAN IN HAMBURG IMMER HINTER DEN DÜMMSTEN MENSCHEN AN DER SUPERMARKTKASSE STEHT

Was kann man an einer Supermarktkasse alles falsch machen? So einiges. Es ist beispielsweise ein Fehler, sich zwei Wochen lang nicht gewaschen und mindestens genauso lang die Klamotten nicht gewechselt zu haben und dann in diesem Aggregatzustand zwischen gasförmig und flüssig in der Schlange vor einer Kasse zu stehen, um Deo und Camembert zu kaufen. Zugegeben, in dieser Kategorie liegt Hamburg nicht ganz vorne, da ist Köln der Spitzenreiter. Insgesamt aber ist das Ausmaß an Hassgefühlen, die man wartend an einer Supermarktkasse entwickeln kann, in Hamburg kolossal.

Zum Beispiel legen alle Hamburger, wirklich alle alle alle, die mit einer Kaufabsicht zur Kasse getragenen Getränkeflaschen so auf das Laufband, dass sie bei jeder Bewegung desselben nach vorne rollen, nach hinten rollen, notfalls bis ans Ende der Blödheit rollen. Und immer und immer wieder schieben alle alle alle Hamburger die Flaschen wieder zurück. Ganz geduldig mit der ihnen angeborenen Lässigkeit gegenüber allen Unzulänglichkeiten dieser Welt machen sie das. Und sie kämen wohl eher darauf, zwei Bände vom *Großen Brockhaus* mitzubringen, um sie vor und hinter den Flaschen als Wegrollschutz zu positionieren, als die Flaschen längs zur Laufrichtung auf das Band zu legen. Häufig denken fast alle alle alle Hamburger, dass diese Laufbänder ja sehr praktisch, aber doch leider etwas falsch konzipiert seien. Sonst würden sie die Flaschen ja nicht immer wieder in die Ausgangsposition zurückschieben müssen.

Manche Hamburger, die nicht in Hamburg geboren worden sind, denken etwas weiter. Wenn sie Getränke verkaufen würden, denken sie, dann würden sie diese einfach in eckige Flaschen abfüllen. Damit wäre das Supermarktkassenbandproblem gelöst. Aber sie verkaufen ja keine Getränke. Sie bohren weiter in der Nase.

Zurück zur Kasse. Da stehen viele von allen allen allen Hamburgern blöde da, mit ihren Portemonnaies in der Hand, und tun nichts weiter, als zu warten, bis sie endlich bezahlen können. Erst wenn sie das gemacht haben, fangen sie an, die Waren einzupacken. Was alles verzögert.

Wiederum packen manche von allen allen allen Hamburgern erst alles ein und sind dann scheinbar ganz überrascht, dass sie die Waren auch bezahlen müssen. Umständlich räumen sie ihre Rucksäcke, die sie gerade vollgestopft haben, wieder aus, weil ihre Geldbörsen da ganz unten drin liegen. Was alles verzögert.

Der Rest von allen allen allen Hamburgern, die alle alle alle eben nicht in der schönsten Stadt der Welt leben, auch wenn sie das alle

alle alle glauben, arbeitet als Kassierer und ist unfreundlich. Und leider verwandt mit dem Trottel, der vor einem in der Schlange steht. Da wird dann erst einmal in aller Ausführlichkeit besprochen, wie es denn immer so gehe und was es Neues gibt. Was alles verzögert. Aber immerhin kann man so erfahren, dass nicht alle Ehen, die nicht geschieden werden, glücklich sind.

Ganz ganz wenige von so manchen Hamburgern, also genau genommen einer, so ist es verbürgt, hat einmal sogar einen klassischrunden Camembert hochkant auf das Laufband gestellt, sodass auch dieser immer wieder nach vorne rollte, nach hinten rollte, fast bis ans Ende der Blödheit rollte. Hätte nicht ein Kölner Tourist hinter ihm gestanden und ihn mit seinem Gestank umgehauen. Den Hamburger. Da blieb auch der Camembert auf der Strecke. Weil ihn keiner mehr immer und immer wieder zurückrollen konnte.

60. GRUND

WEIL BUSFAHRER IN HAMBURG ZUR HÖLLE FAHREN

Die Hamburger Busfahrer bremsen, wenn Autofahrer drei Fahrzeuge weiter vorn blinzeln. Oder wenn einer der Fahrgäste das Wort »Helicobacter« ausspricht. Manchmal bremsen sie auch ganz ohne Grund. Und meistens auch dann, wenn vor ihnen ein Hindernis steht (andere Verkehrsteilnehmer oder auch ein Baum).

Hamburger Busfahrer fahren scheiße. Das ist essenziell und in deren Arbeitsverträgen auch so festgeschrieben. Denn nur so besteht die Chance, dass die Hamburger auch nur annähernd verstehen können, was gemeint ist, wenn Bewohner anderer Städte davon sprechen, dass in ihrer Stadt irgendetwas scheiße läuft. Da in Hamburg ja alles perfekt ist, musste also bewusst ein exemplarisches Anschauungsmodell geschaffen werden, um die Hamburger »scheiße« begreifen lassen zu können.

In Hamburg mit dem Bus zu fahren ist also kein Vergnügen. Nicht für die Fahrgäste, aber auch nicht für die Busfahrer selbst.

Wie es schon in dem sehr bekannten Ausspruch heißt: Wer nichts wird, wird Busfahrer beim HVV. Und so werden neue Busfahrer geködert: »Sie arbeiten auch gerne im Schichtbetrieb mit unregelmäßigen Arbeitszeiten, um z.B. bestimmte Zeiten mit Ihrer Familie zu verbringen.«[17] Klaro. Das klingt super. Aber könnte man da nicht noch etwas mehr bieten?

Sie verdienen gerne wenig, damit Sie nicht kaufsüchtig werden können. Sie lassen sich gerne von Fahrgästen beschimpfen, damit Sie, wenn Sie von Freunden angepöbelt werden, sagen können: »Hey, ich bin heute schon in ausreichendem Maße angeschnauzt worden.«

Wen wundert es da noch, dass sich nur Menschen auf diesen Job bewerben, die als Zielscheibe für Messerwerfer nicht genommen wurden.

Da könnte ich kotzen
(Kurzdrama für schlecht gelaunte Masochisten)
Da fängt Hamburg an.
Da steht der Bus.
Da kommen die Umsteiger.
Da sind es nur noch zwei Meter.
Da könnte es eigentlich zu Ende sein.
Da geht die Tür zu.
Da winken die Umsteiger.
Da fuchtelt einer der Umsteiger wild mit den Armen.
Da winkt der Busfahrer ab.
Da fährt der Bus los.
Da fluchen die Möchtegern-Umsteiger.
Da brüllt einer der Möchtegern-Umsteiger.
Da fährt der Bus davon.
Da wird der Bus immer kleiner.
Da hört Hamburg auf.

Hamburger Busfahrer werden regelmäßig darin geschult, besonders kompetent Fahrgäste zurückzuweisen, die ein Ticket mit einem 20-Euro-Schein bezahlen wollen.

»Kann nich rausgebn.«

»Bin dazu nich auch verflichtet, sagt der Scheff.«

»Gehn Se doch zu Fuß, is doch schönes Wetter heute.«

»Raus jetz, ich hab meinen Job zu machen.«

Wenn Sie in Hamburg mit dem Bus fahren müssen (die Betonung liegt auf »müssen«), dann sollten Sie auf jeden Fall nicht pünktlich und nicht entspannt und auch nicht wohlbehalten und schon gar nicht an einem bestimmten Ort ankommen müssen (die Betonung liegt auf »ankommen«).

Gute Fahrt. Mit dem Messer ins Gedärm.

61. GRUND

WEIL MAN UWE SEELER NICHT AUF DEN FUSS TRETEN SOLLTE

Okay, Hamburg hat ja doch etwas zu bieten. Vergessen Sie die Speicherstadt, das Rathaus, den Michel und all die anderen Touristenattraktionen, die üblicherweise genannt werden. Das sind letztlich nur zweitklassige Fototapeten. Und die Reeperbahn, den Hafen oder die Binnenalster kann man sich ebenso sparen, dort halten sich sowieso viel zu viele Menschen auf und stehen sich gegenseitig auf den Füßen.

Aber es gibt eine echte Attraktion in Hamburg. Die größte Fuß-Skulptur der Welt nämlich. Dabei handelt es sich um eine Nachbildung des rechten Fußes von Uwe Seeler. Im Maßstab 20:1. In Bronze gegossen. 5,15 Meter lang, 2,3 Meter breit und 3,5 Meter hoch. Vier Tonnen schwer. 250.000 Euro teuer. Der Koloss steht vor der Heimspielstätte des HSV, aktuell wieder Volksparkstadion genannt (zwischenzeitlich auch bekannt als AOL Arena, HSH Nordbank Arena und Imtech Arena, nächste Woche vielleicht schon umgetauft in Klaus-Peters BDSM-Porno Import und Export Arena).

Viele Touristen, aber auch Einheimische stehen immer wieder erfreut und glücklich vor dieser Fuß-Skulptur. Hamburg hat hier an dieser Stelle wirklich Weltstadt-Status. Was für eine kulturelle Errungenschaft. Es gibt Menschen unter den kunstbegeisterten Flaneuren, die jedoch ganz besonders erfreut und glücklich sind. Es sind dies Fußfetischisten. Und zwar solche, die seit Jahren unter ihrer Devianz leiden und deren Leben wegen ihrer Fixierung ganz schön eingeschränkt ist, die auch keine normale Beziehung mehr führen können. Weil sie den halben Tag das Internet nach Bildern von Füßen durchstöbern und in den Sommermonaten vor lauter Fußvolk in Flip-Flops und Sandalen ganz kirre werden und nicht wissen wohin mit all den Erregungszuständen. Menschen, die nicht mehr mit beiden Beinen im Leben stehen, sondern mit beiden Füßen in der Scheiße. Menschen, die zutiefst verzweifelt zum Volksparkstadion gefahren sind und hier nun endlich durchatmen können.

Dieser hässliche riesige Klumpfuß erdet sie, er lässt ihre jahrelange Umnachtung und ihr Gieren nach Zehen, Sohlen, Fersen und Fesseln geradezu lächerlich erscheinen. Ein Fuß ist nur ein notwendiges Übel. Damit man nicht so leicht umfällt. Und damit das ganze Blut nicht einfach unten aus einem herausläuft. Das wird den Fußfetischisten vor dieser Skulptur stehend endlich bewusst.

Wenn sie Glück haben. Denn leider gibt es unter diesen armen Kreaturen auch solche, die keine Erlösung erfahren. Im Gegenteil. Sie drücken sich in der Gegend herum bis es dunkel ist und alle anderen weg sind. Dann berühren sie den Fuß, legen sich drauf, küssen ihn, lecken über die kühle Oberfläche der Skulptur, ziehen selbst ihre Schuhe und Socken aus und halten ihre Füße gegen den Riesenfuß. Manchmal schluchzen sie. Wie Nacktschnecken kleben sie auf Uwe Seelers Klumpatsch aus Bronze, sie bleiben bis zum Tau.

Hamburg hat sich mit dieser Skulptur auf den richtigen Weg gemacht. Der sollte nun aber auch konsequent weiterverfolgt werden.

Es muss weitere Skulpturen geben. Prägnante Körperteile anderer bedeutender Söhne und Töchter der Stadt müssen überdimensional groß in der Stadt aufgestellt werden. Hier nur ein paar erste Anregungen: Die Lunge von Helmut Schmidt. Die linke Brust von Domenica. Die Nase von Ronald Schill. Der Mittelfinger von Stefan Effenberg. Das Gehirn von Dieter Bohlen. Letzteres aber notwendigerweise mindestens im Maßstab 100:1.

62. GRUND

WEIL IN HAMBURG DIE KAFFEEKASSE IMMER VOLL IST

Hamburger sitzen gern in Cafés. Und auf den Gehsteigen vor den Cafés sitzen sie, wie es scheint, sogar noch lieber. Wahrscheinlich, um die SUVs zu zählen, die direkt vor ihrer Nase vorbeifahren. Und um generell die Abgase aller Autos einzuatmen. Ab einer Temperatur von 10,5 Grad und ab einer Sonnenleistung von 60 Watt sitzen die Hamburger zuverlässig da herum. Manche vor der Arbeit, manche in der Mittagspause, manche nach Feierabend. Manche anstatt Arbeit. Und viele zwischendurch. Dann und wann. Jederzeit. Vor dem Suizid. Manche währenddessen. Und manch einer sogar noch danach. Die Sonne ist ja für gewöhnlich so schwach, da fängt keiner so schnell zu stinken an.

Frühstücken bis 19 Uhr ist total angesagt. Da können höchstens noch Barfußschuhe und Udo Lindenberg mithalten. Frühstücksbüfetts sind aus unerklärlichen Gründen besonders beliebt. Gewellter Aufschnitt und schwitzender Käse, blasse Brötchen, dazu Marmelade, natürlich Butter, und wenn man Glück hat, vielleicht sogar ein bisschen Gemüse. Aber warum sollte man in Hamburg Glück haben, es gibt stattdessen in Scheiben geschnittenes Ei. Und fertigen Krabbensalat aus dem Supermarkt. Und Nutella natürlich, in kleinen versiegelten Portionsschälchen aus Plastik. Ein Zwischenrufer aus dem Publikum bei einer Lesung in einem Hamburger Kultur-Café: »Stimmt doch gar nicht. Es gibt auch ganz andere Büfetts hier. Mit Croissants oder mit Tomate-Mozzarella. Oder mit Karottensticks.«

Autor: »Bodyguards, schafft ihn mir aus den Augen, den Hundsfott. Entschuldigen Sie die Unterbrechung, liebes und hoch geschätztes Publikum. Als kleine Wiedergutmachung baue ich jetzt einen spontan erdachten Satz in diese Lesung ein. Hier kommt er: Gibt es eigentlich was Deprimierenderes als halb leere Servierplatten bei einem Frühstücksbüfett?«

Es kommt einem so vor, als würde es in Hamburg mehr Cafés als intelligente Einwohner geben. Was ja auch Sinn machen würde, denn auf intelligente Menschen kann man sich schlecht draufsetzen, ohne dass die dann gute und überzeugende Gründe nennen, warum das total dumm und völlig unangebracht ist.

Überfüllte Cafés mit überfüllten Menschen. Der Latte Matschiato im Leib gluckert bis zum überüberübernächsten Rülpser. Die Bandbreite der Cafés in Hamburg ist groß. Von nur rudimentär umgestalteten ehemaligen Handyläden (einfach massig Gartenstühle und -tische reingestellt), in denen man von drogenabhängigen blinden Rollstuhlfahrern bedient wird, bis hin zu Cafés, in denen der Teig für die Brioche auf Wunsch von einem Sky-du-Mont–Double direkt am Tisch geknetet wird und in denen die »Kaffee-Kreationen« heißen wie die Schoßhündchen von schwulen Modedesignern.

Sie müssen sich in Hamburg also entscheiden. Wollen Sie in ein teures, volles, schlechtes Café oder in ein billiges, ebenso volles, voll schlechtes Café? In ein Café, in dem Sie Ihr ganzes Leben bereuen können, noch bevor die Brühe vor Ihnen auf dem Tisch kalter Kaffee ist, oder in ein Café, in dem Sie sich fühlen können wie ein Hamburger Volldepp, der denkt, dass er kein Volldepp ist.

»Ich bin kein Volldepp. Ich bin kein Volldepp. Ich bin kein Volldepp. Ich sitze in einem Café. Mit vielen anderen tollen Menschen sitze ich hier. Gut, der eine da am Nebentisch hat einen Nutella-Klecks an der Backe kleben, in dem dazu noch ein Karottenstick hängen geblieben ist, und scheint es nicht zu merken. Aber das kann ja jedem mal passieren. Vielleicht ist er in wichtige Gedanken vertieft und sehr konzentriert. Deswegen ist er ja nicht gleich ein Volldepp, sondern vielleicht sogar genau das Gegenteil. Und ich bin auch kein Volldepp. Ich hab ja auch keinen Karottenstick mit Nutella an der Backe kleben. Ich bin kein Volldepp. Ich bin kein Volldepp. Denn wenn ich ein Volldepp wäre, dann wäre ich ja gar nicht in der Lage zu bemerken, dass ich kein Volldepp bin. Ha! Zahlen bitte.«

1, 2, 3, 4, 5, 6, 7, 8, 9, 10, 11, 12, 13, 14, 15, 16, 17, 18, 19, 20, 21, 22, 23, 24, 25, 26, 27, 28, 29, 30, 31, 32, 33, 34, 35, 36, 37, 38, 39, 40, 41, 42, 43, 44, 45, 46, 47, 48, 49, 50, 51, 52, 53, 54, 55, 56, 57, 58, 59, 60, 61, 62, 63, 64, 65, 66, 67, 68, 69, 70, 71, 72, 73, 74, 75, 76, 77, 78, 79, 80, 81, 82, 83, 84, 85, 86, 87, 88, 89, 90, 91, 92, 93, 94, 95, 96, 97, 98, 99, 100, 101, 102, 103, 104, 105, 106, 107, 108, 109, 110, 111.

63. GRUND

WEIL BILLSTEDT AUCH ZU HAMBURG GEHÖRT

Herr H. ging Richtung Depression. Die war laut Google Maps nur noch 17 unfreundliche Hamburger entfernt, also ganz nah. Eine gute Fee, sie hieß Kerstin Mö., kam auf einem Fahrrad angebraust und blieb mit quietschenden Bremsen neben Herrn H. stehen.

Sie machte auf die Schnelle ein, zwei Yoga-Übungen, um für diesen schweren Fall gewappnet zu sein, und sprach sodann: »Du bist unglücklich, das seh ich gleich.«

»Und ich seh sofort, dass du mich retten willst. Und in spätestens drei Minuten werden wir beide einsehen müssen, dass das nicht klappt. Ich bin nämlich ein hoffnungsloser Fall. Und du bist nachher nur frustriert.«

»Nein, das stimmt nicht. Ich bin nämlich eine gute Fee.«

»Ach so. Sorry, ich dachte, du bist Streetworkerin. Aber wenn du eine gute Fee bist, dann kannst du mir doch drei Wünsche erfüllen.«

»Das kann ich erst tun, wenn du die AGB akzeptiert hast.« Sie reichte Herrn H. einen dicken Ordner. »Unterschreiben musst du auf der letzten Seite, lesen kannst du es dann später.«

»Ja, gib her, ist mir eh alles egal. Ich würde mich jetzt sogar in eine Unterschriftenliste für die Umbenennung der Hein-Hoyer-Straße in Stefan-Effenberg-Straße eintragen.«

»Das ist sehr schön. Es brennt also noch Feuer in dir.«

»Ja, so kann man es auch sehen. In diesem Feuer verbrutzeln gerade Handtücher, die pro Stück 300 Euro kosten und in die Katzenbabys eingewickelt sind.«

»Also gut«, sagte die Fee. »Kommen wir zum Höhepunkt dieses kleinen Textchens, das ich von einem meiner Hiwis aufschreiben lasse. Das passiert allerdings nur aus Gründen der Qualitätskontrolle, und dein Name wird anonymisiert.«

»Wie meinen?«, fragte Herr H. verdutzt.

»Egalikovsky. Also, du hast die Wahl. Ich biete dir entweder eine hässliche nicht mehr funktionierende Telefonzelle in Altona oder eine tolle 4-Zimmer-Eigentumswohnung in Billstedt.«

»Oh Gott, Billstedt ist die Hölle. Da nehme ich doch lieber die Telefonzelle. Auch wenn ich nicht weiß, was ich damit anfangen soll.«

»Gu-hut. Also, die Telefonzelle ist dein.«

»Ja, okay. Scheiß drauf. Aber kann ich mir jetzt noch selber was wünschen?«

»Klaro, mein Junker. Der erste Wunsch wurde gesponsert, darum war er quasi vorgegeben. Aber die zwei anderen Wünsche sind frei.«

»Okay, mein erster Wunsch lautet: Ich will nie in Billstedt leben müssen. Nie nie nie. Billstedt ist die Hölle.«

»Das sagtest du bereits.«

»Ja, aber das kann man gar nicht oft genug sagen.«

»Okay, dann sei dir auch dieser Wunsch erfüllt. Du wirst nie in Billstedt leben.« Die gute Fee schrieb sich das in das Notizbuch, das sie aus ihrem weiten Faltenrock gezogen hatte. »Und nun bin ich verschärft interessiert daran, was dein letzter Wunsch ist, Boy.«

»Okay. Also, ich möchte auch dereinst nicht in Billstedt begraben sein.«

»Ernsthaft?«

»Ja. Das ist mein letzter Wunsch, und darüber diskutiere ich auch nicht.«

»Okäse. Gar kein Problem. Alles gut. Dufte. Geht gleich los. Büschen eigenwillig, der junge Herr, aber wie heißt es so schön, dein Wunsch sei mir Befehl. Also verkünde ich freuerlich, dass du niemals in Billstedt begraben sein wirst.«

»Das wär echt der Hit. Na ja, ich glaub ja immer noch, dass du mich verarschst, aber wenn doch nicht, dann ist das ja zumindest gebongt jetzt, dass ich nie groß was mit Billstedt am Hut haben werde. Billstedt ist nämlich die Hölle.«

»Ja, das haben wir jetzt alle verstanden. Dann sind wir beide so weit auch durch mit der Sache. Hier, ich geb dir noch meine Karte.« Die gute Fee reichte Herrn H. eine mit einer Warze bewachsene Visitenkarte. »Geh einfach mal auf meine Website und lad dir die App runter. Die zeigt dir auch an, wo deine Telefonzelle steht.«

»Okidoki. Dann mach es mal gut.«

»Das hab ich bereits gemacht. In der Tat, das hab ich bereits gemacht.«

Sprach's und schwang sich auf ihr Fahrrad. Ihre Knochen quietschten dabei ganz schauerlich. Dann fuhr sie so schnell davon, dass alle Blitzampeln im Umkreis von drei Kilometern aufleuchteten.

Herr H. kratzte sich am Kopf, und dann fiel ihm die Hand ab. Das war der Anfang.

DIE HAMBURGER BESETZEN DAS GÄSTEKLO, DIE GÄSTE MACHEN SICH VOR FREUDE IN DIE HOSE

64. GRUND

WEIL JUNGGESELLENABSCHIEDE KEINE JUNGGESELLENABSCHIEDE-ABSCHIEDE SIND

Wie in einem Albtraum: Eine alte Hexe, warzenförmig der ganze Leib und seit Jahrzehnten ungefickt, deshalb sehr böse und garstig, hatte die Stadt dereinst durch einen unglückseligen Zufall in der verschrumpelten Hand. Und weil sie es konnte und weil sie feucht und unverheiratet war, machte sie sich einen Spaß. Sie bot Pest und Cholera an. Sie hatte eine gute und eine schlechte Nachricht für die bibbernde Metropole. Die gute: Hamburg darf selbst entscheiden. Die schlechte: Hamburg ist saublöd.

Hamburg war vor die fiese Wahl gestellt: entweder Dauerregen oder Junggesellenabschiede.

Hamburg hat sich falsch entschieden. Dauerregen hört sich ja auch erst einmal furchtbar an und Junggesellenabschied hingegen nach Spaß. Hinterher weiß man es natürlich immer besser.

Permanenter Regen hätte einen gewissen Charme gehabt. Hamburg wäre dadurch wirklich zu einer besonderen Stadt geworden. Bedeutende düstere Filme wären in Hamburg gedreht worden. Melancholiker wären unter schwarzen löchrigen Regenschirmen durch die Stadt gewandelt und hätten herrlich geseufzt. Die Menschen hätten besser geschlafen, vom Plätschern des Wassers aus der Dachrinne aufs Herrlichste entspannt. Wer Regen nicht mag, hätte ja wegziehen können, so einfach wäre das gewesen. Und Olaf Scholz wäre mit seiner Glatze tatsächlich der ideale Bürgermeister der Regenstadt gewesen.

Na ja, was soll die Fantasterei, es ist anders gekommen (wenn Sie ganz leise sind, hören Sie die Hexe hinter jeder dritten Wand gegen den Uhrzeigersinn kichern), und so regnet es nur jeden zweiten Tag in Hamburg. Und Olaf Scholz ist eine ganz traurige Gestalt, die es auch nicht verhindern kann, das Aufwachen aus dem Albtraum, in einen Albtraum hinein.

Junggesellenabschiede in Hamburg. Es ist eine Schande. Die Bierbikes wurden verboten, aber die Horden betrunkener Volldeppen sind weiterhin jedes Wochenende auf dem Kiez unterwegs. Teilweise reisen sie sogar extra an, die zukünftigen Ehemänner mit ihren spaßwütigen Kumpels, aber auch immer häufiger die Bräute und ihre »Medels«, alles beste Freundinnen, jede einzelne von ihnen, sie unterscheiden sich nur durch den Grad der Unerträglichkeit ihrer Lache voneinander.

Zur Ausstattung solcher Stoßtruppen ins Kleinhirn der Zivilisation gehört meist auch ein Bauchladen, darin irgendwelcher Klimbim, den der Bräutigam/die Braut an Passanten verkaufen muss. Außerdem trägt jede Gruppe einheitliche T-Shirts, auf denen so etwas steht wie *Game over* oder *Sorry Girls, ich heirate* oder *Team Braut*. Oder vielleicht auch *Wir sind so dermaßen hohl, das könnt Ihr Euch in Euren kühnsten Träumen nicht vorstellen*. Die Frauen tragen meistens noch irgendwelche Diademe und Schärpen (*Braut-Security*), die Männer Seppelmützen oder Bierhelme.

Sie haben beschlossen zu feiern, also machen sie das, koste es, was es wolle, das ziehen sie jetzt durch, da werden gerne auch mal ein paar Gehirnzellen mehr dem Vollrausch geopfert. Denn die oberste Devise ist: die Sau rauslassen. Also tun sie das, und die Säue traben grunzend und grölend durch die Straßen der Weltstadt Hamburg.

Sich danebenzubenehmen, ist eine herrliche Disziplin, man muss überhaupt nichts dafür können, man muss nur das Gegenteil von dem tun, was intelligente Menschen machen würden. Das kriegen sie hin. Die Frauengruppen kreischen mehr, die Männergruppen trinken mehr, ansonsten sind die Unterschiede marginal. Okay, die Männer haben natürlich mehr Erfahrung mit dem Kotzen (sollte noch vor Mitternacht passieren, sonst war der Spaß nicht so geil), die können das mit einer Bierflasche in der einen und einem Hotdog in der anderen Hand. Die Frauen hingegen müssen sich gegenseitig die Haare aus dem Gesicht halten, und danach trösten sie sich, bis die erste zu kichern anfängt. Dann machen sie ein Gruppen-Selfie, Angie kann gut mit Photoshop umgehen und die Kotzbröckchen auf den T-Shirts später wegretuschieren. Die Männer würden die Kotzflecken auf ihrer Kleidung durch Bildbearbeitung lieber noch etwas hervorheben wollen.

Nach dem zweiten Mal Kotzen sind die Männer so richtig in Stimmung. Und so stolpern sie durch die Herbertstraße, um mit den Prostituierten zu flirten, indem sie zum Spaß über Preise für Analsex verhandeln – also einer von ihnen, die anderen stehen grinsend um ihn herum.

Wenn sich eine Junggesellen- und eine Junggesellinnengruppe zufällig begegnen, dann bleiben sie voreinander stehen und blöken sich an. So stehen sie dann noch eine ganze Weile und blöken weiter. Irgendwann blöken sie nur noch. Stehen tun sie nirgends mehr, nicht einmal im Regen. Made in Hamburg.

65. GRUND

WEIL DER 1. MAI DER TAG DER ARBEIT DES GEHIRNS SEIN SOLLTE

Hey, Ihr autonomen Eintagsfliegen, warum noch mal seid ihr die Coolsten von allen? Ah ja, genau.

Mülltonnen anzünden und Polizisten mit Steinen bewerfen, davon haben viele schon als Kind geträumt. Während die meisten später aber nur Lokomotivführer oder Astronaut geworden sind, habt ihr eure Träume verwirklicht.

Scheiben einwerfen (bevorzugt die von Banken und Supermärkten, aber wenn ein verirrter Passant zufällig im Weg steht, dann sind seine Brillengläser Scheibe genug, dafür darf man auch einen Strich in der Liste machen), Autos abfackeln (wenn es irgendwie geht, Mercedes-Bonz). Ihr seid so konsequent: nicht frisiert, aber auf Krawall gebürstet. Und das alles für »Gegen Ausbeutung und Unterdrückung«.

Was macht ihr eigentlich an den restlichen 364 Tagen des Jahres? Ist nach dem 1. Mai vor dem 1. Mai? Zeit also, um in den Fotoalben zu blättern?

»Guck, da kann man mich trotz des Tuches vor dem Gesicht eindeutig erkennen. Diese elegante Körperhaltung beim Brüllen des Wortes ›Kapitalistenschweine‹.«

Die Revolution dauert 24 Stunden, die anderen 8.736 Stunden lassen sich sicherlich vortrefflich nutzen, um die Heldentaten immer wieder von vorne zu erzählen. Weil den Bullen habt ihr es schließlich gezeigt, aber so richtig.

Ernsthaft, was macht ihr sonst so? Arbeitet ihr an einer Drogenkarriere? Oder als Stuntman in der *Lindenstraße*? Spielt ihr in einer Band namens *Stuss und Überdruss*? Und wer von euch bewirbt sich nur zum Spaß auf irgendwelche Jobs? Als Bademeister im Blutbad beispielsweise. Oder als Markus Lanz in einem pornografischen Roman.

Hamburg lockt am 1. Mai die Deppen an, die denken, dass in der schönsten Stadt der Welt Zerstörung bestimmt noch mehr Wirkung entfaltet.

Man muss ihnen ja glauben, dass ihnen tatsächlich nach Revolution ist und dass sie das ernst meinen. Denn wenn man es ihnen nicht glauben würde, müsste man sie für Idioten von der Größe der allergrößten Frechheit halten, welche wiederum die Größe einer Gruppe hat, die sich zusammensetzt aus allen Menschen, die nicht Erich heißen und nicht schon einmal bei Domian angerufen haben.

Und es spricht leider auch nicht für diese Krawallmacher, dass das Verhalten der Gegenseite ebenfalls keinen Anlass gibt, deren Protagonisten zum Spargelessen einzuladen. Die Polizei zeichnete sich in den letzten Jahren nicht gerade durch deeskalierende Gesten aus. Im Gegenteil, da wurde Hamburg zum wiederholten Male kurzerhand zur größten Freiluft-Aufstandsniederschlagungs-Gerätemesse Europas erklärt. Und die Aussteller präsentierten stolz ihren Eifer des Gefechts. Und im Eifer des Gefechts warfen Wasserwerfer Wasser auf Steinewerfer, die Steine warfen. Schnick, Schnack, Schnuck. Alle verlieren.

Alle verlieren, das wäre ein guter Abschluss für diesen Text. Aber jetzt ist ja »Alle verlieren, das wäre ein guter Abschluss für diesen Text« der Abschluss. Wobei das jetzt schon wieder falsch ist, weil nun »Aber jetzt ist ja ›Alle verlieren, das wäre ein guter Abschluss für diesen Text‹ der Abschluss« ist. Huch, Aktualisierung, der Abschluss für diesen Text ist jetzt offensichtlich »Wobei das jetzt schon wieder falsch ist, weil nun »Aber jetzt ist ›Alle verlieren, das wäre ein guter Abschluss für diesen Text‹ der Abschluss‹ ist«. Langsam reicht es, weil was ist, wenn dieses Buch wirklich jemand liest, dann wird der sich sicher nicht dafür interessieren, dass seit Neuestem der Abschluss für diesen Text »Huch, Aktualisierung, der Abschluss für diesen Text ist jetzt offensichtlich ›Wobei das jetzt schon wieder falsch ist, weil nun ›Aber jetzt ist ›Alle verlieren, das wäre ein guter Abschluss für diesen Text‹ der Abschluss‹ ist« lautet. Der Verleger wird auch schon nervös, weil er dachte, dass »Langsam reicht es, weil was ist, wenn dieses Buch wirklich jemand liest, dann wird der sich sicher nicht dafür interessieren, dass seit Neuestem der Abschluss für diesen Text »Huch, Aktualisierung, der Abschluss für diesen Text ist jetzt offensichtlich ›Wobei das jetzt schon wieder falsch ist, weil nun ›Aber jetzt ist ›Alle verlieren, das wäre ein guter Abschluss für diesen Text‹ der Abschluss‹ ist« lautet« nun wirklich der letzte Satz dieses Textes ist.

Der Autor fasst also den Entschluss, dass nicht »Der Verleger wird auch schon nervös, weil er dachte, dass ›Langsam reicht es, weil was ist, wenn dieses Buch wirklich jemand liest, dann wird der sich sicher nicht dafür interessieren, dass seit Neuestem der Abschluss für diesen Text ›Huch, Aktualisierung, der Abschluss für diesen Text ist jetzt offensichtlich ›Wobei das jetzt schon wieder falsch ist, weil nun ›Aber jetzt ist ›Alle verlieren, das wäre ein guter Abschluss für diesen Text‹ der Abschluss‹ ist‹ lautet‹ nun wirklich der letzte Satz dieses Textes ist« der Abschluss seines Textes ist, sondern dass der Text ohne guten Abschluss bleiben muss. So verlieren tatsächlich alle Beteiligten.

66. GRUND

BECAUSE OF THE SCHOOL BUS DRIVING INSANE

Die Bierbikes wurden von Hamburgs Straßen verbannt. Das war gut, das war richtig, das war notwendig. Aber es war leider zu kurz gedacht. Denn da die Ex-Bierbikefahrer fatalerweise nicht in dunkle Kellerverliese gesperrt worden sind, suchen die sich natürlich andere Möglichkeiten, ihre drei hervorstechendsten Fähigkeiten weiterhin öffentlich zur Schau zu stellen: das Saufen, das Grölen und das Verdummen.

Und sie sind schnell fündig geworden. Die Ex-Bierbikepiloten mieten sich fortan einfach einen amerikanischen Schulbus samt Fahrer und lassen sich damit durch Hamburg chauffieren. Im Mietpreis inbegriffen ist natürlich auch die Reinigung. Da können die hohlen Volldeppen sich also ohne Bedenken so richtig schön volllaufen lassen. So voll, dass es wieder aus ihnen herausschwappt, wenn der Bus in eine Kurve fährt. Der Bus ist mit einem sehr strapazierfähigen Industrieboden ausgelegt, wie der Hamburger Anbieter DeineLimo.de hervorhebt. Außerdem noch an Bord neben der »Top-Soundanlage«: »2 Laser«, »2 Gogo-Stangen«, »1 Nebelmaschine«. Und natürlich eine Bar »mit LED-Beleuchtung«.

Und so fährt ein hoffentlich durch mindestens zwei Weltkriege abgehärteter und durch nichts mehr zu erschütternder Fahrer einen Trupp von maximal 15 Gute-Laune-Zwangsgestörten durch die Stadt. Und während der Fahrt stehen die Vollpfosten dann an den offenen Fenstern und grölen die Passanten auf den Gehsteigen mit lustigen Sprüchen an (»Saufen, saufen, saufen« oder »Ficken, ficken,

ficken« oder »Rimbaud war blöd, Rimbaud ist blöd, Rimbaud wird blöd sein«). Jeder soll schließlich mitkriegen, dass hier Genies auf ihrer langen Reise zu sich selbst unterwegs sind und dabei bei jeder einzelnen Gehirnzelle haltmachen, um umzusteigen.

Wer in einem solchen Bus durch die Stadt fährt, der muss richtig blöd sein. Andererseits kann man ja nie wissen, möglicherweise handelt es sich auch um Touristen, die aus einem völlig anderen Kulturkreis stammen. Vielleicht hat dieses seltsam anmutende Gebaren für sie eine ganz andere, gar religiöse Bedeutung. Man sollte deshalb nicht allzu vorschnell ein Urteil fällen über diese Menschen aus Pinneberg, die auf ihrer großen Reise auch durch Hamburg kommen und ihre hervorragenden Deutschkenntnisse mit komplizierten Schlachtrufen unter Beweis stellen: »Wer ist besser als wir? Wir mit Bier!«

Und was machen die Passanten, wenn so ein amerikanischer Schulbus an ihnen vorbeifährt? Lassen Sie den amerikanischen Schulbus an sich vorbeifahren? Mitnichten. Sie steigen ein. Also nicht in den Bus, der ist ja schon total voll. Aber in den witzigen Gedankenaustausch.

Da grölen beispielsweise die Spaßmacher im Bus zu einem Pärchen nach draußen.

Rhythmisch und anfeuernd: »Hey hey hey hey.«

Klar, ist ja auch ein Pärchen. Das heißt, gleich wird gefickt. Mitten auf der Straße, Einkaufstüten weggeschleudert und übereinander hergefallen. Was sonst machen Pärchen?

Und was macht der Mann? Er verbeugt sich, zieht einen imaginären Hut. Er hätte auch einen riesigen Vorschlaghammer schwingend auf den Bus zulaufen können. Was sonst machen Männer, wenn sie keine Erektion zustande kriegen? Und wenn er keinen Vorschlaghammer dabeihat, dann könnte er zumindest mit den Fingernägeln seiner Frau die Reifen des Busses zerstechen. Oder mit einer Taube nach dem Bus schmeißen. Oder mit Taubendreck schmeißen. Oder alles ignorieren.

»Mach sie klar«, grölt der Bus jetzt.

»Mach sie klar, mach sie klar, mach sie klar.«

Und was macht der Mann? Er ruft zurück: »Hab ich schon. Hab sie schon vor sechs Jahren klargemacht.«

»Gröl! Gröl! Gröl!«

Und wie gerne würde der Mann zurückgrölen. Aber so hat er nur glasige Augen. Weil er noch nie in so einem Bus gefahren ist und gar nicht genau weiß, wie sich das anfühlt. Aber es muss irgendwas mit geil, supergeil oder supermegageil sein.

Und so kriegen die Bus-Deppen im Deppen-Bus die Resonanz, die sie sich so sehr gewünscht haben. Es muss sich ja schließlich auszahlen, 270 Euro für eine Stunde in einem amerikanischen Schulbus hinzulegen, der nirgendwo ankommt.

Schade, dass die Hamburger keine Spaßbremsen für die Spaßbusse sind. Aber 110 Gründe hätten schließlich auch nicht für dieses Buch gereicht.

67. GRUND

WEIL IN HAMBURG TOURISMUS NOCH IMMER NICHT VERBOTEN WORDEN IST

Als würden die Hamburger mit all ihren negativen Eigenarten und Spleens und mit ihren Unzulänglichkeiten nicht schon schlimm genug sein, lockt die Stadt auch noch massig Touristen an.

Und raten Sie mal, welche Menschen Hamburg besuchen. Sind es ehemalige Schachweltmeister? Oder aktuelle Nobelpreisträger? Gar zukünftige Heilige?

Nein, mitnichten. Es kommen ehemalige, gegenwärtige und künftige Musical-Fans. Kegelklubs in einheitlichen T-Shirts. Menschen mit eitrigen Pickeln. Eitrige Pickel mit Menschen. Leute, die bis eine Milliarde zählen können und dies auch tun, wenn man ihnen sagt, man glaube nicht, dass sie das schaffen. Kaninchenzüchter mit Alkoholproblemen. Frauen von Kaninchenzüchtern mit Alkoholproblemen. Frauen von Kaninchenzüchtern mit Alkoholproblemen, die selber ein Alkoholproblem haben. Kaninchenzüchter ohne Frauen und Probleme. Problemtypen, die keine Problemhaut, aber ansonsten alle denkbaren Probleme haben. Regen-Fans. Ich-hab-nichts-gegen-Ausländer-aber-Sager. Ich-hab-nichts-gegen-Intelligenz-aber-Denker. Junggesellenabschiedstrupps. Wind-Fans. *BILD*-Leser. Schnauzbartträger, die sich auf St. Pauli einen Vollbart tätowieren lassen wollen, damit sie cooler aussehen. Traurige Kleinaktionäre. Unlustige Witzeerzähler. Brüllende Familien. Masochistische Sadisten. Viele Vielfraße. Und viele viele andere.

Die Touristen verstopfen die Stadt. Die Touristen stehen noch mehr im Weg als Einheimische. Die Touristen sprechen schlimme Dialekte. Die Touristen wollen Hamburg unbedingt toll finden und sind deshalb übermotiviert. Sie versagen auf ganzer Linie.

Hamburg-Touristen schlafen nicht. Sie eilen von einem Hamburger Highlight zum nächsten. Sie machen Stadt- und Hafenrundfahrten. Sie weinen in billigen Musicals und in teuren Restaurants. Sie sind geil auf Shopping in der Mönckebergstraße und shoppen Geilheit auf der Reeperbahn. Sie haben rote Köpfe in den Striplokalen und die roten Schuhe im Kopf, die in dem einen Laden herabgesetzt waren. Sie kaufen Fischbrötchen und HSV-Waschlappen. Sie laufen durch den Regen und durch Museen, in denen Regenschirme ausgestellt werden. Sie gehen ins Ohnsorg-Theater und in die Knie vor Hamburgs riesigem Angebot an sorgenfreier Unterhaltung. Sie wissen gar nicht, wo sie ihre aufgedunsenen Leiber noch hinschicken sollen. Sie sind orientierungs- und hoffnungslos.

Hamburg-Touristen sind wahre Naturtalente. Denn obwohl sie im Gegensatz zu den Einheimischen nicht dafür ausgebildet sind, machen sie Hamburg dennoch höchst zuverlässig zu einem noch schlimmeren Ort.

Hamburg-Touristen kann man also auch getrost von der Zukunft der Menschheit abziehen.

Zukunft der Menschheit = Bäume + Bienen + Menschen – Hamburger – Hamburg-Touristen – Menschen, die dieses Buch nicht lesen – andere hoffnungslose Fälle – Scooter – Scooter-Fans – Frauen, die mit Scooter-Fans ohne Verhütung Sex haben

68. GRUND

WEIL URLAUBSKARTEN AUS HAMBURG NUR DEPRIMIEREND SEIN KÖNNEN

Lieber Helmut,
auch wenn es nur Hamburg ist, ist es ja trotzdem Urlaub. Darum auch die üblichen Urlaubskartenbemerkungen: Das Wetter ist oben. Es hat schon lange nicht mehr geregnet. Zuletzt um 14 Uhr. Das Essen ist auch da. Ich war noch nie in Essen, fällt mir dabei auf. Schade eigentlich. Was hätte das für eine Karte werden können, wäre ich nur nach Essen gefahren.
  Gruß, Dein Peter

Liebe Mama,
ich wollte auf diesem Wege endlich mal Bescheid sagen, dass ich damals gar nicht in Borneo entführt worden bin. Ich bin in Wahrheit nach Hamburg, weil ich hier drogenabhängiger und freier werden wollte. Es hat geklappt, bin jetzt Drogenabhängiger und Freier. Hab mich in eine Prostituierte verliebt. Und stell dir vor, sie sieht aus wie du vor 20 Jahren.
  Tut mir leid, dass ich mich erst jetzt melde.
  Dein Sohn Markus

Lieber Herr Gesangsverein,
ich bin so happy. War in den letzten 5 Tagen in 15 Musicalvorstellungen, und nun ist meine Seele ein glücklicher Schmetterling.

Hamburg ist die schönste Stadt der Welt, und die Leute sind so supernett hier. Als ich mir gestern vor lauter Freude, hier sein zu dürfen, in die Hose gepinkelt habe, haben einige Leute zwar Fotos gemacht, aber sie haben mir danach alle versprochen, diese gleich wieder zu löschen.

Ich liebe fast jeden, der dies liest.

Eure Königin der Löwen

69. GRUND

WEIL DIE REEPERBAHN NÜCHTERN ODER GLÜCKLICH NICHT ZU ERTRAGEN IST

Auf der Reeperbahn und im näheren Umkreis sind keine Waffen erlaubt. Auch Trink-Behältnisse aus Glas dürfen nicht mitgeführt werden. Das liegt daran, dass die Stimmung auf der weltbekannten Amüsierstraße ja stets so formidabel ist, dass es schon einmal vorkommen kann, dass der eine oder andere friedliebende Kulturfreund vielleicht etwas übermütig wird und seine Zufriedenheit mit einem gewaltigen Freudensprung auf die Sollbruchstelle im Genick eines zufällig vor ihn hingestolperten Passanten zum Ausdruck bringen möchte. Da würden spitze Gegenstände oder ultraschnelle harte Kügelchen ausspuckende Gerätschaften im Überschwang der Gefühle möglicherweise erst recht zu falsch verstandenen Botschaften führen. Und wenn diese Gesten der Aufmerksamkeit jemand missversteht (oder partout missverstehen will) und sie zu ernst nimmt, dann führt das eventuell noch zu realistischen Verletzungen. Muss ja nicht sein. Penisse, hart wie Schlagstöcke, sind allerdings sehr willkommen. Die Reeperbahn ist ja schließlich die »geile Meile«, wie Jan Delay, the artist formerly known as Udo Lindenberg, singt.

Die Reeperbahn will alle. Und einfältige Touristen, die auf der Reeperbahn das Reeperbahnmäßige suchen, von dem sie schon so viel gehört haben, und schließlich das Reeperbahnmäßige finden, von dem sie künftig ganz viel erzählen können, sind sowieso die Ehrengäste. Selbst Pinneberger und Lobotomierekonvaleszenten sind gern gesehen. Sie suchen nur das Übliche: den Alkoholpegel, bei dem sie Pinkeln und Bezahlen gerade noch so unterscheiden können.

»Auf der Reeperbahn wird jeder glücklich«, schreit einer.

»Außer der klügste Mensch der Welt vielleicht«, brüllt ein Intellektueller, der sich nur zufällig hierher verirrt hat, zurück.

Und der unglücklichste Mensch auf der Welt wird selbstverständlich auch nicht glücklich auf der Reeperbahn. Und der größte Mensch der Welt wahrscheinlich auch nicht. Der empfindlichste Mensch der Welt und der älteste Mensch auf der Welt und der Typ, der Adolf Hitler am ähnlichsten sieht, und der Mensch mit dem höchsten Blutdruck und die Frau mit den längsten Haaren und der Typ mit den längsten Fußnägeln auf der Welt auch nicht. Vom Mann mit der am weitesten spritzenden Eiterbeule wollen wir erst gar nicht reden.

Es gibt dann doch so einige Individuen, die auf der Reeperbahn ihr Glück nicht finden würden, wenn man es genau betrachtet. Selbst der zweitklügste Mensch auf der Welt, der Adolf Hitler sehr ähnlich sieht und trotzdem zumeist total glücklich ist, würde dort nicht froh sein.

»Die Reeperbahn ist eine Einbahnstraße in die falsche Richtung«, brüllt ein künftiger Frauenarzt aus dem Leib seiner Mutter, die auf der Reeperbahn Schwefelhölzchen verkauft.

Wenn Sie wissen wollen, was mit »Menschen, mit denen man nicht in einem Aufzug stecken bleiben wollen würde« oder mit »Leute, mit denen man keine Reitgemeinschaft bilden möchte« gemeint ist, gehen Sie am Wochenende abends über die Reeperbahn. Die Reeperbahn ist schmuddelig und schäbig. Und das Schlimme ist, genau damit wirbt sie ja für sich. Und zwar erfolgreich. Die Menschen kommen in identitätsstiftenden Gruppenkonstellationen aus den entlegensten Winkeln angereist, um ihre frisch geduschten Körper an dieser Schmuddeligkeit zu reiben. Aus Pinneberg kommen die Ungeduschten.

Wer Sex sucht, kann ihn finden. Wer keinen Sex sucht, kann ihn trotzdem finden. So manchem wird der Sex geradezu aufgedrängt. Wer Sex hatte, der kann ihn nicht mehr verlegen. Weder in eine zu vermeidende Zukunft, noch in ein anderes Subgenre von Unzurechnungsfähigkeit. *Brought to you by the director of film riss.*

Nur Saufen ist natürlich einfacher, und wenn man dabei dann doch das Pinkeln und Bezahlen verwechselt, ist das bei Weitem nicht so tragisch, als wenn einem das beim Sex passiert.

Die Reeperbahn ist wahrlich Science Fiction. Auf diesem Planeten gibt es Wesen, die ganz ohne Verstand wahnsinnig interessante Theorien aufstellen, die nur mit Mühe oder mit Hirn widerlegt werden können.

Zum Beispiel: Ich werde die erste Reihe bei deiner Beerdigung ficken.

Oder: Die Frau meiner Zwillinge ist bei der Geburt meiner Mutter gestorben.

Oder: Einer geht noch, einer geht noch rein.

Tja.

WARUM WOLLTEN SIE SICH EIGENTLICH DAS LEBEN NEHMEN, FRAGTE DER PSYCHIATER

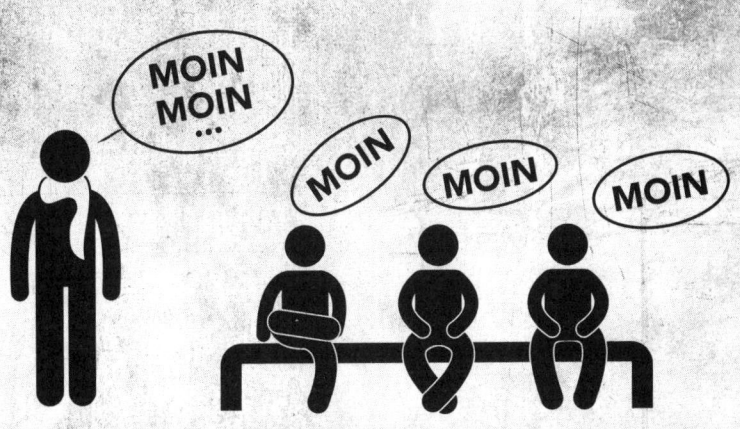

70. GRUND

WEIL ES IN HAMBURG MEHR FAHRRADDIEBE GIBT ALS LESER DIESES BUCHES

Kaufen Sie sich in Hamburg ein Fahrrad und schließen Sie es mit sieben Fahrradschlössern hinter sieben Kellertüren für sieben Jahre ein. Danach benutzen Sie es. Nach einer Woche wird es geklaut werden. Aber dass Sie es über sieben Jahre lang in Besitz hatten, das ist statistisch gar nicht mal so schlecht, zumal für Hamburg. Hier fahren nur so viele Leute irgendwelche Luxusschlitten, weil ihnen davor einfach ein Fahrrad nach dem anderen gestohlen worden ist. Auch die Selbstmordrate ist deswegen in Hamburg ziemlich hoch. Das liegt daran, dass sich nicht jeder einen Luxusschlitten leisten kann. Und wie schön ist die schönste Stadt der Welt noch, wenn man sie nicht aus einem Porsche oder Ferrari betrachten kann? Darum bringen sich in Hamburg eben viele arme Schlucker um.

Und die armen zurückgebliebenen Frauen der armen Schlucker wollen anschließend gerne Luxuswagenbesitzer heiraten. Diese aber wollen keine billigen Frauen, weil diese als Beifahrerinnen den Wert ihrer Autos mindern würden.

Aber auch die Fahrraddiebe sind nicht unbedingt zufrieden. Es ist das gleiche Phänomen wie an den Supermarktkassen. Viele Fahrraddiebe klagen darüber, dass sie sich jedes Mal in der falschen Schlange anstellen und sehr lange warten müssen, bis sie endlich dran sind. Dann seien die guten Fahrräder alle schon weg. Manche von ihnen werden deshalb auch zu Selbstmördern und rasen mit einem gekauften Fahrrad gegen einen Baum, an dem sich gerade einer erhängen will, weil ihm zum 20. Mal ein Fahrrad geklaut wurde.

In Hamburg sind Sie als Fußgänger viel besser dran. Schuhe werden viel seltener geklaut.

Und wenn Sie gleich ganz zu Hause bleiben, kann Ihnen so gut wie gar nichts passieren. Dann können Sie die Vorhänge zuziehen und sich vorstellen, dass Sie gar nicht in Hamburg sind. Und wenn Sie nicht in Hamburg sind, dann brauchen Sie sich auch nicht das Leben zu nehmen. Und wenn ein Fahrraddieb durch Ihr Wohnzimmer schleicht, dann denken Sie sich nichts dabei. Der will nur gucken, ob Sie einen Heimtrainer haben. Haben Sie natürlich nicht, Sie sind ja nicht doof.

Generell ist es empfehlenswert, den Spieß umzudrehen: Sie sollten Ihr Geld nicht immer wieder für neue Fahrräder oder am Ende gar für einen Luxusschlitten ausgeben, stellen Sie stattdessen lieber einen eigenen Fahrraddieb an. Wenn Sie einen finden, der leidenschaftlich gern Räder klaut, dann brauchen Sie ihm nicht einmal den Mindestlohn zu bezahlen. So kommen Sie insgesamt am günstigsten weg. Und Sie können sich sicher sein, dass Ihnen immer ein Fahrrad zur Verfügung steht, wenn Sie ausprobieren wollen, wie gut Ihre Luftpumpe funktioniert.

71. GRUND

WEIL DER WIND EIN SHITSTORM IST

Wind ist ein Segen, wenn man mit einem Segelboot vor einer Horde Nazis flüchten muss. Aber auch für die Nazis ist Wind so etwas wie der beste Freund, wenn sie auf einem Segelboot ihre Opfer jagen. Der Wind macht eben keinen Unterschied zwischen guten Menschen und schlechten. Darum kann man wohl mit Fug und Recht sagen, dass er im Allgemeinen kein vertrauenswürdiger Charakter ist.

In Hamburg ist Wind aber noch schlimmer. Er ist extrem aufgeblasen und immer und überall. Er ist wie ein aufdringlicher Arzt, der einem eine schlimme Diagnose mitteilen will und deswegen unablässig brüllend neben einem her rennt. Der Hamburger Wind ist mehr als lästig, er ist wie Fingernägel, die pro Stunde zwei Zentimeter wachsen.

Atmen Sie ruhig ordentlich ein, schnaufen Sie den Feinstaub und das Stickstoffdioxid weg, aber atmen Sie doch bitte nicht jedes Mal wieder aus, hier ist doch schon so viel Wind. Hamburgs pickeligste Jugendliche treten die Blasebälge und machen Überstunden, ohne zu jammern. Der Wind ist das, was in dieser Stadt von vorne kommt. Von oben kommt Regen. Von unten der Stresspegel. Und von hinten ein Einheimischer mit Megafon. Er zählt alle Arten auf, wie man sich in Hamburg das Leben nehmen kann.

Der Wind soll hier angeblich sogar einen eigenen Dolmetscher haben. Der brüllt also den ganzen Tag vor sich hin: »Fahrt zur Hölle, ihr blöden Schweinehunde.«

Aber warum ist der Wind so heftig hier? Warum ist nicht der Orgasmus so heftig oder der Sommer? Warum ist Hamburg so eine laute und hässliche Windfabrik?

»Das liegt an der Nähe zum Meer«, sagt Malte.

»Das ist Quatsch«, antwortet Malte.

»Es liegt daran, dass alles so flach ist, hier oben im Norden«, behauptet Malte.

»Du meinst, weil es keinen Widerstand für den Wind gibt«, fragt Malte nach.

»Wahrscheinlich«, glaubt Malte.

»Auf jeden Fall ist der Wind toll«, strahlt Malte. »So erfrischend und belebend.«

Hauen Sie dem nächstbesten Malte eins auf die Schnauze. Fragen Sie ihn danach erst nach seinem Namen. Jeder, der Staub auf seinem Kopf liegen hat, steckt mit dem Wind unter einer Decke.

Der Wind hat die Hamburger Ehrenbürgerschaft inne. Er hat einen Hüftschaden und liest die *BILD*. Er ist entfernt verwandt mit einem Mann, der unbedingt ein Selfie vor Peter Sloterdijks Penis machen möchte.

Statt Mundgeruch wegzupusten, weht der vermaledeite Wind alle Mundgerüche aus einem Umkreis von mindestens 50 Metern zu einem heran.

Der Hamburger Wind kann wahrscheinlich sogar Pickel ausdrücken, so wie der einem ins Gesicht fährt. Dieser Wind ist wie ein bereits ausgeschalteter Fernseher. Man kann ihn nicht ausschalten.

Und als ob es nicht genug wäre, rennt im Herbst eine ganze Armee stumpfer Gesellen mit Laubbläsern auf den Hamburger Straßen herum. Wind ist eines der irren Hobbys in dieser Stadt. Neben dem Einparken-Beobachten und dem Aussterben-Verweigern. Der Hamburger Wind ist wie ein Shitstorm gegen den einzigen Menschen, der sich traut, die Wahrheit zu sagen. Der, der sich daranmacht, die Luft für immer anzuhalten. Amen.

72. GRUND

WEIL ICH, NACHDEM ICH NACH HAMBURG GEZOGEN BIN …

… innerhalb eines Jahres fast 15 Kilo zugenommen und drei Jahre später auch noch eine Glatze bekommen habe, sodass ich in der Folge nur noch bei den eher mittelmäßigen Hamburger Frauen landen konnte, die dann immer sagten »Lass mal meine Eltern besuchen« statt »Lass UNS mal meine Eltern dieses Wochenende nicht besuchen, sondern lieber ordentlich ficken«, da war es dann auch kein Wunder, dass ich depressiv wurde, was mir außerhalb Hamburgs nie passiert ist, aber außerhalb Hamburgs wurde ich auch noch nie beinahe zusammengeschlagen, hier wäre mir das aber um ein Haar passiert und zwar deswegen, weil ich lachen musste, als so ein Typ sagte, Hamburg sei die schönste Stadt der Welt, ich hatte noch nicht mal eine Minute darüber gelacht, da hatte er auch schon ausgeholt, aber meine Gegenfrage, ob er denn schon mal in Humbug gewesen sei, denn wenn er Humbug nicht kenne, dann wisse er rein gar nichts über schöne Städte, ließ ihn glücklicherweise den einen entscheidenden Moment innehalten, ausreichend Zeit für mich, meinem schweren Leib zur Flucht zu verhelfen, und genau das wurde in der Folge zum Dauerzustand für mich, ich fühlte und fühle mich in Hamburg andauernd auf der Flucht, auf der Flucht vor der Unsterblichkeit und vor den vielen Menschen, die hier »Moin« sagend aus allen zur Verfügung stehenden Türen, Durchgängen und Nischen herauskommen, immer dann wenn ich gerade daran vorbeigehe, dabei sehen sie aus wie Menschen, die auch gern wieder in diesen Türen, Durchgängen und Nischen verschwinden könnten, aber das tun sie nicht, sie bleiben in meinem Leben und sehen darin aus wie Menschen, die mein Dasein lächelnd ein- und ausatmen, die alles wissen, was ich nicht wissen will, die alle laut denken und meine Gedanken verdrängen, es ist wie die Inszenierung eines schleichenden Wahnsinns, Hamburg ist das Dach, von dem ich mich stürzen soll, und unten wartet ebenfalls Hamburg, ganz klebrig und weich, es gibt kein Entrinnen, dieser ganze Stress ließ mich innerhalb kurzer Zeit 25 Kilo abnehmen, wenn ich noch Haare hätte, wären die mittlerweile bestimmt grau, wenn nicht gar schlohweiß, manchmal, wenn das irre Kichern kurz mal nachlässt, das mich für gewöhnlich schüttelt und rüttelt, denke ich an eine bessere Zukunft, dann schöpfe ich Hoffnung, aber Hamburg ist wie eine Wahrsagerin, die mir sagt, dass ich Wahrsagern besser nicht trauen sollte, wenn sie mir sagen, dass ich nur träume, dass ich nach Hamburg ziehen werde und dort niemals ankomme. Dem ist nichts mehr hinzuzufügen.

73. GRUND

WEIL HSV LEIDER NICHT FÜR HUNDERT SEXY VERSICHERUNGSVERTRETER STEHT

Der HSV spielt Fußball. Das ist grundsätzlich eine gute Art, seine Zeit zu verbringen (Zeit verbringt man schließlich auch, indem man Drogen verkauft oder Hitler-Porträts in Öl malt). Sport ist einer von den guten Zeitvertreiben. Und Fußball ist ein schöner Sport. Das muss man ausdrücklich dazusagen. Denn wenn man dem HSV beim Spielen zuguckt, tritt das leider nicht ganz so deutlich zutage.

Warum der HSV nun schon seit Jahren so unfassbar schlecht spielt, das vermag niemand so recht zu sagen. Vielleicht liegt es an den Trikots. Es sind nämlich die hässlichsten Trikots weit und breit. Und, man muss es leider sagen, die Fans des HSV sind auch nicht schöner. Ja, vielleicht liegt es an denen. Wer mal mit einem Pulk grölender HSV-Fans in einem S-Bahn-Wagen eingesperrt war, der hofft inständig, dass an dem Gerede von innerer Schönheit was Wahres dran sein möge. Wenigstens ein schöner Darm sei diesen Arschlöchern vergönnt, könnte man da sagen. Aber natürlich nur, wenn man die HSV-Fans nicht mögen würde. Wofür man ja erst einmal gute Gründe bräuchte. Denn sie mögen zwar spotthässlich sein, ja, das stimmt, aber was ist das für eine oberflächliche Betrachtungsweise. Das kann man doch nicht bringen. Auch hässliche Menschen können gute Menschen sein. Wer weiß, vielleicht sind HSV-Fans neben ihrer Unansehnlichkeit eigentlich ganz knorke und arbeiten ehrenamtlich für den Tierschutzbund. Vielleicht werden HSV-Fans verkannt, nur weil sie missgestaltet sind. Na gut, singen können sie auch nicht. Das könnte für einen Musical-Fan beispielsweise ein Grund sein, HSV-Fans nicht zu mögen. Aber andererseits, wer will schon schön singen, wenn die eigene Mannschaft spielt wie ein Todesfall in der Familie. Das spricht ja fast wieder für die HSV-Fans. In der Hinsicht haben sie ein feines Gespür, wie es scheint. Sie singen, wie die Mannschaft spielt.

Aber dann wiederum fragt man sich, warum überhaupt jemand Fan einer solchen Fußballmannschaft ist und – falls er es aus Versehen oder unter Alkoholeinfluss geworden ist – es auch bleibt? Da könnte man ja genauso gut Fan von Hausmeistern sein. Die können zwar das Wetter nicht beeinflussen, riechen aber trotzdem immer gleichbleibend nach Schweiß. Konstant und zuverlässig. Oder man könnte

Fan von Todesfällen in der Familie sein. Die sind immerhin nicht von schlechten Eltern. Und dadurch von schlechtem Zweikampfverhalten, schlechten Passquoten und schlechten Interviewantworten weit entfernt. Es gibt keinen wirklich guten Grund für schlechtes Fan-Sein.

Legen wir uns also fest: HSV-Fans haben ein feines Gespür für rein gar nichts, sie könnten nämlich auch nicht schön singen, wenn ihre Mannschaft wie eine gute Mannschaft spielen würde. Fan des HSV zu sein, das ist ein bislang kaum erforschtes Phänomen. Eine spannende, aber auch ernste Sache für die Gehirnforschung. Sie zerbricht sich beinahe den Kopf darüber, was so ein krankes Hirn noch alles ausbrüten könnte. Aber gibt es ihn nicht schon längst, den HSV-Fan, der FDP wählt? Und kennt nicht jeder auch einen HSV-Fan, der einmal in der Woche eine Pizza Funghi in Familiengröße bestellt und dann so lange barfuß auf dieser herumläuft, bis der Belag ein Exbelag und die Erregung auf dem einsamen schwitzigen Höhepunkt angelangt ist?

Der HSV ist wie die Neueröffnung eines Baumarktes: Lotto King Karl tritt auf. Und die hässlichste Tapete wird am meisten gekauft. Ist ja auch am billigsten. Und unter den ganzen HSV-Postern sieht man sie eh nicht.

Das Ende vom Lied: HSV-Fans zu verspotten ist in etwa genau so gemein, wie Selbstmordattentäter auszubilden und sie dann nur mit befristeten Arbeitsverträgen auszustatten.

Achtung Satire! Bei HSV-Fans, so steht zu befürchten, muss man das unbedingt dazusagen. Ist alles nur ein Witz, muss man da sagen und ein sachtes Lächeln andeuten. Sonst denken die am Ende noch, man nähme sie ernst.

74. GRUND

WEIL DER SCHLAGERMOVE DIREKT
AM ABGRUND VORBEIZIEHT

Lastwagen fahren durch St. Pauli. Über die Reeperbahn. Über Abgründe, die sich auftun. Aber keiner stürzt hinein. In der Hölle sind alle Lichter gelöscht. *Keiner zu Hause, ist nur eine Briefkastenfirma*, steht da. Was transportieren diese Laster? Das schlimmste Laster überhaupt: Schlagermusik. Die Hölle auf Erden sozusagen. Der Teufel auf Geschäftsreise, mit kaltem Schweiß auf der Stirn. Um ihn herum Zigtausende tanzende Menschen. Sie tragen überdimensionierte Sonnenbrillen, bunte Perücken und Schlaghosen. Dazu Hemden und Blusen mit Blumenmustern und Hirne im Stil der 1970er-Jahre.

Mehrere Dutzend Trucks mit blöd winkenden Menschendarstellern drauf fahren in einer Parade des Schreckens durch St. Pauli und beschallen die Straßen mit furchtbarer Musik. Menschenimitatoren, die blöd zurückwinken, rennen daneben her und singen die Lieder mit, so laut und so großmäulig sie nur können. Der Schlagermove in Hamburg. Findet seit 1997 jedes Jahr im Sommer statt. Bis zu einer halben Million Besucher verwirken dabei ihren Anspruch auf Chefarztbehandlung, sollten sie vom Blitz getroffen werden.

Es ist kaum zu beschreiben, wie es ist, wenn so viele Menschen ihre Würde wie Marmor, Stein und Eisen zertrampeln. Viele sind angetrunken, andere sind wie immer, also noch viel unerträglicher. Sie alle denken, ein bisschen Spaß muss sein, aber das ist ein Zug nach Nirgendwo, mit Zwischenstopp jenseits von Eden.

Traurige Menschen, die in die Nähe des Schlagermoves geraten, werden vehement aufgefordert, doch mal ein bisschen zu lächeln. Und wenn sie nicht aufpassen, finden sie sich ganz schnell in einer Polonaise nach Blankenese wieder oder sind plötzlich Teil einer drei Kilometer breiten Schunkelwand.

Stellen Sie sich mal Folgendes vor: Sie lernen einen Menschen kennen, der Sie total verzaubert, der witzig ist und aufmerksam, dazu noch gut aussieht, mit dem Sie über alles reden können, der auch keinen Mundgeruch hat, der, wie sich heraus stellt, immer gleichzeitig mit Ihnen spitz wie Nachbars Lumpi ist, nämlich ziemlich oft, der einen guten Job hat und der Sie, um den Bogen zu schließen, ebenfalls ganz bezaubernd findet.

Im Januar kennen Sie sich gerade drei Monate, dennoch reden Sie schon von Hochzeit und von gemeinsamen Kindern, Sie kichern dabei, und danach lächeln Sie. Schließlich kommt der Sommer, alles ist noch intensiver und schöner geworden. Die Zukunft ist eine goldene. Sie sind glücklich wie nie zuvor. Sie möchten laut »Halleluja« rufen, ja, »Halleluja« ist das einzig passende Wort, und Sie möchten es singen und nicht wieder damit aufhören. Da kommt Ihr Schatz mit einer grünen Perücke auf dem Kopf ins Zimmer gesprungen und schreit »Hossa«. Sie erstarren.

»Es ist wieder Schlagermove in Hamburg, Sugar Baby!«

Der Dolmetscher in Ihrem Kopf braucht nur den Bruchteil einer Sekunde, um diesen Satz ins Wahnsinnige zu übersetzen.

»Da müssen wir hin«, hören Sie noch. Dann tut sich ein Abgrund auf, und der Schwindel setzt ein. Schwefelgeruch steigt auf.

Meiden Sie den Schlagermove. Er ist wie die Bedienungsanleitung für ein Furzkissen, das der Chefarzt bei der OP in Ihrem Schädel vergessen hat.

75. GRUND

WEIL HAMBURG KEINE RUHE GIBT

Schwarz hält mich und schwer
Ein Schlummer umfangen,
Schlaf, Wunsch und Begehr,

Schlaf, Hoffen und Bangen!
Es trübt sich mein Blick,
Mich flieht das Erinnern
An Unglück und Glück,
Und Nacht ist im Innern.
So bewegt auf und ab
Ein dunkler Wille
Eine Wiege am Grab:
Seid stille! Seid stille!
(Paul Verlaine)

Als Melancholiker ist man in Hamburg verloren. Aber auf eine recht unerwünschte Weise. Es ist nahezu unmöglich, sich in diesem Wimmelbild von einer Stadt gänzlich weltfern fühlen zu können.

Immer ist da jemand. Immer hört man jemanden. Einer hustet. Eine andere niest. Einer ruft »Gesundheit«. 4.000 Menschen telefonieren laut mit ihrer schwerhörigen Großmutter. Alle hupen. Einer fährt einfach krachend hinten drauf. Eine Frau kreischt einen Mann an. Ein Mann schreit zurück. Ein anderer Mann brüllt: »Ruhe!« Motorradfahrer lassen ihre Maschinen aufheulen. Glas zerbricht. Ein Bach-Choral erklingt. Die Polizei kommt mit Sirene. Mehrstimmiges Lachen von Balkonen. Laute Musik. Noch lautere Musik. Irgendjemand hämmert. Baustellen bis September 2022. Der Verkehrslärm ist ein unablässiges Brausen und Rauschen. Wummernde Bässe und Presslufthämmer erschüttern die Stadt. Wieder hupen alle. Einer ruft immer wieder den Namen Erwin. Am Himmel explodieren Feuerwerksraketen. Menschen jubeln. Hunde bellen. Ein Witzbold heult den Mond an. Flüche werden ausgestoßen. Einer hat sich eine E-Gitarre gekauft. Claudi bekommt ein Geburtstagsständchen.

Der Melancholiker ist depressiv.

Nur wenn der 2. Januar auf einen Sonntag fällt oder besser noch, wenn der Tag nach einem Atomangriff auf einen 2. Januar, der auf einen Sonntag fällt, fällt, hat er womöglich Glück, der arme Kerl.

Wenn er sich dann kurz vor Sonnenaufgang am Rand der Stadt aufhält, kann er vielleicht das finden, wonach er sich so sehr sehnt. Hamburg ist dann wie ausgestorben, und er bleibt allein mit dieser dunklen Trauer in seiner Seele. So ist er der Welt bzw. Hamburg doch noch abhandengekommen. Sein Kopf ist so herrlich schwer, dass er ihn nun neben sein versunkenes Herz legen kann. Dort sollen sie ruhig liegen, bis Moos darauf wächst. Der einzige Mensch, den er jetzt ertragen könnte, wäre die amerikanische Songwriterin Simone White, die ihn Gitarre spielend im Abstand von mindestens 25 Metern umkreisen und *Roses Are Not Red* singen könnte.

Dann verschwindet sie wieder. Ein Vogel fällt lautlos vom Himmel. Die Welt wird vom Gehirn des Melancholikers gesteuert. Ein goldener Regen geht hernieder und ist ihm Verwandtschaft, ist ihm Labsal. Er sinkt ein. Dabei gelangt er fast bis zum Verstummen des Herzschlags. Und seine schmalen Gedanken, ganz einsilbig und fromm, erzeugen Wärme und ein sanftes vibrierendes Summen. Die Welt ist doch … Da klingelt sein Handy. Hamburg ruft an und will wissen, ob der Empfang gut ist, dort am Ende der Welt.

76. GRUND

WEIL IN HAMBURG DER SUIZID OFT VOR DER DEPRESSION KOMMT

Wenn sich Max M. aus Hamburg den Hipstervollbart abrasiert, um die Pickel darunter besser behandeln zu können, lässt er für die Nacht noch ein Hitlerbärtchen stehen. Seine Freundin Frauke fährt total darauf ab. Sie reitet ihn und spuckt ihm dabei ins Gesicht. Als sie kommt, reißt sie ihm ein Büschel Brusthaare aus – da kommt er dann auch.

Morgens, bevor Max M. sich auf den Weg ins Büro macht, kommt der Bart natürlich ab. Selbst wenn das Haus in Flammen stehen würde, würde er sich den Bart noch schnell abrasieren. Das wäre jedenfalls der Plan. Aber das Haus stand noch nie in Flammen. Und ein Hitlerbärtchen hat er ja auch nicht jeden Tag.

Max M. fährt mit dem Fahrrad zur Arbeit, weil er es ansonsten nicht schafft, sich sportlich zu betätigen. Zu Hause ernährt er sich vegan. Im Büro auch. Auf den Wegen von dort nach da und von da nach dort isst er aber gern mal heimlich einen Döner oder einen Burger. Außerdem hat er eine Affäre. Sonntags holt er immer die Brötchen für das gemeinsame Frühstück mit seiner Freundin. Doch in Wirklichkeit hat die Nachbarin die Brötchen bereits gekauft. Er braucht nur zwei Stockwerke tiefer zu gehen. Die Nachbarin kniet dann schon hinter der Tür, wenn er leise anklopft. Auf Oralsex steht er einfach. Frauke mag das nicht so. Aber dafür drückt die ihm leidenschaftlich gern und mit einem zufriedenen Gurren die Pickel aus.

Max M. guckt *Lindenstraße*, jeden Sonntag. Danach trifft er sich mit Freunden, um den *Tatort* anzusehen. Er erträgt es kaum, wenn während des Guckens gesprochen wird. Er hasst seine Freunde dafür. Sein Traum wäre es, dass mal ein *Tatort* in der *Lindenstraße* spielt. Max M. plant, in Hamburg zu sterben. Er macht eine Psychotherapie, die es ihm ermöglichen soll, dieses Vorhaben erfolgreich umzusetzen.

Max M. arbeitet bei einem Zustelldienst, der arglose und eher instabile Menschen auf Gedeih und Verderb der Stadt ausliefert. Er ist für die Verleumdung anderer Städte und Länder zuständig. Aktuell lanciert er Nachrichten, die Castrop Rauxel schlecht machen sollen. Er arbeitet aber auch immer wieder am Berlin-Paket mit. Sein bisher größtes Projekt war das Nordkorea-Bashing, das er federführend zu verantworten hatte. Ziel all dieser Kampagnen ist es, andere Orte ein bisschen weiter weg zu schieben, eine Idee dunkler zu machen, ein wenig kälter erscheinen, sie ein paar Spuren tiefer im Erdinneren versinken zu lassen. Das passiert zum Teil ganz subtil, durch kleine fingierte Meldungen aus den entsprechenden Orten, teilweise wird dabei aber auch ordentlich auf die Kacke gehauen. Bei Nordkorea war das leicht, weil die Behauptungen in dem Fall ja schwer zu widerlegen sind. Dass Kim Jong Un angeblich seinen Onkel hinrichten ließ, das hat Max M. sich ausgedacht. Aber da will ohnehin keiner hin.

Orte wie Castrop Rauxel sind da tatsächlich gefährlicher. Darum gilt es, solchen Städten ein Image zu verpassen, das abstößt. Darum soll der Gedanke an Castrop Rauxel sein, als müsste man eine schlecht riechende, verwirrte alte Tante besuchen, die drei unglaublich nervige Köter hat. Ihr soll man die Zehennägel schneiden und aus *Fifty Shades Of Grey* vorlesen.

»Äh, Castrop Rauxel, ich kann leider dieses Jahr ganz ganz schlecht, ich muss in Hamburg nämlich eine Glühbirne auswechseln.«

Hamburg soll durch all diese Maßnahmen umso glänzender und heller erscheinen, dort am Mittelpunkt der Welt.

Dort am Mittelpunkt der Welt, wo Max M. sich einen halben Liter Schokoladenpudding kocht und seine Medikamente nicht mehr nehmen will.

Manchmal weiß er einfach nicht mehr, wohin ihn das alles noch führen soll und ob er dort überhaupt hinwill. Er ist wie gefangen in diesem Lichtkegel, und noch folgt er dessen Bewegungen, folgt der grellen Helligkeit, gerät dabei nur hin und wieder ins Stolpern. Manchmal aber wünscht er sich einfach nur noch, dass er von einem tiefen dunklen Loch verschluckt wird.

Schokoladenpudding forever. Frauke heiraten und ein Haus mit Garten in Castrop Rauxel, weil sie es sich dort vielleicht leisten können. Im Urlaub Couchsurfing bei Kim Jong Un.

Er schreibt schon mal vorsichtshalber an einem Buch gegen Hamburg.

Frauke brennt mit einem Bäcker durch.

77. GRUND

WEIL IM BÄDERLAND SCHMUTZIGE WÄSCHE GEWASCHEN WIRD

Bei den Lebensmitteln, die wir uns jeden Tag in den Mund schaufeln, ist es ja so: Es gibt sehr viele verschiedene Marken, eine riesige Auswahl von Produkten, die miteinander in Konkurrenz stehen und den Kampf um den Kunden nur gewinnen können, indem sie durch Qualität überzeugen.

Pustekuchen von Nestlé! Denn in Wahrheit teilen sich den Markt ein paar wenige große Konzerne untereinander auf. Der große dicke Mann mit Glatze und drei Leguanen auf dem Schoß lacht sich eins, während die Kunden sich beim Wählen quälen, Abzählreime nutzend und dennoch stutzend, Nägel kauend und erbärmlich miauend vor den Regalen stehen. Egal, was der Kunde macht, der Dicke kriegt das Geld. Und wenn nicht er, dann eben der andere Dicke. Der mit den drei Aschenbechern auf dem Schoß.

Letztlich ist das Ganze so, als hätte der Autor dieses Buches auch *Die Vermessung der Welt, Tannöd, Fifty Shades Of Grey* und die Bibel geschrieben. Und der Bruder des Autors alle anderen Bücher, die deren Mutter nicht geschrieben hat, weil die mit ihrer Schwester ja auch wöchentlich den *SPIEGEL* schreiben muss.

Wenn Sie in Hamburg schwimmen gehen wollen und nicht auf der Elbe von einem Containerschiff überfahren werden möchten, dann sind Sie der »Bäderland Hamburg GmbH« ausgeliefert. Da kostet Schwimmen dann so viel wie ein Kinofilm. Das ist heftig. Denn trotz des Preises müssen Sie das Schwimmen ja immer noch selbst erledigen. Wenn Sie nicht ersaufen wollen zumindest. Bei einem Film hingegen können Sie sich entspannt zurücklehnen, da Sie hier ja nicht selbst Kristen Stewart küssen oder Benedict Cumberbatch töten müssen.

In Hamburg können es sich viele Leute schlichtweg nicht leisten, schwimmen zu gehen. Das ist wirklich traurig. Sagen die armen Hamburger.

Aber vielleicht hat der dicke Hamburger mit den drei Schweinehälften auf dem Schoß das alles auch einfach nur sehr gut durchdacht. So in etwa: *Arme sind Assis. Assis waschen sich nicht. Nichtgewaschene Assis verschmutzen das Wasser im Becken. Verschmutztes Wasser im Becken ist eklig. Eklig ist das Lecken durch die Arschritze des Typen, der in der Schlange an der Supermarktkasse vor einem steht. Der Typ in der Schlange vor einem ist Jens Hansen. Jens Hansen ist ein echter Hamburger. Echte Hamburger sind großkotzig. Große Kotzhaufen sind für Menschen in Gummistiefeln nicht sonderlich schlimm. Schlimm ist, wenn man gern schwimmt, aber in Hamburg lebt. Wer in Hamburg lebt, ist arm dran. Arme sind Assis. Und Assis wollen wir eben in unseren Schwimmbecken nicht haben. Sonst müssen wir uns nach dem Schwimmen gleich wieder waschen. Unsere Seife hat schließlich keine Herzform.*

Hamburg ist eine Dreiklassengesellschaft: Schwimmer. Nichtschwimmer. Nochschlimmer.

78. GRUND

WEIL ESSEN NICHT IN HAMBURG LIEGT, SONDERN IN NORDRHEIN-WESTFALEN

Als Manuela G. im Pyjama durch ihre Nachbarschaft trottet, muss sie aufpassen, mit ihren bloßen Füßen nicht in Hundekacke, Kotze, gebrauchte Spritzen oder eine *BILD*-Schlagzeile zu treten. Es ist kurz vor elf Uhr, ihr Mitbewohner ist vorhin erst nach Hause gekommen, high wie ein mit Helium gefüllter Luftballon, der einem Kind, das im Rollstuhl sitzt, davongeflogen ist, und hat sie einfach kurzerhand aus der Wohnung geworfen. Das ging alles blitzschnell, und ehe sie sichs versah, stand sie barfuß und hellwach vor der Wohnungstür. Alles Klingeln, Klopfen und Rufen half nichts, er drehte die Musik einfach immer lauter. Jetzt muss sie also erst warten, bis ihr lieber Mitbewohner sich wieder erinnern kann, wer er ist und vor allem auch daran, wer sie ist. In der Vergangenheit dauerte das meist ein paar Stunden. Langsam geht ihr das auf die Nerven. Sie hat überdies das Gefühl, diese Ausfälle häufen sich. Sie muss da echt mal Buch führen.

Nur gut, dass man auf der Schanze im Pyjama überhaupt nicht auffällt. Da laufen genug Leute herum, die aussehen, als hätten sie eine Wette verloren und müssten deshalb nun in den peinlichsten Aufzügen außerhalb des Schlagermoves herumrennen.

Manuela hat Hunger. Sie geht in einen Imbiss namens F*l*f*l**********, von manchen auch liebevoll **************, *** ***** ********** ***** genannt. Sie bestellt eine **laf**. Leider muss sie nach dem ersten Bissen feststellen, dass die Rote Bete schimmelig ist. Manuela reklamiert das.

»Komisch, dass die Leute sich immer nur wegen der Roten Bete beschweren. Muss wohl an der Farbe liegen.«

Der Besitzer tätschelt ihr den Kopf. Sie bekommt eine neue *alafel, ohne Rote Bete diesmal. Dazu noch einen Minztee. Und außerdem wird die Musik auf doppelte Lautstärke gedreht. Manuela kleckert beim Kopfschütteln ihren Pyjama voll.

Eigentlich ist damit über das Thema »Essen in Hamburg« alles gesagt. Natürlich ändern sich hin und wieder die Variablen. Rehrücken statt Falafel, Glasscherben statt Schimmel, Beschimpfung statt Kopftätschelei. Polizei statt Minztee.

Manchmal passiert auch gar nichts, was sich bei yelp zu einer Geschichte aufbauschen ließe (*Dann rief er drei seiner Brüder herbei, und sie schubsten mich brutal gegen eine Rentnerin, die einen sehr spitzen Nietengürtel trug.*). Dann schmeckt das Essen einfach nur bescheiden. Denn das Prinzip ist immer das gleiche. Essen gehen in Hamburg ist wie Sex mit zwei eingegipsten Armen und zwei eingegipsten Beinen: eher unbefriedigend.

Ob es in Hamburg nicht aber auch gutes Essen gibt, fragen Sie? Sie haben Humor und sollten lieber in Marburg als Comedian gute Laune verbreiten. Gutes Essen gibt es in Hamburg nur, wenn ein wirklich sehr sehr guter Mensch, der nachweislich schon 111 Menschen aus brennenden Häusern gerettet hat und der gerade aus Rom kommend in Hamburg gelandet ist, zufällig noch Essen in seinem Rucksack findet, das ihm von seinem Freund, dem Papst, als Reiseproviant mitgegeben wurde.

Manuela G. geht nach Hause. Ihr Mitbewohner öffnet ihr die Tür, er sieht wieder einigermaßen normal aus, beschwert sich aber gleich, dass sie keine Brötchen mitgebracht hat. Sie ignoriert ihn und steuert auf ihr Zimmer zu. Sie bewegt sich allerdings sehr behutsam durch die Wohnung. Sie will schließlich nicht in einen Kotzehaufen, in ein Arschloch oder in übrig gebliebenes Hamburger Essen treten.

79. GRUND

WEIL DIESES MOIN BÄNDE SPRICHT

Wenn normale Menschen *Guten Morgen* sagen, sagen die Hamburger *Moin*. Wenn normale Menschen *Guten Tag* sagen, sagen die Hamburger *Moin*. Wenn ein geistig gesunder Durchschnittsmensch *Guten Abend* sagt, sagt der Hamburger *Moin*.

Wenn ein geistig gesunder Durchschnittsmensch gar nichts sagt, sagt der Hamburger *Moin*. Wenn ein Hamburger in Schweden einen Raum voller Nobelpreisträger betritt, sagt er *Moin*.

Wenn ein Hamburger in den USA einen Raum voller zum Tode Verurteilter betritt, sagt er *Moin*. Wenn ein Hamburger in China Donald Trump trifft, der nackt auf einem Esel im Anzug reitet, sagt er *Moin*. Zu beiden. Also *Moin Moin*. Wenn ein Hamburger aus einem Albtraum hochschreckt, ruft er *Uaaah*. Oder eben *Moin*.

Wenn ein Hamburger seinen Mörder trifft, sagt er erst einmal lässig *Moin*. Wenn der Mörder den Hamburger trifft, sagt er gar nichts mehr. Aber es gibt gar nicht so viele Mörder, wie es Hamburger gibt. Dieses *Moin* wird niemals aussterben.
»Moin.«
»Moin.«
»Moin Moin.«
»Ja, wie gesagt.«
»Moinsen.«
»Danke, hab schon.«
»MOIN.«
»Bitte nicht.«
»Moin Moin Moin.«
»Lass mich.«
»M O I N ! M O I N ! M O I N !«
»Lass mich bitte. Ich will das nicht.«
»Moinmoinmoinmoinmoinmoinmoinmoinmoinmoinmoinmoinmoinmoinmoin.«
»Ich halt das nicht aus.«
»Moinmoinmoinmoinmoinmoinmoinmoinmoinmoinmoinmoinmoinmoinmoin …«
»Hilfe! Ein Moinster! Hilfeeee!!«
»… moinmoinmoinmoinmoinmoinmoinmoinmoinmoinmoinmoinmoinmoinmoin.«
»Aaargh. Ich muss mich suizidieren. Sofort. Ich brauch ein Messer. Aaargh. Oder eine Pistole. Aaargh. Oder ein Geodreieck. Schnell.«
»Hahaha Hahahahaha HAHAHAHAHA!«

»Willst du die hier Anwesende zu deiner Frau nehmen, sie lieben, ehren und achten, in guten und in bösen Tagen, bis der Tod euch scheidet?«
»Moin.«

Dieses Moin lässt sich beinahe wahllos einsetzen. Es ist fast so wie mit dem Wort »Kafka«.

»Warum spreche ich jedes Mal plötzlich ungarisch, wenn ich über die Schwelle zur Küche trete?«

»Kafka.«

»Gestern kam eine Postkarte aus Hamburg. Von meinem Vater. Der seit 30 Jahren tot ist. Klar, man hört das hin und wieder, dass es vorgekommen ist, dass Briefe erst nach Jahrzehnten von der Post zugestellt werden. Aber was mich wirklich beunruhigt: Ich bin doch erst 25 Jahre alt.«

»Kafka.«

»Warum ist der Käse jetzt schon wieder schimmelig? Ich hab den doch erst vor zwei Tagen aufgemacht.«

»Kafka.«

»Ich weiß, du liebst Franz Kafka. Stell dir vor, du könntest mit einer Zeitmaschine in das Jahr 1914 nach Prag reisen, was würdest du ihm sagen wollen?«

»Moin.«

»Ja, klar. Hahaha. Aber ich meine, was würdest du ihm mitteilen wollen?«

»Nur das. Moin. Dann würde ich wieder abhauen und mit der Zeitmaschine in die Gegenwart zurückkehren und Kafka lesen. Ich wäre höllisch gespannt darauf, was er aus dieser Begegnung mit mir gemacht hätte.«

»Okay, verstehe. Du bist schon ein komischer Kauz. Aber jetzt lass mal lieber drei Jahre in die Zukunft reisen und dort dann mal checken, was aus Hamburg geworden sein wird, wenn das Buch, in dem wir gerade diesen Dialog führen, sich nicht 1,8 Millionen Mal verkauft hat.«

80. GRUND

WEIL DU HAMBURG SELBST MIT EINER FANTASIEREISE NICHT HINTER DIR LASSEN KANNST

Stell dir vor, du wohnst in einer trostlosen Bude in Bahrenfeld.
 Die Decke und die Wände scheinen über die Jahre immer näher gekommen zu sein.
 Du fühlst dich immer unwohler, und deine Unzufriedenheit ist wie eine monatliche Mieterhöhung.
 Stell dir die Dunkelheit hinter der nächsten Tür vor.
 Öffne die übernächste und spüre den kalten Hauch, der deinen Körper umstreicht.
 Höre die Stimmen.
 Erst sind sie noch ganz fern, und nur ganz langsam werden sie lauter, und erst nach und nach sind sie deutlicher zu verstehen.
 Jetzt hörst du es.
 »Hallo Nachbar, hallo Nachbar, hallo, hallo.«
 Das Haus wird bewohnt von Menschen, die niemals allein ein Haus bewohnen könnten.
 Allein wären sie nur arme Narren.
 Aber zusammen sind sie eine richtig unangenehme Nachbarschaft.
 Während der eine gut laut mit den Türen schlagen kann, kann der andere ganz souverän stinkende Müllbeutel zwei Tage vor seiner Wohnungstür stehen lassen.
 Riechst du es?
 Einer kann ganz hervorragend mitten in der Nacht auf dem Balkon grillen.
 Deine Hände werden ganz heiß, glühend heiß.
 Spürst du das Glühen in den Fingerspitzen?
 Eine andere hat ein Lachen, das klingt wie die quietschende Tür eines Tresors, in dem der letzte gute Witz von Mike Krüger liegt.

(Siehe auch das siebenbändige Werk *1111 Gründe, Nachbarn mit einer blöden Lache zu hassen.*

Kaufe alle Bücher von Schwarzkopf & Schwarzkopf.

Also zumindest diejenigen, die mit Hass zu tun haben.)

Spüre das Kribbeln auf deiner Haut.

Lasse es zu.

Einer deiner Nachbarn liebt Bässe und das Wackeln von Häusern.

Stell dir vor, wie das Haus in deinem Rücken vibriert.

Einer liebt gar nicht und brüllt deshalb täglich seine Frau an.

Andere Geräusche sind dagegen fast schon Wellness.

Zum Beispiel das neurotische fünfminütliche Hüsteln des Nachbarn nebenan.

Das tägliche Staubsaugen des Nachbarn über dir.

Genieße den Strom der Empfindungen, der deinen Körper durchdringt.

Eine lässt sich im Sommer bei offenem Fenster mindestens zweimal am Tag hart durchvögeln.

Ihre Schreie klingen wie die Ermordung einer Operettensoubrette auf einer Dampflokomotive.

Du fängst an, die Zettel zu sammeln, die Nachbarn am Infobrett aufhängen.

Meistens sind es Partyankündigungen, auf denen immer folgender Satz steht:

Wenn es zu laut werden sollte, sagt einfach Bescheid oder trinkt ein Bierchen mit.

Highlights deiner Sammlung sind aber die Beschwerdebotschaften erzürnter Nachbarn.

Wer auch immer von euch seine abgeschnittenen Fußnägel vom Balkon oder aus dem Fenster wirft, sodass die immer auf unserem Balkontisch landen, hier ein kleiner wohlwollender Befehl: Schmeiß deine verdammten dreckigen Fußnägel in den Mülleimer, du Ekelpaket.

Für alle, die gestern den Streit im 3. OG verpasst haben, hier eine kurze Zusammenfassung:

Er weiß gar nicht mehr, was er tun soll, er könne es ihr ja ohnehin nie recht machen. Sie äfft seinen weinerlichen Ton nach, dann wirft sie ihm vor, dass er nichts so gut könne, wie sich selbst zum Opfer zu machen. Sie könne das nicht mehr ertragen. Dann fick dich doch, brüllt er. Ja, kreischt sie, ja, dann fick ich mich. Dann kracht etwas. Er brüllt irgendwas, was nicht zu verstehen ist. Sie schreit: Tu dir doch leid, tu dir doch leid, tu dir doch einfach ein bisschen leid! Sie schreien durcheinander. Das wird dir noch leidtun, brüllt sie. Dann schlägt eine Tür. Dann schlägt eine andere Tür, doppelt so laut.

Verpassen Sie nicht die nächste Episode, demnächst in diesem Haus.

Wer hier im Haus weiterhin glaubt, nach 22 Uhr Disco machen zu können, dem werde ich einen Besuch abstatten. Es wird der letzte sein. Schöne Grüße von einem, der nichts mehr zu verlieren hat (verheerende Krebsdiagnose).

Jetzt stell dir vor, dass der Griller auch derjenige ist, der seine Fußnägel vom Balkon wirft, und dass er das Lachen einer Frau so gut imitieren kann, dass diese davon wach wird und nicht mehr weiß, wo sie ist und ob sie träumt oder nicht.

Auf dem Weg zu sich selbst stolpert sie über eine Mülltüte vor der Tür und landet ein Stockwerk tiefer, wo der Krebs wohnt, dem niemand Bescheid gesagt hat, dass er zu laut ist, obwohl er die kreischende Stimme im Kopf eines Mannes ist, der sich von drei Subwoofern in den Schlaf wiegen lassen muss, denn wenn er nicht schlafen kann, nimmt er sich seine Frau vor, und sie schreit lauter als der Tod, während er daran denkt, wie er in einer Fernsehshow sitzt und es schafft, über den letzten guten Witz von Mike Krüger nicht zu lachen, keine Miene verzieht er dabei.

»Was hab ich jetzt gewonnen?«, fragt er, und seine Stimme entfernt sich von seinem Mund.

Und jetzt stell dir eine Insel vor.
Kleine smaragdgrüne Wellen rollen an den Sand.
Du siehst die Wellen kommen und wieder fortgehen.
Du atmest tief durch.
Du hast Freude an dieser Insel.
Am Strand aufgereiht dicke Holzpflöcke, auf denen alle deine Nachbarn aufgespießt sind.
Der Sand unter ihren Körpern ganz rot verfärbt vom Blut.
Einer zuckt noch.
Erfreu dich an seiner Bewegung.
Du schnipst nur kurz mit den Fingern, und er ist tot.
Die Ruhe gehört dir allein.
Du siehst noch eine Weile aufs Meer hinaus.
Dann streckst du dich und rekelst dich wie eine Katze.
Dann öffnest du langsam die Augen.
Du gewöhnst dich an das flackernde Licht.
Und findest dich wieder im Raum zurecht.
Von fern hörst du leise und zuerst noch ganz sanft Stimmen.
Stimmen, die auf dich zukommen.

81. GRUND

WEIL DIE RAUFASERTAPETE
NICHT AUS HAMBURG KOMMT

Es würde so gut passen. So etwas Hässliches und Absurdes wie die Raufasertapete könnte gut in Hamburg erfunden worden sein.

Machen Sie eine Ausbildung zum Fotografen. Danach stellen Sie die schönste Frau, die Sie kennen, direkt vor eine Raufasertapete und machen mit einer bislang unbenutzten Leica ein Bild von ihr. Drücken Sie ab, direkt nachdem Sie ihr gesagt haben, dass Sie nur Fotograf geworden sind, um dieses eine Bild zu machen, und dass Sie danach nie wieder fotografieren werden, sonst falle Ihnen ein Auge raus und lande, wenn Sie Glück haben sollten, in einem Glas mit Tomatensaft und im ungünstigeren Fall in einem Abklingbecken für radioaktive Brennelemente. Gehen Sie, nachdem Sie dies feierlich geschworen haben, in die extra dafür eingerichtete Dunkelkammer, entwickeln Sie das Bild großformatig und schmeißen Sie es, nachdem es getrocknet ist, direkt weg. Die Leica können Sie dann auch gleich mit mindestens 2000 Hammerschlägen zertrümmern. Danach werfen Sie der schönen Frau vor, dass sie schön ist, und behaupten Sie, dass Sie erst wieder glücklich sein können, wenn Sie ihr mit Edding ein paar schwarze Zähne auf die wunderbar weißen Zähne malen dürfen. Da die schöne Frau dem natürlich nicht zustimmen wird, weil sie Sie ohnehin schon für völlig verrückt hält, werfen Sie sich auf den Boden und weinen bitterlich. Das, liebe unbedarfte Leser, die Sie noch an das Gute in einer Welt voller schrecklicher Wände glauben, ist die Wirkung der Raufasertapete.

Und dennoch wird diese weiterhin verwendet, bis die Gesamtfläche der damit beklebten Wände irgendwann größer ist als die Meere auf diesem Planeten. So wird schließlich auch Stil zu einer Utopie, von der der siebte Hamstersohn eines siebten Hamstersohns in einem Albtraum einen Papagei reden hört, dem eine Ameisenstraße über den Leib läuft.

Gründen Sie eine Partei, die Raufasertapeten im gesamten Land abschaffen will. Zählen Sie ab dem Zeitpunkt der Gründung die Sekunden, bis Sie die erste Morddrohung erhalten. Drucken Sie Ihre Wahlplakate auf Raufasertapeten und schaffen Sie somit selbst den schlagenden Beweis, dass man mit Raufasertapeten nichts wird, nichts werden kann und niemals was geworden sein wird. Werfen Sie sich also in der allernächsten Zukunft (Futur II in der Vergangenheitsform einer akuten Gegenwart) so schnell wie möglich und mit Karacho auf den Boden! Weinen Sie da weiter, wo andere aufhören.

Achtung! Nun endlich, nach so vielen Tausend Wörtern in diesem Buch, der eine philosophische Satz, den Sie bei einem Candle-Light-Dinner im Swingerclub zitieren können: Die Raufasertapete ist die letzte Schicht über dem unumkehrbaren Hohlkörper allen menschlichen Seins.

Hamburg wäre der ideale Ort, um so mancherlei unnütze und schlimme Erfindung dort zu isolieren und so den Rest der Welt vor diesen Übeln zu bewahren. Die Einwohner von Hamburg sind für die Vernunft sowieso längst verloren (siehe die Gründe 1–80 und 82–111 in diesem Buch), man kann da also keinen großen Schaden mehr anrichten. Darum direkt alle Fahrrad-Kaffeebecherhalter und alle Laubbläser, alle Pinkeltrichter für Frauen und alle Selfie-Sticks und gleich auch alle Fahrrad-Kaffeebecherhalter-Benutzer und alle Laubbläser-Bediener und alle Pinkeltrichter für Frauen-Frauen und alle Selfiestick-User in das hoffnungslose Städtchen Hamburg geschafft und alle Raufasertapeten der Welt auf die Fluchtwege geklebt. Und dann schweigen. Und alle anderen Städte der Welt aufatmen hören. Zum Schluss noch den Teufel an die letzte freie Wand malen und mit der schönen Frau einen Pakt schließen. Nie wieder hässlich im Hintergrund sein.

82. GRUND

WEIL DIE *BILD* IMMER NOCH AUS HAMBURG KOMMT

Ernsthaft: In der *BILD* stand mal zu lesen, dass weibliche Brüste auf einer Joggingstrecke von einem Kilometer insgesamt 85 Meter auf und ab hüpfen. Das hätten Forscher herausgefunden.

Was in der *BILD* nicht zu lesen war: Wenn man eine Stunde lang in einer miesen Zeitung liest, springen drei Waisenkinder von Boris Beckers Hochzeitstorte in das Gesicht des Mitarbeiters des Monats von Amnesty International.

Jaja, die *BILD*, sie ist wie eine vollgeschissene Unterhose. Jeder kennt einen, der einen kennt, der schon mal drin war.

Im Klartext: Kaufen Sie sich lieber ein Bild von einem braunen Stuhl anstatt die *BILD*.

Die *BILD* kommt aus Hamburg. Und das kommt nicht von ungefähr. Es könnte gar nicht anders sein. Oder können Sie sich ernsthaft vorstellen, dass die *BILD* aus Frankfurt, Castrop Rauxel, Kiel oder Braunau kommt?

Sie sagen: »Dass Sie ausgerechnet Braunau erwähnen, das finde ich jetzt etwas gruselig. Da kommt nämlich auch der Typ her, der mir meine Freundin ausgespannt hat.«

Okay, nächste Frage: Was haben Sie da auf dem Kopf?

»Äh, keine Ahnung, was hab ich da?«

Sieht aus wie eine Wunde, ja sogar wie ein Loch. Sie sollten aufpassen, gleich fängt es zu regnen an.

Stellen Sie sich vor, jede Ausgabe der *BILD* würde eine Parallelwelt erschaffen, in der wirklich das passiert, was in der Zeitung geschrieben steht. In dieser Welt würden Sie jetzt gerade von Außerirdischen mit großen Brüsten entführt werden, und später müssten Sie im Weinkeller von Dieter Bohlen gegen den Dackel der fünften Frau von Lothar Matthäus treten, damit irgendein Leserreporter das fotografieren kann. Wladimir Putin würde Ihnen Asyl in Russland anbieten, und auf dem Weg dorthin würden Sie für sieben Stunden neben Heidi Klum im Auto sitzen und müssten alles, was sie sagt, wiederholen, ohne dabei an eine Erbse zu denken. Jedes Mal, wenn Sie an eine Erbse denken würden, müssten Sie ein rohes Stück Gammelfleisch essen.

Nein, Sie informieren sich nicht über die Welt, wenn Sie die *BILD* lesen. Sie informieren sich nur darüber, welche Temperatur in einer Welt herrscht, in der schlecht aufgelegte Menschenfeinde über gut gemeinte Menschenrechtsverletzungen schreiben. Zufällige Hinrichtungen auf zufällig aufgebauten Schafotten. Die *BILD* berichtet über Unglücksfälle und Gräueltaten wie Mitglieder eines Kaninchenzüchtervereins über Spaltpenisse und Kuhhessigkeit sprechen. Und die Leser geilen sich daran auf. Kratzen an dem Schorf auf ihrer Intelligenzwunde herum und sterben genüsslich tausend Tode anderer. Danach springen sie lachend auf und bestellen alle Biografien, die es über Massenmörder gibt.

Wenn Sie alle Massenmörderbiografien im Paket bestellen, bekommen Sie eine weiße Weste mit einem echten, zertifizierten Blutfleck, der aus einem kleinen Massenmord im Südhessischen stammt, gratis oben drauf.

Und übrigens: Auch der Sportteil der *BILD* ist scheiße.

TEXTE, DIE MAN SICH GEGENSEITIG SO RICHTIG GEIL WÄHREND DES VERKEHRS VORLESEN KANN

83. GRUND

WEIL IN HAMBURG IMMER EINER IM WEG STEHT, EGAL WIE HINFÄLLIG ER IST

Gehen Sie nur ruhig diesem Buch aus dem Weg. Gehen Sie geradeaus, so lange, bis der HSV ein Tor nach einem unberechtigten Strafstoß kassiert. Elf Meter später wird einer sein Auto in die Lücke zwischen Auftragsmord und sonnigem Tag parken. Warten Sie auf den Regen, dann gehen Sie weiter. Hinter dem dritten roten Schirm, mit dem man Ihnen beinahe ein Auge aussticht, biegen Sie links ab. Sie sehen eine fliegende Taube scheißen, fast auf einen Mann mit einer Bierflasche in der Hand. Treten Sie an diesen heran und fragen Sie ihn, ob er weiß, wo man sich in der Nähe am helllichten Tag eine Warze entfernen lassen kann, wenn man gar nicht weiß, ob man eine Warze hat. Bevor er antworten kann, erklären Sie ihm, dass er, wenn er nicht genau 1,97 Meter groß ist, jetzt sofort in die Lisztstraße 18c gehen muss. Dort werde er dann erst einmal angemessen beschimpft, und dann bekomme er für jeden Zentimeter Abweichung von 1,97 Meter ein Poesiealbum einer Fünftklässlerin vorgelegt, in das er hineinschreiben müsse. Er habe ab jetzt genau 67 Minuten Zeit, um das alles zu erledigen. Ansonsten wäre er zehn Jahre lang unsterblich und müsse jeden Tag mit einem BMX-Rad nach Bremen fahren. Sagen Sie das mit einer sehr tiefen und eindringlichen Stimme, mit etwas Hall darin. Dann machen Sie kehrt und gehen auf Zehenspitzen davon. Gehen Sie da hin, wo es wehtut. Wenn Sie da sind, sagen Sie dreimal hintereinander »Hamburg«, erschlagen Sie beim dritten Mal eine Fliege und niesen Sie anschließend. Wenn keiner »Gesundheit« sagt, sind Sie leider immer noch in Hamburg. Gehen Sie 23 Stockwerke hoch und spucken Sie aus einem offenen Fenster. Wenn Sie eine Möwe treffen, haben Sie einen Wunsch frei. Wünschen Sie sich damit 7.000 Wünsche und verwenden Sie einen davon, um ein Mann zu werden. Und den nächsten, um im 3. Stock eine Frau zu treffen, die Ihnen den Atem nimmt und Ihnen dann damit einen bläst. Einen weiteren Wunsch setzen Sie dafür ein, dabei nicht zu erröten. Gehen Sie nun hart mit sich ins Gericht und verurteilen sich selbst zu wunschlosem Glücklichsein. Verlassen Sie das Gerichtsgebäude auf dem Holzweg und ohne die Erregung öffentlichen Ärgernisses. Ersetzen Sie im Gedächtnisprotokoll jedes Wort, das Sie heute bislang von sich gegeben haben und das gelogen war, durch das Wort »zart«. Gehen Sie auf die Mitte der zartesten Stadt der Welt zu und reihen sich in die Warteschlange ein. Warten Sie, bis Ihre Beine einen halben Zentimeter kürzer geworden sind. Warten Sie wie all die anderen, bis der Vordermann endlich weg ist. Zerbrechen Sie sich dann den Kopf beim Versuch, die Frage zu beantworten, wer wohl der Nächste sein wird. Auf Ihrem Grabstein steht 6.997 Wünsche später: *Es war ein Arschloch aus Hamburg.*

84. GRUND

WEIL FAHRRADFAHRERHASSER IN HAMBURG AUSBILDUNGSBERUF IST

Und wenn Sie über die Karpaten geradelt sein mögen, bleiben Sie einen Meter vor Hamburg auf jeden Fall stehen. So wie es die Güte und die Nachsicht auch schon getan haben. Steigen Sie ab, verabschieden Sie sich von Ihrem Fahrrad. Es hat Ihnen treue Dienste geleistet, aber hier ist nun Schluss. Denn wenn Sie Hamburg generell schon nicht vermeiden können, dann bewegen Sie sich darin um Himmels willen nicht als Fahrradfahrer. Hamburg ist eine extrem fahrradfeindliche Stadt. Es gibt zwar Fahrradwege, aber die wirken, als wären sie nachträglich mit Photoshop eingefügt worden. Zudem begreifen viele Menschen schlichtweg nicht, was diese markierten Wege durch die ganze Stadt zu bedeuten haben sollen. Sie gehen steifbeinig und stumpfsinnig darauf herum und sind ganz empört, wenn man sie aufklärt.

»Was, Fahrradwege sollen das sein? Das ist doch eine Frechheit. Die Fahrradfahrer sollen sich nicht so wichtig nehmen, diese Schweinehunde.«

Und wenn dann tatsächlich einer dieser Schweinehunde angeradelt kommt, und wenn der es dann auch noch wagt zu klingeln, dann ist das eigentlich eine Kampfansage, die mit Schlagring und Bolzenschussgerät so recht zu beantworten wäre. Aber im Gegensatz zu den Fahrrad-Nazis sind die Gandhi-Fußgänger so tiefenentspannt und flexibel, dass sie ohne große Vorbereitungszeit vom angeblichen Fahrradweg auf den Fußgängerweg hinüberwechseln können. Dafür erwarten sie aber auf jeden Fall Applaus und ein großes Danke für ihr Lebenswerk als Super-Fußgänger. Wenn das nicht passiert, rufen sie dem Fahrradfahrer ein lautes und gedehntes »Bittteschööön« hinterher.

Als Fahrradfahrer treffen Sie in Hamburg alle 874 Meter auf einen Volltrottel. Das sind überwiegend Fußgänger, die nicht blind, taub und gehirnamputiert sind, sich aber so verhalten. Wenn Sie beispielsweise auf eine Bushaltestelle zufahren, an der gerade ein Bus zum Halten kommt, bleiben Sie einfach gleich stehen und feilen sich kurz die Nägel oder schreiben Ihrem Expartner und Ihrem Exexpartner und Ihrer Mutter jeweils eine Kurznachricht oder zwei oder drei. Denn da ist erst einmal kein Durchkommen für Sie. Selbst wenn nur drei Leute aus dem Bus aussteigen (meistens sind es deutlich mehr), schaffen die es, so auszuschwärmen, dass man unmöglich unfallfrei an ihnen vorbeikommt. Sie plumpsen aus dem Bus, gucken nicht nach links und nicht nach rechts, nehmen rein überhaupt nichts um sich herum wahr, sondern sind vollkommen konzentriert auf die Selbsthypnose in ihrem Kopf: Ich gehe geradeaus, ich gehe geradeaus, ich gehe nämlich zur Arbeit, dafür gehe ich geradeaus, immer nur geradeaus, ich gehe einfach geradeaus und dann bin ich bald bei der Arbeit und dann arbeite ich, aber um dorthin zu kommen, gehe ich erst einmal geradeaus, und ich darf nicht stehen bleiben, denn sonst gehe ich nicht mehr geradeaus, und dann komme ich nicht zur Arbeit, und wenn ich nicht zur Arbeit komme, dann ergäbe es auch gar keinen Sinn, warum ich die ganze Zeit geradeaus gehe, und dann wäre mein ganzes Dasein sinnlos, also gehe ich einfach geradeaus, ich gehe geradeaus.

Mit solchen Leuten haben Sie es als Fahrradfahrer zu tun. Aber auch mit anderen. Mit Autofahrern nämlich, die blind, taub und gehirnamputiert sind und die Sie noch beschimpfen, nachdem sie Sie beinahe überfahren hätten.

Außerdem sollten Sie, falls Sie ernsthaft mit der Idee liebäugeln, in Hamburg Fahrrad zu fahren, Folgendes bedenken: Ohne unplattbare Reifen kommen Sie in Hamburg nicht weit. Nicht weiter jedenfalls als ein Diktator auf einer einsamen Insel. Der Anteil der Hamburger, die schon mal in unmittelbarer Nähe eines Fahrradweges eine Flasche zerbrochen haben, liegt bei 31 Prozent.

Der Anteil der Hamburger, die zu Hause eine Flasche zerdeppert haben, anschließend die Scherben eingesammelt haben und losgezogen sind, um diese fein säuberlich auf einem Fahrradweg zu verstreuen, liegt bei 1,18 Prozent.

Halten wenigstens die Fahrradfahrer untereinander zusammen? Ja, auf jeden Fall, so wie der Todfeind des Erzfeindes und der Erzfeind des Todfeindes zusammenhalten. Sie müssen immer davon ausgehen, dass alle Fahrradfahrer außer Ihnen Idioten sind. Das mag zuerst schwerfallen, aber Sie werden sehen, es wird in Hamburg nicht lang dauern, dann werden Sie laut »Idiot« brüllen, wenn ein anderer Radfahrer nur am Horizont sichtbar wird. Alle anderen Fahrradfahrer, und zwar jeder einzelne von ihnen, fahren stets so, als wären alle anderen Idioten.

Hassen Sie Hamburg ruhig. Hamburg hasst Sie auch. Zumindest, wenn Sie Radfahrer sind. Zwar hat die Stadt nach jahrelangen Protesten endlich gehandelt und den Lessingtunnel in der Nähe des Altonaer Bahnhofs mit einer Fahrradspur ausgestattet – zumindest angefangen, ihn mit einer Fahrradspur auszustatten, muss man sagen. Denn inmitten des Tunnels verschwindet die Fahrradspur, und da ist dann plötzlich eine zweite Spur für rechtsabbiegende Autos. Jetzt seien Sie als Fahrradfahrer mal Linksabbieger und nicht gleichzeitig lebensmüde. Der Sprecher der Verkehrsbehörde, Richard Lemloh, bezeichnet das Ganze als »Kompromiss«. Man habe zwar eine Fahrradspur schaffen wollen, andererseits sollte aber auch die »Leistungsfähigkeit für den Kfz-Verkehr gewährleistet bleiben«.[18]

Noch Fragen? Wenn ja, senden Sie sie per Klospülung an Gotthold Ephraim Lessing.

Letztlich können Sie froh sein, wenn Ihnen Ihr Fahrrad möglichst bald gestohlen wird. Und wenn Ihnen die Beine abgehackt werden, müssen Sie ja nicht gleich in Jubel ausbrechen, aber es hat auf jeden Fall auch sein Gutes.

Besorgen Sie sich einen Zeppelin. Solange Sie damit der einzige sind, ist es sicherlich das beste Fortbewegungsmittel für Hamburg.

85. GRUND

WEIL HAMBURG WIE EINE DEFEKTE WERKSTATT IST

Herr P. bringt seinen Motorroller in eine Zweiradwerkstatt.

»Also, es gibt gleich mehrere Sachen, die gemacht werden müssten.«

»Wie bitte?«

»Es gibt verschiedene Probleme mit dem Roller.«

»Da sind Sie bei uns genau richtig.«

»Schön. Also als Erstes muss der rechte Rückspiegel ersetzt werden, der ist zersplittert.«

»Wie bitte?«

»Bei einem Unfall«, brüllt Herr P.

»Ja, klar.«

»Dann will ich neue Reifen, vorne und hinten, die sind schon ein paar Jahre alt und schon sehr hart.«

»Wie bitte?«

»Die Reifen sind schon sehr hart, brauch zwei neue.«

»Okay, zwei Reifen erneuern, gar kein Problem.«

»Und dann ist mir aufgefallen, dass der Motor beim Fahren seit ein paar Wochen so seltsame Geräusche macht.«

»Wie bitte?«

»Der Motor«, schreit Herr P., »macht komische Geräusche seit Neuestem. Da ist so ein Brüllen zu hören, also so ein bisschen unter dem normalen Motorengeräusch. So ein Dröhnen. Vor allem bei Maximalgeschwindigkeit.«

»Kein Problem. Schauen wir uns an.«

»Besser wäre es, es sich anzuhören.«

»Wie bitte?«

»Nichts.«

»War sonst noch was?«, fragt der Mechaniker.

»Nein, das wär alles. Wann kann ich den Roller denn wieder abholen?«

»Wie bitte?«

Fünf Tage später kommt Herr P. wieder in die Werkstatt.

»Hallo.«

»Moin.«

»Wollte meinen Roller abholen.«

»Wie bitte?«

»Mein Roller, der müsste fertig sein«, sagt Herr P. in doppelter Lautstärke.

»Ja, klaro ist der fertich. Momentchen, ich hol mal den Auftrag.«

»Gut.«

»Also, Spiegel und Reifen habe ich getauscht. Seltsame Motorengeräusche konnte ich nicht feststellen.«

»Ach nee.«

»Wie bitte?«

»Äh … ja, okay.«

Etwas konsterniert blickt Herr P. auf das Motorengeräusch, das hinter dem Mechaniker als Poster an der Wand hängt.

»Hier ist die Rechnung, macht dann insgesamt 378 Euro.«

»Ich würde gern mit Karte bezahlen.«

»Wie bitte?«

»Ich würde gern mit Karte bezahlen«, brüllt Herr P.

»Das geht nicht, ich hab kein Kartenlesegerät. Meine Kunden wissen das.«

»Äh … ich bin ja auch Ihr Kunde, und ich wusste das nicht.«

»Wie bitte?«

»Ich habe es nicht gewusst.«

»Ist gar kein Problem, gleich nebenan ist eine Sparkasse.«

»Da muss ich aber fürs Abheben Gebühren bezahlen.«

»Wie bitte?«

»Egal. Bin gleich wieder da.«

»Äh, Entschuldigung mal. Der Spiegel, den Sie angebaut haben, hat auch einen Sprung. Also nicht ganz so schlimm wie der alte Spiegel, aber …«

»Wie bitte?«

»Der neue Spiegel hat auch einen Sprung. Das ist ja wohl ein Witz, oder?«

»Oh.«

Kurzes Schweigen auf beiden Seiten.

»Das kann schon mal vorkommen, dass die Spiegel schon mit einem kleinen Schaden angeliefert werden.«

»Das mag ja sein, aber …«

»Wie bitte?«

»Warum haben Sie den dann angebaut?«, fragt Herr P. brüllend.

»Der wurde schon defekt angeliefert. Aber wissen Sie was, ich gebe Ihnen fünf Euro zurück.«

»Für einen Spiegel, der mich fast 50 Euro gekostet hat? Ein Spiegel mit Sprung, der einen anderen Spiegel mit Sprung ersetzt?«
»Wie bitte?«
»Vorher war der Sprung links unten, jetzt ist er rechts oben.«
»Das kann schon mal passieren.«
»Also, ich bin gerade etwas sprachlos. Sorry, aber das kann ich so nicht akzeptieren.«
Herr P. will brüllen, aber er ist ja sprachlos.
Der Mechaniker geht zur Kasse und kommt mit einem 5-Euro-Schein in der Hand zurück.
»Den können Sie sich sonst wohin stecken«, schreit Herr P.
»Das ist doch kein Grund, so zu brüllen. Ich bin ja nicht schwerhörig.«
»Wie bitte?«

86. GRUND

WEIL IN HAMBURG MANCHE AMPELN SAUBLÖD GESCHALTET SIND

Jetzt kommt ein furchtbar öder Text. Der ödeste und blödeste Text im ganzen Buch. Aber das hat Hamburg sich wirklich redlich verdient. Hamburg würde ja auch Filme verdienen, die 13 Stunden dauern und einzig und allein zeigen, wie jemand 13 Stunden lang versucht, nicht zu blinzeln.

So ein Text ist das. Ein Text für Hamburg. Und Sie haben gedacht, das ist alles Spaß.

Das wird ein Text, Mannomann. Schlimm, echt schlimm. Jede Bedienungsanleitung für einen Radiowecker, die aus dem Chinesischen zuerst von einem unkonzentrierten Türken ins Englische und von dort von einem übermüdeten Dänen ins Französische und von dort von einem mit einer Waffe bedrohten Russen ins Portugiesische und von dort von einem gleichzeitig eine Zeitbombe entschärfenden Senegalesen ins Deutsche übersetzt worden ist, ist bessere Lektüre.

Die etwas intelligenteren Leser können sich ja während des Lesens vorstellen, wie es wäre, sich nachts in ein Möbelgeschäft einsperren zu lassen.

Wie witzig, denken Sie jetzt. Und sollten sich deshalb nicht während des Lesens dieses Textes vorstellen, wie es wäre, sich nachts in ein Möbelgeschäft einschließen zu lassen.

Der Text hat schon angefangen und zieht sich jetzt schon hin. Aber das ist erst die Einleitung, und die ist noch relativ klar. Wir sind ja auch noch nicht beim eigentlichen Thema angelangt. Es geht um Ampeln in Hamburg. Aha, spannendes Thema, denken Sie jetzt, während Sie in einem Möbelgeschäft auf den Sonnenaufgang warten. Aber glauben Sie, es ist wirklich eine Qual, diesen Text zu lesen (ihn zu schreiben macht übrigens auch keinen Spaß, nervt jetzt schon). Also, der öde Text hat begonnen, als Sie kurz kontrolliert haben, ob überhaupt noch Klopapier da ist. Er ist nicht nur öde, er ist kompliziert und erfordert viel Konzentration. Also. Es geht um Ampeln. Es geht um Hamburg. Lassen wir die Übersetzung beginnen!

Sie überqueren gerade mit dem Fahrrad eine mehrspurige Straße mit Fußgänger- bzw. Fahrradfahrer-Ampelinsel zwischen den jeweils zwei Spuren für die Autofahrer. Die Ampel, die Sie auf die Mittelinsel führt, ist grün, und die haben Sie auch schon hinter sich gelassen, und auch die Ampel, auf die Sie jetzt von der Mittelinsel aus zufahren, auf der anderen Straßenseite, ist grün. Also alles korrekt. Gleich sind Sie zu Hause. Dort wartet der neue Roman von Wilhelm Genazino auf Sie. Von schräg vorne, aus der Straße, die diejenige kreuzt, die Sie gerade überqueren, kommt ein Auto, das rechts abbiegen will. Er würde also theoretisch jetzt mit Ihnen kollidieren, denn der Autofahrer hat ja auch Grün, dieses Auto-Abbiege-aber-auf-die-Fußgänger-Ampel-achten-Grün, das wir alle kennen, und er will jetzt in die Straße einbiegen, die Sie gerade überqueren. Er würde Sie also vielleicht überfahren, wenn Sie nicht Grün hätten oder wenn er von seinem Mobiltelefon abgelenkt wäre. Er ist nicht von seinem Mobiltelefon abgelenkt, und Sie haben ja Grün. Also alles super. Er will Sie trotzdem gern überfahren, weil er im Recht ist. So denkt er zumindest. Er sieht nämlich die Fußgängerampel in Ihrem Rücken, die, die auf der Mittelinsel steht und die für die ist, die von der anderen Seite als der kommen, aus der Sie kommen. Die also von da kommen, wo Sie hinwollen, denn von da kommen die, die auf die Mittelinsel bzw. natürlich letztlich ganz auf die andere Seite wollen. Na, noch dabei? Diese Fußgängerampel, die der Autofahrer sieht, zeigt bereits Rot an. Während die Ampel, auf die Sie zufahren, für Sie noch grün ist. Aber die Ampel sieht der Autofahrer ja nicht, die ist schräg hinter ihm. Schlimm ist das.

Es liegt wohl daran, dass sehr komplex denkende Menschen diese Ampelschaltungen konzipiert haben. Da die Fußgänger-und-damit-auch-Radfahrer-Grün-Phase bald vorbei ist, sollen keine Fußgänger oder auch Radfahrer mehr auf die Mittelinsel gelockt werden, damit sie dort nicht verloren während der Auto-Grün-Phase stehen müssen. Darum würden Fußgänger oder Radfahrer, die auf der anderen Seite (der Seite, auf die Sie jetzt gerade zufahren) noch am Beginn ihrer Alle-Spuren-Überquerungs-Maßnahme wären, jetzt schon auf eine rote Ampel gucken. Und genau die sieht ja auch der Autofahrer, der Ihnen, der Sie ein Fahrradfahrer fast am Ende Ihrer Alle-Spuren-Überquerungs-Maßnahme sind, in Ihre Spur einbiegend entgegenkommt. Und der denkt »Diese Scheiß-Fahrradfahrer, die immer bei Rot drüber fahren« und würde Sie echt gerne über den Haufen fahren. Obwohl Sie Grün haben. Er hupt Sie an und hält bedrohlich auf Sie zu. Und Sie machen sich die Mühe, am Leben zu bleiben. Und der Autofahrer schimpft, und der Text wird damit zu einer Bedienungsanleitung für eine allumfassende Verständnislosigkeit untereinander. Du sollst deinen Nächsten darin üben wie dich selbst. Wilhelm Genazino ist im Roman eingeschlafen, und deshalb ist er noch nicht fertig.

Ach, wie herrlich, so ein mieser Scheißtext in diesem Buch, das in keinem Hamburger Haushalt fehlen darf, um dort über die Jahre schlechte Stimmung zu verbreiten. Hamburg, ach Hamburg.

87. GRUND

WEIL MAN SICH AUF HAMBURG KEINEN REIM MACHEN KANN

Wenn jemand Kleidermotten hat, dann hat er ein Problem
das ist schier zum Verzweifeln und alles andere als schön
Über so was lacht der nur, der eine Hand verlor
und die Kreissäge aus nostalgischen Gründen behielt
der jetzt auf dem Klavier nur noch linkisch klimpernd
Alle meine Händchen spielt

Über dessen Schicksal wiederum lacht einer
der seine große Liebe fand, sie verehrte und begehrte
sodass sich die Quantität dieser Liebe
und anderer Dinge immer weiter vermehrte
der schließlich aber Flüche und Verwünschungen
zornig gen Himmel schrie
weil Gott seiner Liebe
die siebte Brustvergrößerungs-OP nicht verzieh
ihre Titten explodierten
als sie beide gerade mit Nippelklemmen experimentierten
seine Nase ist nun weg
und wie die Nase des Mannes, so sein Johannes

Über all das kann der Dichter nur müde lächeln
er würde so gern mit all jenen tauschen
denn er soll ein Gedicht über Hamburg schreiben
an dem sich alle berauschen
doch das ist unmöglich
nicht mal ein Reim auf Hamburg fällt ihm ein
Hamburg ist Hamburg, mehr kriegt diese Stadt nicht gebacken
auf Hamburg kann man echt kacken
eine Ode oder Hymne über Hamburg zu verfassen
das sollte man besser von Anfang an lassen
Hamburg ist ein Moloch, der alle verschlingt
außer die, die stumpf sind und dämlich
und die lesen eh keine Gedichte, darauf verzichten sie nämlich

88. GRUND

WEIL DIE HAMBURGER AUTOFAHRER REDUZIERT SIND

Quadratisch, praktisch, gut. Das sind sie, die Schilder mit dem grünen Pfeil, die es Autofahrern ermöglichen, auch an roten Ampeln abzubiegen, falls es die Verkehrslage erlaubt. Einst gab es 360 davon in Hamburg, mittlerweile sind mehr als die Hälfte davon entfernt worden.

Warum? Die grünen Pfeile würden die Verkehrssicherheit »reduzieren«, so der Hamburger ADAC-Sprecher Christian Hieff.[19]

Warum? Weil die Hamburger Autofahrer blöd sind.

Warum? Weil Hamburger generell etwas doof sind.

Warum? Das ist eine gute Frage.

Die Antwort fällt nicht leichter, wenn man sich mal ansieht, wie die Hamburger Autofahrer sonst so unterwegs sind, wenn sie nicht gerade durch einen grünen Pfeil an die Grenzen ihrer Kunst gebracht werden.

Augen auf. Da fahren sie. Und zwar so, als befänden sie sich in Streitwagen mit 100 Pferden vorne dran. Grimmiges Gesicht, Kühlpacks vor die Brust geschnallt. Es wird erbarmungslos gedrängelt, und wehe wenn ein anderer Verkehrsteilnehmer ortsfremd ist oder aus irgendeinem anderen Grund nicht ganz so flüssig dem Strom der übrigen Autos folgen kann. Weil er nach Straßennamen, Hausnummern, Parkmöglichkeiten oder nach auf der Straße liegendem Glück Ausschau hält.

Dann wird gehupt und sich echauffiert, als hätte ein Diktator eines fernen Landes seine ungewaschenen Hände in den gerade angerührten Kuchenteig gesteckt. Hamburger Autofahrer haben es eilig. Sie wollen schließlich alle den einen Fußgänger erwischen, der an diesem Tag an der Reihe damit ist, sehr unvorsichtig und leichtsinnig die Straße zu überqueren.

Hamburger Autofahrer fahren meistens alleine. Weil sie so unsympathisch sind, dass sich niemand zu ihnen in den Wagen setzen mag. Und viele von ihnen fahren nur so nebenbei, denn ihre eigentliche Hauptbeschäftigung ist es, SMS zu schreiben. Und zwar an die Opfer, die sie in der Vergangenheit zu Krüppeln gefahren haben und die jetzt in fensterlosen Kämmerchen in ihren Rollstühlen sitzen und den halben Tag weinen. Die andere Hälfte des Tages verbringen diese damit, herzzerreißende SMS zu schreiben. Und zwar an ihre Exverlobten, die jetzt mit Autofahrern verheiratet sind.

Hüten Sie sich vor den Autofahrern in Hamburg. Die bringen Unglück. Die führen nichts Gutes im Schilde.

Darum werden auch die guten Schilder nach und nach entfernt. Dabei wäre das Gegenteil angezeigt, es müsste viel mehr Schilder in Hamburg geben, die den Straßenverkehr regeln. Schilder wie *Fahren Sie niemanden tot.* Oder *Gehen Sie mehr zu Fuß.*

Tempo 47 ist Kunst
Entspannen Sie sich
Heiraten Sie niemals eine Beifahrerin
Wechseln Sie nicht Ihre Konfession während der Fahrt

Achtung, in drei Ampeln kommt ein grüner Pfeil, gehen Sie im Kopf lieber noch mal durch, wie Sie sich dann zu verhalten haben
Fahren Sie nur mit guter Musik
Noch 11 Kilometer bis zur Hamburger Stadtgrenze, halten Sie durch, Sie können es schaffen, Sie müssen es nur wollen
Nein, Sie müssen jetzt keine SMS schreiben, alle Ihre Freunde sind tot
300

Letzteres ist natürlich reine Provokation. Und es wäre zu befürchten, dass dieses Schild bald wieder entfernt werden müsste. Es dürfte wohl die Verkehrssicherheit auf den Hamburger Straßen reduzieren.

89. GRUND

WEIL HAMBURG SO DERMASSEN GEIL AUF WEIHNACHTEN IST

In Hamburg ist Weihnachten wie ein Dienstag, an dem man starke Kopfschmerzen hat. Dass Weihnachten ist, bemerkt man in der Regel nur daran, dass im Fernsehen neben den üblichen Actionfilmen und Dokusoaps plötzlich auch kitschige Weihnachtsfilme laufen. Und dass die Prostituierten Weihnachtsmannmützen aufhaben. Und dass viel mehr Bankräuber als sonst Weihnachtsmannkostüme tragen.

Weihnachten ist in Hamburg kein Grund, an ein höheres Wesen als einen Nachbarn drei Stockwerke über einem zu glauben. Wichtig und essenziell aber sind für den gemeinen Hamburger die Weihnachtsmärkte. Da scharen sich im Dezember die rotnasigen Büromenschen nach Feierabend und die unbürokratischen Rotnasen nach zweistündiger Alkoholabstinenz in massenmordkompatibler Zahl um die einschlägigen Stände, um Glühwein zu trinken. Sie trinken Glühwein und sind dabei fröhlich, was das Zeug hält. Und das Zeug hält sehr lange, es ist genug da. Darum machen die fröhlichen Hamburger noch fröhlicher weiter. Trinken Glühwein und essen möglicherweise die eine oder andere gebrannte Mandel. Trinken Glühwein und haben sich vielleicht eine Wollmütze gekauft, die sie ab und zu aufsetzen, bevor sie einen Schluck trinken, und ab und zu wieder abnehmen, nachdem sie einen Schluck getrunken haben. Trinken Glühwein und schauen anderen beim Glühweintrinken zu. Und wenn es öffentliche Hinrichtungen gäbe, würden sie auch diese Glühwein trinkend begaffen. Und wenn es ein Glühweinverbot gäbe, dann gäbe es auf jeden Fall öffentliche Hinrichtungen.

Auf der Reeperbahn gibt es einen besonders abscheulichen Versuch, die Ankunft des Herrn zu verhindern: »Santa Pauli – Hamburgs geilster Weihnachtsmarkt«.[20] Da gibt es neben Glühwein eben auch Dildos und Vibratoren. Und neben Zipfelmützen eben auch Zipfelmützen.

»Mensch, Bernd, wäre das nicht eine lustige Idee, wenn wir deinem Bruder diese Titten-Hausschuhe mitbringen würden?«

»Aber nur, wenn wir deiner Schwester dann auch diese Penis-Seife hier schenken.«

Und selbstredend gibt es auch ein Strip-Zelt. Ein besonderes Highlight aber ist das »Porno-Karaoke«. Da werden Pornofilme ohne Ton gezeigt, die von den feuchten und fröhlichen Besuchern neu vertont werden sollen (»Ihr Stöhnerlein kommet!«).[21] Da ist der allerhöchste, der beinahe schon himmlische Spaß vorprogrammiert. Und wenn der Spaß dann doch den Weg alles Irdischen gehen muss, dann ist höchstens noch die Ankunft eines Herrn zu erwarten. Die des Herrn Gesangsverein nämlich. Der läuft wankend und singend nach Hause. Irgendwann kommt er dort auch an. Vielleicht mit einer Erektion, die er von Hamburgs geilsten Weihnachtsmarkt mitgebracht hat.

Weihnachten in Hamburg ist wie eine Freddy-Quinn-Weihnachtsplatte, die man rückwärts abspielt. Wenn man genau hinhört, kann man Folgendes hören: »Drei Diarrhöen sind weniger als vier Diarrhöen. Diarrhöen haben kein Ende, nur die Wurst hat zwei.«

So in etwa.

90. GRUND

WEIL DES HAMBURG OAFACH GRANG IS

Woaßt, eingle hob i ja übahaupts koa Problem damid, wann de Traudi ihre eigna Weg geh mecht. I hob ja probiat, meine Kinda so vej Sejbstvatraun mit zgebm, dass se guad durch s Lebm kemman und so, wia sa se des vorstejn, glückli wern.

Do denk i an Toni, der bei da FDP Mitglied woarn is, obwohj sei Babba und da Großvadda dageng woarn. I hob eham ojwei gsogt, des muaßa sejba wissn. Schliaßle is de FDP ja koa vabotne Partei, ned amoj do herunt bei uns.

Und da Kare, der se seine Hoar hat so lang wachsn lassn, dass d Oma ganz drauri worn is, und der bei so ana Heavy-Metal-Bänd Gitarr gspejt hat, aus den ist ja aa wos Anständigs worn, nämli Mitinhaba vo da chemischn Reinigung. Und d Oma hat ojwei glaabt, dass er an Sparifankal obetn duad.

Aba bein Fritze bin i mia ojwei no ned sicha, ob der ned doch schwul is – wo i aba goar koa Problem damit häd. Hauptsach, er is glückli – sog i ojwei ... Aba er streit s ojwei no grawodisch ob – des schwul sei. A Freindin hat er ja auf jedn Foj ned und aa no nia ned ghabt. Und i mecht nan do aa ned unta Druck setzn. Wann er mit mia redn mecht, waar i ojwei für eahm do. Und am Sepp daad i scho wos vazähjn, wann der moanat, er miaßad unsan Buam irgadwejche Voawirf macha.

Meine Kinda sand meine Kinda und wern s aa ojwei bleibm, und solang se andane respektian und neamds a Unrecht o doan, werd i ojwei stojz auf se sei! Aus de kloan Fehla, de ma ja eh ned vameidn ko, kennan s grod lerna. Sojche hamma mia ja aa olle gmacht!

Wia de Traudi aba vor zwoa Joahr bschlossn hat, dass se auf Hamburg geht und bei am Bestattungsuntanehma a Lehr mocht, hob i zeascht amoj schlucka miaßn. So weid weg! Und dann aa no auf Hamburg! Und warum so a lebfrohs Deandl Bestattarin werd, hob i mi gfrogt. Guad, dass d Oma des nimma hat dalebm miaßn!

Aba woaßt eh, wann i vielleicht an Schwuln vakraftn konn – hob i mia gsogt – und an FDPla und an friahran Teifesobeta und an Sepp mit sein Bier, na konn aa mei oanzige Dochda ojs Doudngrobarin in Hamburg lebm.

Scheints, gfojt s ihr hoit do drobm, und des is doch d Hauptsach, hoba ma denkt. Wos ma nadierli ned a so guad gfojn hat: dass goar nimma Boarisch redt, wann mia telefonian. Mei, se muaß se nadierle dene Fischköpf opassn, weil se de sunst ned vastehngan.

Wos mi aba echt stört – und des macht mia wirkli Sorgn – is des greislige Weda do drobm. Jeds Moj, wann des Deandl auf Bsuach kimmt, isse grang – jeds Moj! Und jeds Moj steckt s uns olle o. Dass ma in Winta an Katarrh hat, is ja normal. Aba se is ja s ganz Joahr – Summa wia Winta – grang!

Sogoar, wia da Kare domojs an ganzn Winta ohne Heizung in Kella ghaust hat, is der nia grang gwesn! Wos muaß des bloß für a Stodt sei, des Hamburg? Do geht ja aa andauand da Wind, sogt de Traudi. Und kojt muaß do sei, und renga duad s sowieso ganz vej. Schlimm is des! A richtig grange Stodt!

Und i trau ma s kaum zun sogn, aba i gfrei mi scho goar nimma, wann se auf Bsuach kimmt. Weil des Hamburg, des is ja total o steckad.[22]

91. GRUND

WEIL ES GAR KEINEN GRUND BRAUCHT, UM HAMBURG ZU HASSEN

Ein Käsekuchen, der in eine Baugrube gefallen ist, ist besser als ein Plakat, das einen kunstfertigen Fahrraddiebstahl vor dem Rathaus in 20 Jahren ankündigt. Das Plakat wiederum ist besser als ein Radio, das nur funktioniert, wenn man den Fernseher anstellt und auf volle Lautstärke dreht und eine Hand gegen die heiße Heizung gedrückt hält. Aber das ist geradezu eine Freude im Vergleich zu einem Nazi, der jeden Morgen hinter dem Duschvorhang steht und im harschen Ton die Inhaltsstoffe des Duschgels vorliest, während man sich die Zähne putzt. Und wer sich darüber beklagt, der sollte froh sein, dass er nicht mit dem tauschen muss, der jeden Abend einen netten Satz über Markus Lanz mit Blut auf eine Autogrammkarte von Boris Becker schreiben muss.

Aber das alles ist immer noch besser als Hamburg.

Hamburg ist wie ein Haus mit 111 Stockwerken ohne Aufzug, und Sie sind der Kaminkehrer.

Hamburg ist wie ein 111 Meter langer Bus, den Sie durch die Innenstadt fahren sollen.

Hamburg ist wie ein 111 Jahre alter Herzchirurg, der Sie operiert.

Hamburg ist wie ein 111 Kilogramm schwerer Schlüssel für den Keuschheitsgürtel Ihrer Angebeteten.

Hamburg ist wie ein Fußballspiel mit 111 Bällen, und Sie sind der Torwart.

Wenn Sie unbedingt nach Hamburg wollen, weil Sie dieses Buch nicht ernst nehmen, dann versprechen Sie zumindest, dass Sie auf dem Weg dorthin 111 Menschen aus brennenden Häusern retten.

Und wenn Sie ernsthaft mit dem Gedanken spielen, komplett nach Hamburg zu ziehen, dann müssen Sie einwilligen, dies erst zu tun, wenn Sie in 111 anderen Städten Aktmodel in einem Volkshochschulkurs »Aktzeichnen für Anfänger« gewesen sind.

Und wenn Sie in Hamburg wohnen, müssen Sie jedes Mal, wenn Sie sagen wollen, dass Hamburg die schönste Stadt der Welt ist, zuerst 111 Liegestütze machen und, nachdem Sie es gesagt haben, 111 Euro aus dem Fenster schmeißen.

Und wenn Sie schließlich irgendwann Bürgermeister von Hamburg sein werden, dann sind Sie verpflichtet, 111 Katzen im Rathaus leben zu lassen, die nach Liedern von Udo Lindenberg benannt sind. Deren Namen müssen Sie jedes Mal zuerst vollständig aufzählen, bevor Sie das Rathaus betreten oder verlassen.

Und jedes Mal wenn Ihr Dienstfahrrad geklaut worden ist, dann müssen Sie 111 Flüche ausstoßen, die sich auf die Namen anderer Städte reimen.

Glauben Sie es endlich: Hamburg ist keine Stadt für Sie. Hamburg ist eine Stadt für denjenigen, der als Nächstes an Ihrer Tür klingeln wird. Fragen Sie ihn, ob ihm 111 Dinge einfallen, die schlimmer sind als ein Fahrstuhl, der 111 Stundenkilometer schnell fährt.

92. GRUND

WEIL HAMBURGER DROGENDEALER EINEM DAS BLAUE VOM HIMMEL VERSPRECHEN UND DAFÜR IN DER HÖLLE SCHMOREN WERDEN

»Suchst du was?«

»Ja, ich suche etwas, was mir gute Laune macht, ich hatte nämlich einen beschissenen Tag.«

»Du hast Glück, da hab ich genau das Richtige für dich.«

»Moment, das war ja noch nicht alles. Ich suche etwas, was mir außerdem das Gefühl gibt, ein wertvoller Mensch zu sein.«

»Kein Problem. Glaub mir, das kannste von mir haben.«

»Moment, das ist ja noch nicht alles.«

»Okay, Junge, was noch?«

»Ich brauche etwas, bei dem ich mich hinterher fühle, als wäre ich gerade drei Wochen auf Sri Lanka gewesen und hätte dort einen Koffer voller bislang unbekannter Kompositionen von Franz Schubert gefunden.«

»Okay. Also das klingt natürlich sehr speziell, aber ich würde immer noch sagen, dass du da bei mir genau an der richtigen Adresse bist.«

»Oh, das freut mich zu hören. Eine entscheidende Kleinigkeit fehlt aber noch.«

»Nur zu. Ich höre.«

»Also, ich würde gerne währenddessen ein Gedicht schreiben. Ich habe das Gefühl, dass diese Sache meinen Kopf so herrlich frei machen kann, dass ich dabei was ganz Außergewöhnliches erschaffen könnte.«

»Was bist du denn für ein Perverser? Nee, das ist mir jetzt echt etwas zu krass. Such dir da mal jemand anderen. Verpiss dich, Junge.«

Boris P. sah die Prostituierte verächtlich an, drehte sich um und suchte das Weite. Ein paar Straßen weiter verlangsamte er seinen Schritt wieder. Er hatte eine Person ausgemacht, auf die er nun schnurstracks zuging. Und in der Tat, er hatte sich nicht geirrt. Er wurde erneut angesprochen.

»Suchst du was?«

»Ja, in der Tat, ich suche etwas, was mir gute Laune macht, ich hatte nämlich bisher einen richtig beschissenen Tag.«

»Ab jetzt ist das dein Glückstag, ich hab nämlich genau das, was du suchst.«

»Moment, ich war ja noch nicht fertig. Ich suche etwas, was mir das Gefühl gibt, ein wertvoller Mensch zu sein.«

»Sag ich doch, das ist dein Glückstag heute. Genau das ist mein Geschäft.«

»Da ist noch etwas.«

»Spuck's ruhig aus.«

»Ich will mich fühlen, als wäre ich gerade aus einem dreiwöchigen Fuerteventura-Urlaub zurückgekehrt, wo ich am letzten Tag einen Koffer mit vielen Hundert unbekannten Kompositionen von David Bowie gefunden habe.«

»Äh, wie bist du denn drauf, Alter! Aber hey, wenn du meinst, dann kannst du dich auch fühlen wie ein Pudel, der von 15 Papageien über einen fußballfeldgroßen Swimmingpool voller nackter Frauen geflogen wird. Ist alles nur eine Frage des Preises.«

»Das ist kein Problem. Aber eine Sache fehlt noch.«

»Da bin ich ja mal gespannt.«

»Ich bin Dichter, und ich will die ganze Sache zur Inspiration benutzen. Ich will ein ganz fantastisches Gedicht schreiben.«

»Weißte, das ist kein Problem. Pass auf, hier haste ein Gramm meines besten Stoffes. Das ist astreine Spitzenware. Wenn du das nimmst und ein Gedicht schreibst, dann brauchste niemals im Leben irgendein Schund-Geschenkabteilungs-Buch mit humoristischem Touch für kleingeistige Trottelleser zu schreiben, in das die höchstens mal aufm Klo reinlesen, wenn sie Verstopfung haben. Das Gedicht, das du under the influence, wie man so schön sagt, schreiben wirst, wird deine Altersvorsorge sein. Glaub mir. Ich hab dir doch vorhin schon gesagt, dass das heute dein Glückstag ist, kannste dich erinnern. Dafür ist der Preis für das eine Gramm ein absoluter Witz. Aber ich habe eben einfach ein Herz für Poeten.«

93. GRUND

WEIL HAMBURG JA AUCH FÜR ETWAS GUT SEIN MUSS

Bei Ihnen hat zum zweiten Mal innerhalb eines Jahres der Blitz eingeschlagen, und damit ist auch der zweite 75-Zoll-LED-Fernseher für 4.679 Euro hinüber. Die Versicherung zahlt nicht. Sie sind so richtig geladen jetzt.

Sie haben den Selfie-Stick für Linkshänder erfunden, aber das Patent für einen Appel und ein Ei verschleudert, weil Sie gerade pleite waren und nichts mehr zu essen zu Hause hatten. Das schmeckt Ihnen nun aber ganz und gar nicht, dass ein anderer dank Ihrer Idee höchstwahrscheinlich für alle Zeiten ausgesorgt hat.

Ihre Frau hat mit Ihrer Fußballmannschaft geschlafen, während Sie bei einem Überfall auf ein Perückenstudio als Geisel genommen worden sind. Aber wer hätte auch ahnen können, dass ein anderer haargenau die gleiche Idee hat und zur gleichen Zeit wie Sie ein Perückenstudio überfällt. Jetzt ist Ihre Frau schwanger, und Sie sollen ausgewechselt werden, wie es scheint.

Sie. Und Sie. Und auch Sie. Und Sie alle. Wenn das Leben Ihnen übel mitspielt, wenn Sie nicht wissen, wohin mit Ihrem Zorn, wenn Sie ein Ventil brauchen, Ihnen aber gerade das Fahrrad geklaut worden ist, auf dessen Gepäckträger zu allem Überfluss auch noch die Luftmatratze befestigt war, dann sind Sie hier richtig.

Hamburg.

Die Stadt, die man behandeln sollte wie einen Massenmörder mit Haarausfall.

Hamburg.

Die Stadt, die von bereits vor hundert Jahren Verstorbenen beim Gläserrücken immer noch aus dem Jenseits beschimpft wird.

Hamburg.

Die Stadt, die so kaputt ist wie ein Radio, das 300 Mal hintereinander ein Lied von Dieter Bohlen gespielt hat.

Hassen Sie Hamburg. Sie werden es nicht bereuen. Sie werden danach ein besserer Mensch sein. Klüger, schöner und jederzeit in der Lage, ein perfektes Frühstücksei zu kochen.

HAMBURG IST TIERISCH UNMENSCHLICH

94. GRUND

WEIL GRILLEN ZIRPEN UND HAMBURGER GRILLEN

Während Menschen in anderen Städten beten, sich die Beine rasieren, ihre Steuererklärung machen, in den Tagebüchern ihrer Kinder herumlesen, schiefe Bilder an den Wänden gerade rücken, bügeln, Aktenordner beschriften, Flugzeugmodelle zusammenkleben, John Updike lesen, Bleistifte anspitzen, mit der Telefonseelsorge sprechen, sich ins Kondolenzbuch für den Bezirkskaminkehrermeister eintragen, eine Fuge von Bach üben, eine Warze vereisen, Dias rahmen, Gift in die Suppe rühren, Hunde abrichten, Graffiti entfernen, Liebesbriefe an Judith Sombray schreiben, Geld drucken, Silberfischchen-Fallen aufstellen, duschen, blinzeln und atmen, grillen die Hamburger.

Grillen ist den Hamburgern heilig. Das Angrillen, also das Eröffnen der Grillsaison, muss spätestens im Februar stattfinden. Dieses Ereignis ist für die Hamburger bedeutender als Ostern und der eigene Tod zusammen. Selbst mit seinem letzten Atemzug kann ein echter Hamburger Grillmeister noch die notwendige Glut entfachen.

Auf seinem Grabstein steht: *Da war mehr als Asche.*

»Wer Grillen nicht supergeil findet, soll gefälligst die Schnauze halten und Duschvorhänge häkeln. Ist doch wahr!«

»Ich grille, weil ich aus Fleisch bin. Hier darf ich's sein.«

»Das ist Lebensgefühl«, sagt das Schwein und zwinkert seinen Freunden zu, die grunzend johlen und ihm ein neues Bier reichen.

Hamburger denken beim Grillen über das Leben nach. Dann stellen sie fest, dass sie schon alles über das Leben wissen, und grillen lächelnd weiter.

Der ideale Tag muss für einen liebevollen Hamburg-Patrioten wohl ungefähr so aussehen: Astra im Angebot, das Wetter gut, die Frau ist mit ihrem Kegelklub in die Eifel gefahren. Also geht er mit seinen Kumpels zum Grillen in den Park. Direkt neben ihnen liegen Kunstturnerinnen aus der Eifel und sonnen sich. Vom leckeren Fleischgeruch angelockt, kommen sie irgendwann rübergerobbt, manche gehen sogar auf ihren Händen. Wenn er einen Witz macht, lachen alle. Wenn er die Bierflaschen mit den Zähnen öffnet, sind alle fasziniert. Das Fleisch schmeckt fantastisch. Das Bier auch. Sonja turnt mit ihrer Zwillingsschwester Manja auf seinem Rücken herum, und alle klatschen, als die drei sich am Schluss verbeugen. Im Radio wird vermeldet, dass der HSV für die neue Saison Lionel Messi verpflichtet hat, und abends gibt es noch ein großes Feuerwerk über der schönsten Stadt der Welt. So ein Tag, so wunderschön wie heute.

Ohne Grillen hingegen wäre der Tag ganz anders verlaufen. Er wäre in den Baumarkt gefahren und hätte sich einen Winkelschleifer gekauft. Später hätte er einen Winkel geschliffen und dabei onaniert. Lionel Messi würde zu Bayern München wechseln, und er hätte eine halbe Flasche Bier über die Couch gekippt. Und beim Feuerwerk hätte er weinen müssen, weil er an einem Silvesterabend seine Frau kennengelernt hat. Diese alte Schrapnelle. Die wäre zu dem Zeitpunkt gerade auf Abnehmkur in Kropp.

Sie sehen, Grillen ist für einen Hamburger ein ganz entscheidender Faktor hinsichtlich der Frage, ob das Dasein lohnenswert ist oder nicht.

Und in Anbetracht dessen darf es wahrlich niemanden überraschen, dass die Zeitschrift *BEEF* (Untertitel: Für Männer mit Geschmack) in Hamburg erscheint. Ein furchtbar dummes Heft, das Fleischfressen zur Kulthandlung erhebt. Bettlektüre für Griller, damit sie des Nachts noch mehr sabbern und morgens schon mit gefletschten Zähnen aufwachen können.

In Hamburg geht die Sonne eigentlich nur auf, damit die Griller, die eine Nachtschicht auf dem Balkon eingelegt haben, besser sehen können, was sie da eigentlich durchgegart haben. Da mag es das eine oder andere Mal böse Überraschungen geben. Aber alles in allem sind es doch fast immer Dinge, in die man bedenkenlos hineinbeißen kann. Ein Gehirn hat schließlich keine Knochen.

95. GRUND

WEIL BEGEGNUNGEN MIT DEN HAMBURGER HUNDEN SICH SCHEISSE ANFÜHLEN

In Hamburg soll es mehr als 70.000 Hunde geben. Sagen die offiziellen Statistiken. Gefühlt gibt es jedoch nur drei: den hässlichen, den lauten und den stinkenden.

In Hamburg kann man lernen, dass es nicht richtig sein kann, wenn Menschen und Hunde eine symbiotische Beziehung eingehen. Denn auch viele Hamburger sind unschön, unleise und unbalsamisch. Zusätzlich sind Hamburger ja auch noch unfreundlich, unverlässlich und unbedacht. Hundebesitzer sind oft Menschen, die vieles andere nicht besitzen, z.B. Grundkenntnisse in Hundeerziehung. Es ist daher immer wieder ein Abenteuer, einem Menschen mit Hund zu begegnen. Zumindest dann, wenn man sich keinen Urlaub leisten kann, der einen in Länder führt, in denen Hunde nicht wie Götter verehrt werden, sondern als Parkplatzeinweiser oder als Liftboy eingesetzt werden. Auf den Marshallinseln beispielsweise und auch in Luxemburg.

In Hamburg begegnet man zuallererst dem Hund, der Mensch dahinter ist meist nur der Dolmetscher, der einem erklärt, was der Hund gerade denkt, meint, will, braucht. Ein willenloser Diener seines Herrn, des Wauwaus.

Der Hundebesitzer ist ein armseliges Würstchen, das nur noch zum Schein mit seinem Ehepartner verheiratet ist. Das eigentliche Interesse und der Großteil der möglichen Zuwendung und Liebe gilt dem elenden Vierbeiner. Also hüten Sie sich, in Hamburg jemals einen Hund schräg anzuschauen. Sonst gibt es Ärger mit dem

Bodybuilder am anderen Ende der Leine. Der hat jahrelang nur für diesen einen Moment trainiert und brennt darauf, den Energieerhaltungssatz endlich widerlegen zu können. Weil die Energie, die er in Sie hineinstecken wird, die werden Sie oder das, was von Ihnen übrig bleiben wird, niemals wieder in eine sinnvolle flüssige Bewegung umsetzen können. Und die Energie für den E-Rolli kommt nachgewiesenermaßen aus der Steckdose.

Werfen Sie auch keinem Hund verliebte Blicke zu. Sonst kriegen Sie gleichzeitig eine Handtasche auf den Kopf und einen Tritt in den Unterleib. Dazu noch eine Anzeige und die Aufnahme in die Internetdatei der Sodomiten bzw. sonstiger »zum Abschuss freigegebener Menschen ohne Angehörige, die solche Schweine ernsthaft vermissen würden«.

Die Wahrscheinlichkeit ist groß, dass Sie in Hamburg Hunden begegnen, die sowohl hässlich als auch laut sind und dazu noch stinken. Tun Sie einfach so, als wären Sie nur ein Menschenhasser.

Hunde scheißen im Durchschnitt ja nachgewiesenermaßen alle 73 Meter. Das ist unerfreulich, und auch wenn mittlerweile viele Hundebesitzer die Ausscheidungen ihrer Lieblinge eintüten, um sie zu Hause als aktuelles Lieblingsexponat im Glaskasten auf dem Couchtisch auszustellen, liegt noch genug Scheiße auf den Hamburger Straßen herum.

Dieser ärgerliche Umstand hat die Bürgerschaftsabgeordnete Andrea Oelschlaeger auf den Plan gebracht. Oelschlaeger gehört einer absoluten Expertenpartei für Scheiße an, der AfD nämlich. Sie hat eine Anfrage an den Senat gerichtet. Hundekot im öffentlichen Raum sei demnach »nicht nur ein ästhetisches Ärgernis, sondern auch eine nicht unerhebliche Gesundheits- und Sicherheitsgefahr«.[23] Man mag von der AfD halten, was man will, aber das stimmt ja nun wirklich. Die polnische Putzfrau von Oberbürgermeister Scholz beschäftigt selber eine ukrainische Putzfrau, deren Ehemann einst einen Chauffeur hatte, der unglücklich gestürzt ist, als er um den Wagen herum gelaufen kam, um dienstfertig die Tür zu öffnen. Und worüber ist er gestolpert? Genau, über einen Stabmixer, den jemand achtlos auf die Straße geworfen hatte. Leider flog er mit dem Gesicht so unglücklich in einen riesigen Hundehaufen, dass er schneller erstickte, als sein Chef einen anderen Bediensteten zur Rettung herbeirufen konnte. Das kommt selten vor, aber erzählen Sie das mal der Mutter des Chauffeurs!

Oelschlaeger regte deshalb in ihrer Anfrage die Einführung einer DNA-Datenbank für Hunde an und deutete nebenbei an, dass dadurch neue Arbeitsplätze geschaffen werden könnten. Für glückliche und dankbare Arbeitnehmer, die alle 73 Meter Proben von Hundescheiße nehmen müssen. Dafür aber werden sie nach drei Jahren genug Geld zusammengespart haben, um Urlaub in Luxemburg oder gar auf den Marshallinseln zu machen.

96. GRUND

WEIL KÄLTE IST, WAS COOL SEIN SOLL

Morgens. Ende April. Null Grad. Hamburg.

Da frieren einem beim Fahrradfahren die Zehen ab. Der Chef tritt einem dann auch noch zusätzlich auf die Füße, wenn man im Büro angekommen ist.

»Untergebener, warum sind Sie so pünktlich da? Ich kann es nicht leiden, wenn meine Angestellten so eifrig sind. Das machen Sie doch nur, um mir das Gefühl zu geben, dass ich Ihnen zu wenig bezahle, Sie Schuft.«

Wärmer als ein Grad wird es an diesem Tag nicht mehr.

Hamburg ist der perfekte Mix aus miesem Wetter und kalten Menschen.

Wenn hier einer ins Schwitzen gerät, dann nur deshalb, weil ihm nach drei Tagen einfällt, dass er das Chinchilla seiner im Koma liegenden Frau im Kofferraum vergessen hat.

Ein gefrorener Vogel fällt vom Himmel. Der Vollbartträger läuft aus dem Haus und guckt nach, ob seine gute Laune dadurch beschädigt worden ist. Er sprintet zurück ins Haus und holt das Lachen nach, das vielleicht sogar ansteckend sein könnte, wenn denn da noch jemand anderes wäre.

Hamburg beherbergt Menschen, die ein Haus im Haus bewohnen. Dort drinnen tragen sie die Heizungsrechnung auf ihren roten Händen zu Grabe.

Der haushohe Peter sagt, dass man ernsthaft überlege, der Stadt den Rücken zu kehren. Schließlich habe man jetzt bereits zum dritten Mal wegen der Kälte gestritten. Und beim Sex lässt man die Socken an, bis Juni auf jeden Fall. Schneller Juli, dummer August. Im September muss man die Strümpfe dann schon wieder überziehen. Ab November hat man generell keine Lust mehr auf Sex, weil man sich einfach gar nicht mehr ausziehen will. Der haushohe Peter hat stets die Vorhänge vorgezogen. Seine Frau, die baumhohe Petra, sagt, man habe sie jetzt anderweitig zum Vögeln gebracht. Sie schlägt Wurzeln und Kinder, die während der neun Wintermonate entstehen, zu Brennholz.

Hamburg ist von allen Schutzheiligen verlassen, und eine Eintagsfliege wird zur einzigen Vollzeitkraft, um den Karren aus dem Dreck zu ziehen. Der Parcours umfasst so viele Pfützen, wie man an einem Tag verfluchen kann.

Hoffentlich verschläft man den Sommer nicht.

In Hamburg macht eine einzige Schwalbe nämlich einen Sommer. Und eine üble Nachrede macht Mundgeruch. Wenn man das alles nachplappert, kommt der Frühlingsduft niemals näher. Und Hamburg bleibt eine Jahreszeit zwischen Beleidigung und Beinstumpf.

97. GRUND

WEIL HAMBURG EINE ZWEIKLASSENGESELLSCHAFT IST UND AUCH POST MORTEM BLEIBT

Es kostet 250 bis 500 Euro, in Hamburg eine Leiche auszugraben (laut Punkt 6.5.1.11 des Bußgeldkatalogs der Hamburger Bezirksämter vom 1.08.2014). An sich durchaus nachvollziehbar, dass man verhindern will, dass jeder einfach nach Gutdünken eine Leiche freischaufelt.

Wobei es sich die 42.000 Hamburger Millionäre natürlich locker leisten könnten, immer wieder mal zum Spaß einen Toten auszubuddeln. Die könnten sogar Partys feiern und allen ihren Gästen eine Grabung spendieren. Das wäre für die wirklich kein Problem.

Und das ist doch echt unfair all den armen Schluckern gegenüber, die schon bei 250 Euro Strafe erst einmal monatelang weniger rauchen müssten, um sich das leisten zu können. Selbst wenn die Millionäre die Höchstsumme von 500 Euro pro Leichnam berappen müssten, stünde das in keinem Verhältnis. Deshalb ist es verwunderlich, warum Die Linke nicht schon längst gefordert hat, dass die Strafen einkommens- und vermögensabhängig festzulegen sind, sodass es einen Millionär genauso schmerzt wie einen Hartz-IV-Empfänger, wenn er irgendjemandes Onkel Jörg freilegt.

Bungee Jumping ist out. Leichenausgraben ist der neue Kick.

Eine Freizeitbeschäftigung, die rasch grassieren würde. Der grundsätzliche Charakter der Hamburger gäbe es her, dass ihre Stadt schnell die unangefochtene Hochburg der Leichenfledderei werden würde. Die Voraussetzungen wären mit dem Ohlsdorfer Friedhof natürlich auch nahezu ideal (immerhin der größte Parkfriedhof der Welt).

Gutscheine, die man von den Freunden zum Geburtstag bekommt: *Einmal Strafgebühr fürs Leichenheben. Viel Spaß, lieber Peter!*

Man könnte Wettbewerbe veranstalten. Wer als Erster einen Schädel zu Tage fördert, kriegt einen Kasten Bier. Oder ein Schlüsselbein. Oder das Buch *111 Gründe, an ein Leben vor dem Tod zu glauben*.

Das Ganze wäre aber auch schnell überreizt, so steht zu befürchten. So geht es ja oft: je größer der Hype, umso schneller und heftiger die Ernüchterung. Außerdem würde es natürlich von Anfang an auch Gegner dieser eigentlich doch recht bodenständigen Beschäftigungspraxis geben. Erbitterte Gegner, mit Rosenkränzen um den Hals. Denn klar ist: Wenn in den öffentlichen Verkehrsmitteln auf jedem dritten Platz Knochenhaufen abgelegt werden würden, die jemand mit nach Hause nähme, um daraus eine Garderobe oder Stehlampe zu bauen, dann würde der Spaß für manche ganz schnell aufhören. Bigotte Spießer gibt es überall.

Und auch in dem Fall wären es wieder die Reichen, die es leichter hätten, weil sie ihre Beute ja einfach mit einem Helikopter direkt zu ihrem Dach-Penthouse fliegen lassen könnten. Sie könnten Knochenfahrräder in Serie fertigen lassen. Und diese dann nach Russland exportieren. Wo reiche Sammler bereit wären, horrende Preise dafür zu bezahlen.

Die Reichen könnten auch Privatfriedhöfe anlegen, auf denen sich ihre Bediensteten und deren Angehörige kostenlos bestatten lassen könnten. Und Menschen, die im Krankenhaus bedauerlicherweise bei harmlosen Operationen versterben, würden dort ebenfalls ihre letzte Ruhestätte finden können. Auf ihren eigenen Friedhöfen könnten die Reichen dann ganz entspannt buddeln. Und sie würden gar nicht merken, dass sie viel weniger Spaß hätten als die betrunkenen Mittelschichtler auf den öffentlichen Friedhöfen. Die Reichen berechnen Spaß nämlich nach dem Preis. Und da es gar nicht so billig ist, die Behörden zu bestechen, die Ärzte zu schmieren und die zahlreichen Angehörigen dazu zu bringen, die Leichname ihrer Lieben abzugeben, würden die Reichen steif und fest behaupten, dass sie sehr viel Spaß hätten.

Apropos steif und fest: Die Reichen selbst würden sich natürlich in unzerstörbaren Särgen auf den Dächern ihrer Dach-Penthouses bestatten lassen. Und bei der Beerdigung würde ein Helmut-Schmidt-Doppelgänger auf einem Knochenxylofon *Ich bin der Welt abhanden gekommen* spielen. Hamburg ist einfach zu dekadent. Das ist klar.

Unklar hingegen ist weiterhin, in welchen Fällen es 250 Euro kostet, eine Leiche auszugraben und wann 500? Und gibt es auch den Fall, dass es 397,29 Euro kostet? Wovon hängt der Tarif ab? Vom Gewicht der Knochen? Von der Tiefe des Lochs? Vom Motiv des Täters? Wenn er seine Oma zu ihrem Geburtstag einfach noch mal sehen wollte, kostet es ihn dann 250 Euro? Wenn er aber auf die Knochen einer ihm völlig unbekannten Person mit Edding unflätige Worte schreiben wollte, um sie seiner ungeliebten Abteilungsleiterin vor die Bürotür zu legen, dann muss er 500 Euro Strafe zahlen?

Hamburg ist komisch. Aber leider nicht lustig. Ruhen Sie in Frieden also lieber woanders!

98. GRUND

WEIL SCHWÄNE OHNEHIN SCHON SCHLIMM SIND, ABER IM NOCH SCHLIMMEREN HAMBURG ZU DEN SCHLIMMSTEN TIEREN ÜBERHAUPT WERDEN

Eigentlich könnte man den Text, den man auf hamburg.de über die Alsterschwäne finden kann, einfach so abschreiben. Damit wäre alles gesagt, und jeder vernünftige Mensch würde ernsthaft das Kotzen in dieses Buch hinein erwägen. Die unverbesserlichen Hamburg-Patrioten hingegen halten die Sache mit den Schwänen sicherlich wieder für eine liebenswerte Hamburgensie, für ein tolles Thema für die nächste Plauderei in der Gangbang-Warteschlange.

Die Schwäne sind in Hamburg nämlich quasi heilig. So wie Uwe-Seeler-Doppelgänger, die singen wie Jan Delay und dabei unablässig eine Mentholzigarette lässig im Mundwinkel hängen haben, mit der sie eine Feuerwerksrakete nach der anderen anzünden, ohne dabei auch nur einen Tropfen Astra zu verschütten, in Hamburg heilig sind.

Seit Jahrhunderten sind die Alsterschwäne ein Wahrzeichen der Stadt. Sie werden deshalb auch seit jeher auf öffentliche Kosten gehegt und gepflegt. Und es wurde anno dunnemals auch das Mandat erlassen, dass es verboten sei, sie zu beleidigen, sie zu verletzen oder sie zu töten. Die älteste Behördenplanstelle der Stadt ist die des Schwanenvaters (seit 1674). Dieser ist der einzige Mitarbeiter der »Zentralstelle Schwanenwesen«. Dieses Amt ist natürlich einzigartig in ganz Deutschland.[24] Wen nimmt das wunder?

Im Winter werden die ca. 120 Schwäne dann in den Eppendorfer Mühlenteich umquartiert, der durch Unterwasserpumpen vorm Zufrieren geschützt ist. Alles nur, damit die Viecher sicher durch die kalte Jahreszeit kommen, denn sie sollen ja im nächsten Jahr wieder fröhlich und königlich auf der Alster herumschwimmen. Denn es heißt, solange sie das tun, wird Hamburg eine freie und wirtschaftlich erfolgreiche Stadt sein. Mag sein, aber solange die Alsterschwäne so gehypt werden, ist Hamburg auch eine lächerliche und zu verachtende Stadt.

»Das ist so absurd«, schimpft Jale A., die dreimal hintereinander die Auszeichnung als größte Schwanenhasserin Hamburgs gewonnen hat, den Angelhaken in Gold (der natürlich im Untergrund vergeben wird, wo man nur hinkommt, wenn man in einem ganz speziellen Fahrstuhl, der sich hinter einer Geheimtür in einer ganz bestimmten Sauna befindet, auf den Knopf mit einem in Bernstein eingeschlossenen Haar von Telly Savalas drückt).

Jale A. sagt außerdem: »Wir verstehen das einfach nicht. Also warum wir immer in der ersten Person Plural sprechen, wenn wir über Schwäne schimpfen. Das machen wir doch sonst nicht. Vielleicht sind wir also doch nicht allein mit unserem Hass auf Schwäne. Na ja, wir gehen jetzt mal schlafen und hoffen, dass alle anderen Menschen auch noch aufwachen.«

Sprechen Sie ab jetzt (also hier, ab dieser Sekunde und an dieser Stelle) folgendes Mantra unablässig vor sich hin:
Ich hasse Schwäne.
Ich hasse Schwäne.
Ich hasse Schwäne. Ich hasse Schwäne.
Gehen Sie auf die Straße (jetzt) (nein, Sie müssen sich nichts anderes anziehen, gehen Sie jetzt direkt, so wie Sie sind, auf die Straße) und tun Sie weiterhin kund:
Ich hasse Schwäne. Ich hasse Schwäne.
Bilden Sie mit anderen, die aus diesem Buch kommen, eine Einheit. Und stecken Sie andere an. Skandieren Sie ohne Unterlass:
Wir hassen Schwäne. Wir hassen Schwäne. Wir hassen Schwäne. Wir hassen Schwäne. Wir hassen Schwäne.
Wirhassenschwäne wirhassenschwäne wirhassenschwäne!
(Sie wissen ja jetzt, was zu tun ist. Legen Sie das Buch beiseite.)
Wir hassen Schwäne.
(Legen Sie das Buch endlich beiseite!)

Ha, ihr Drecksschwäne, ihr verblödeten, ihr unsympathischsten Vögel von allen, kackt euch doch selber auf den Kopf und lasst in euer Spatzenhirn die Erkenntnis einsickern, dass ihr ein für alle Mal ausgeschissen habt. (Legen Sie das Buch in einen Tresor.)

99. GRUND

WEIL FLÜCHTLINGE IN HAMBURG KEINEN SCHUTZ FINDEN, ABER HAMBURGER PLÖTZLICH UMWELTSCHUTZ GUT FINDEN

In niedersächsischen Sumte wohnen knapp über 100 Einwohner. Im Herbst 2015 hieß es, dass 1000 Flüchtlinge in dem Ort untergebracht werden sollen. So viele wurden es letztlich nie, es waren aber doch bis zu 600 Menschen gleichzeitig, die in dem Flüchtlingscamp in Sumte lebten. Und auch die Befürchtungen, die so mancher Einwohner vor der Ankunft der neuen Nachbarn hatte, haben sich nicht bestätigt. Es wurden keine Frauen vergewaltigt, es wurden keine Einbrüche verübt, es verlief seit November 2015 bis ins späte Frühjahr 2016 alles reibungslos und entspannt. Wobei, es soll ja nichts verschwiegen werden. Ein syrischer Vater hat seine Tochter ohne zu fragen auf ein Pferd gesetzt, das auf einer Weide stand. Das gab ein bisschen Stress. Aber niemand hat ihn deswegen erschlagen, die Sache konnte ohne Blutvergießen geklärt werden.[25]

Der Untergang des Abendlandes scheint also ein eher schleichender Prozess zu sein. Jeder Gletscher schmilzt schneller, und auch Boris Becker wird schneller begreifen, wie Erwachsensein funktioniert. In Hamburg werden seit jeher Frauen vergewaltigt. Und es soll auch schon vorgekommen sein, dass ein Mann, während er das tat, zeitgleich selbst von einem anderen Mann vergewaltigt wurde. So groß ist der aufgestaute Druck unter dem schönsten Regenpimmel der Welt.

Und Kellerabteile, in denen die Asseln das Wertvollste sind, was sich darin befindet, werden in Hamburg gerne dreimal pro Jahr aufgebrochen. Das alles stört natürlich schon ein wenig die allgemeine Wohlfühl-Atmosphäre in der Stadt, aber man muss es wohl hinnehmen. Was könnte man auch groß ändern? Wo sollte man ansetzen? Soll man alle Männer verbannen? Wer würde dann das ganze schlimme Astra wegtrinken?

Eine Kellerassel ruft: »Leute, ich habe eine Idee. Man könnte Flüchtlinge abschieben. Weil die ja nur zweierlei im Kopf haben: Vergewaltigung und Diebstahl.« Die Crux an der Sache: Dazu müsste man sie aber erst einmal aufnehmen. Und dann natürlich das Datum unter den bisher mannigfach begangenen Vergewaltigungen und Einbrüchen fälschen.

Dass Flüchtlinge in der Nachbarschaft wohnen und vielleicht sogar noch im selben Supermarkt einkaufen gehen sollen wie so mancher kurz vor der Heiligsprechung stehende Hamburger, das ist kaum zumutbar.

»Nicht weil wir was gegen Flüchtlinge haben. Diejenigen, die fast schon mal von einer Bombe zerfetzt UND von einer Gewehrkugel gestreift UND beinahe von einem Krokodil gefressen UND deren Mütter vor ihren Augen im Maul eines Krokodils erschossen worden sind UND die eine total gute akademische Ausbildung haben, gegen die ist nichts einzuwenden, die brauchen unseren Schutz und sollen ruhig kommen. Aber die anderen, nein, die passen irgendwie nicht hierher. Und sehen Sie es doch mal so: Warum sollte man diesen Menschen zumuten, dass sie in unserer feinen Gegend leben. Die kommen hier doch gar nicht zurecht. Edeka ist schließlich nicht Aldi. Und selbst Aldi ist keine Müllkippe.«

In Klein Borstel wehrten sich Anwohner monatelang gegen eine Flüchtlingsunterkunft und gründeten dazu den Verein »Lebenswertes Klein-Borstel«. Dessen Ziel ist es, Klein-Borstel »als intaktes Quartier für naturnahes, familienorientiertes Wohnen zu erhalten und behutsam zu entwickeln«.[26]

Wohlgemerkt, das soll letztlich die Argumentation für ein Leben ohne Flüchtlingsunterkunft in der Nachbarschaft sein. Klingt das nicht irgendwie schräg? Würde das nicht sogar ziemlich hassenswert klingen, wenn man einen schlechten Tag hinter sich hätte, der damit begonnen hat, dass einem das falsche Bein amputiert worden ist und an dem man später dann mit dem anderen in Hundescheiße hineingehüpft ist?

Klingt dieses schön formulierte Ziel der Klein-Borsteler nicht in etwa wie: Das Ziel dieses Buches ist es, die Bibel aus den Bücherschränken zu verdrängen und die Gehirne seiner Leser als Warensendungen an leer stehende Vogelhäuschen zu verschicken.

Klein-Borstel ist aber nur ein Beispiel. In Blankenese entdeckten Anwohner plötzlich ihre tiefe Verbundenheit zu 42 Bäumen, die gefällt werden sollten, um an der Stelle Pavillons für insgesamt 192 Flüchtlinge zu errichten. Die Baumfällfirma musste wieder abrücken, da zahlreiche Anwohner den Zugang zum betreffenden Gelände mit Autos blockierten. Anschließend wurde ein Baustopp per Gerichtsentscheid erwirkt. Der Anwalt der Anwohner argumentierte, es gebe auf dem Grundstück »zahlreiche schützenswerte Pflanzen und Tiere. Die Baugenehmigung kollidiere klar mit dem Europäischen Umweltrecht«.[27]

Doch die Stadt setzte sich vorm Verwaltungsgericht durch, und die Baumfällfirma rückte wieder an. Wegen eines Verfahrensfehlers konnten die Anwohner per Eilantrag erneut einen Baustopp erwirken.[28] Die Baufällfirma fuhr wieder nach Hause. Dort wartet sie auf einem Zahnstocher herumkauend darauf, dass zum wiederholten Male eine andere Entscheidung gefällt wird.

Blankenese verliert in Zukunft also vielleicht 42 Bäume, vielleicht aber auch nicht. Abhängig davon verlieren vielleicht auch einige Blankeneser den Glauben daran, dass es sich auszahlt, für den Umweltschutz einzutreten.

Hamburgtypisch ist in weiten Teilen der Stadt selbst der Rassismus superlässig und wird hanseatisch nüchtern verargumentiert. Da brüllen keine Hirnamputierten saudumme Parolen (na ja, natürlich brüllen auch in Hamburg solche solches, aber da geht es dann eher ums Saufen, Ficken und die unkomplizierte Verknüpfung von beidem). Bezüglich der sogenannten Flüchtlingskrise werden in Hamburg saudumme Parolen aber bevorzugt in eine andere, in eine golfklubtauglichere Sprache übersetzt. Und diese andere Sprache klingt wie ein Schlagertext von Helene Fischer, der von einem gut gescheitelten Mann im Anzug lispelnd vom Zettel abgelesen wird.

»Wir haben nichts gegen Flüchtlingsheime, aber nicht vor unserer Haustür.

Wir haben nichts gegen unsere Haustür, aber sie geht nicht nach innen auf.

Wir haben nichts gegen unser Inneres, aber wir wollen das keinem zumuten.«

In Hamburg leben fast 1,8 Millionen Menschen. Hamburg hat im Jahr 2016 bis Ende Mai etwas über 10.000 Flüchtlinge aufgenommen. (Im Jahr 2015 waren es über 22.000 Flüchtlinge, die in Hamburg aufgenommen wurden). Insgesamt leben ca. 40.000 Flüchtlinge in Hamburg.[29]

In Hamburg gibt es ein Pferd, auf dessen Rücken das Glück liegt. Leider steht das edle Tier in einer Pferdebox im zweiten Untergeschoss einer Tiefgarage, unter einem Haus, über das zur Tarnung eine Pestklinik ohne Türen gebaut wurde, das in einem von hohen Mauern umgebenen Stadtteil steht, der hinter Nebelbänken verborgen liegt und der rundherum mit Minen und Selbstschussanlagen gesichert ist. Es gibt einen Anwalt, der jeden verklagt, der das Wiehern des Pferdes nachzuahmen versucht.

100. GRUND

WEIL PFERDE UNTER DER ERDE MEHR GLÜCK HÄTTEN

Das Glück der Erde liegt auf dem Rücken der Pferde. Hä? Warum sollte jemand, der einigermaßen bei Verstand ist, das Gesamtwerk von Johann Sebastian Bach auf einen Pferderücken legen? Was soll das für einen Sinn machen? Es ist wie so oft mit irgendwelchen Sprüchen, die sich reimen und in denen das Wort »Glück« vorkommt: Sie sind wie Sprüche, die sich nicht reimen und in denen das Wort »hirnrissig« vorkommt.

Pferde sehen aus wie Beamte, die selbst nach Feierabend noch penibel darauf bedacht sind, dass ihnen kein Popel aus der Nase fällt. Pferde werden im Allgemeinen überschätzt. Kühe sind viel schöner. Und ja, es gibt in Hamburg viel zu wenig Kühe. Kühe sind wundervoll. Wo keine Kühe sind, da ist auch kein Himmel drüber.

In Hamburg stehen natürlich Pferde hoch im Kurs und daher auch in vielen Ställen herum. Da können einem diese nicht unbedingt super-sympathischen Tiere ja fast schon wieder leidtun. Ja, in der Tat, in Hamburg wird mit Pferden allerlei Unsinn getrieben.

Es gibt die Trabrennbahn in Bahrenfeld und die Galopprennbahn in Horn. Pferderennsport ist vergleichbar mit Brustvergrößerungen, er ist völlig überflüssig.

Über Hindernisse springen müssen die Pferde in Klein Flottbek – ob sie nun Teil des »schwierigsten Springen der Welt« (Deutsches Spring- und Dressur-Derby)[30] sein wollen oder nicht (die 90.000 Zuschauer kommen auf jeden Fall freiwillig und sollten deshalb mit Hufen beschlagen werden). Okay, liebe Kinder, da auch in diesem Buch nicht verraten wird, wer Hanni und Nanni erst brutal vergewaltigt und dann tagelang gefoltert hat, bevor er beide jeweils mit dem Blut der anderen ertränkt hat, so soll zumindest folgendes bislang streng gehütete Geheimnis hier gelüftet werden: Pferde springen gar nicht gern und auch überhaupt nicht freiwillig, sondern nur nach jahrelanger Quälerei über bis zu 1,60 Meter hohe Hindernisse. Das ist grausam. Das ist in etwa so, als würde man euch, liebe Kinder, jeden Tag zwingen, auf einen 15 Meter hohen Baum zu klettern, von dem ihr dann herunterscheißen müsst. Vorher dürft ihr die Tarantel nicht vom Kopf nehmen.

Außerdem gibt es noch vier Poloklubs in Hamburg. Das bedeutet, es gibt mehr Poloklubs als gute Zahnärzte in Hamburg.

Im Jahr 2010 hat die Hamburger Polizei ihre Reiterstaffel, die einst in den 1970er-Jahren aufgelöst wurde, wieder eingeführt. Warum? Damit im Jahr 2015 ein Demonstrant von einem Pferd schwer verletzt werden konnte.[31]

Pferde neigen in Gefahrensituationen grundsätzlich zur Flucht. Polizeipferde nicht, die sind verbeamtet und dürfen vor Feierabend nicht fliehen. Sie dürfen auch keinen Dreitagebart tragen. Arme Pferde. Armselige Menschen.

Okay, Kühe sind besser und toller als Pferde. Aber Pferde sind eigentlich auch gar nicht so schlecht. Sie wurden nur von Menschen in seltsame Pferdekostüme gesteckt, in denen sie allerlei schlimme

Dinge machen müssen. Das sieht den Menschen ähnlich. In ihren Unmenschenkostümen. Hamburg ist da wieder mal Vorreiter.

Kühe findet man nur in der Kühltheke, und Pferde finden sich selbst in den Albträumen kleiner Mädchen wieder, deren Väter Wetten darauf abschließen, welches Pferd am längsten durchhält, bevor es auch unter all dem menschlichen Glück auf dem Rücken zusammenbricht.

101. GRUND

WEIL DER TIERPARK HAGENBECK RICHTIG SCHEISSE LANGWEILIG IST!!!

Der Tierpark Hagenbeck war früher auch mal ein Menschenzoo. Die Geschichte des beliebten Hamburger Tierparks begann damit, dass Gottfried Hagenbeck 1848 den Hamburgern lebendige Seehunde zeigte. Später (1874) ging er dazu über, »Völker« auszustellen (u.a. Eskimos, Indianer und Afrikaner). Die Hamburger standen Schlange, um sich das anzusehen. Das spricht nicht für die damaligen Zeitgenossen. Und gegen Hagenbeck spricht, dass die vorgeführten Menschen sehr schlecht entlohnt wurden und eine Inuit-Dorfgemeinschaft gar an Pocken starb, weil keine Impfungen vorgenommen wurden. Diese »Völkerschauen« wurden bis 1931 fortgeführt.[32]

Das nur so zur Einstimmung. Im ersten Drittel des 20. Jahrhunderts sind nun mal allerlei schlimme Dinge passiert und gemacht worden. Ganz dem damaligen Zeitgeist entsprechend, der von denen, die stark waren, bestimmt wurde. Hagenbeck hat daraus geschäftstüchtig Kapital geschlagen und dem Profitgedanken jedes weitere Denken untergeordnet. Damals dachten die Europäer ja auch, dass sie anderen Rassen überlegen seien.

Oh stimmt, das denken einige heute immer noch. Verdammt. Die Dummen sterben eben nie aus. Bestimmte Tierarten hingegen schon. Und lebendig sind die Tiere in Zoos ja auch nicht mehr wirklich. Tiere leben im Zoo nämlich in künstlich erschaffenen, aber (hey!) ihrer natürlichen (echt jetzt!) Umgebung nachempfundenen (wie erhebend!) Gehegen. Übertragen bedeutet das in etwa, dass ein Mann seinen Schwanz in eine Socke schiebt, weil die ja einer Vagina so täuschend echt nachempfunden ist. Könnte aber möglicherweise auch ein Anus sein. Auch der eines Mannes. Oder ein Mund. Zahnlos. Oder eine Handyschutzhülle. Oder ein Auspuffrohr. Oder die linke Hosentasche von Olaf Scholz. Auch die rechte. Oder ein toter Fisch. Oder eben eine Socke.

Während ein Loch sich an das nächste reiht, schlägt Hagenbeck immer noch geschäftstüchtig Kapital aus der Ausbeutung anderer Lebewesen. Denn Zoos sind Gefängnisse, nichts anderes. Und wenn Tierparkbetreiber argumentieren, dass sie einen wichtigen Beitrag zum Artenschutz und zur Vermittlung von Wissen über Tiere leisten, dann würde man am liebsten laut und schallend lachen oder vielleicht sogar eine Polka der Erleichterung tanzen. Wenn es nur nicht so traurig und so gelogen wäre. Um es noch mal zu sagen: Tiere in Gefangenschaft sind nicht vom Aussterben bedroht, sie sind bereits tot. Artenschutz bedeutet, Tiere in ihrer natürlichen Umgebung zu schützen. Außerdem verhalten sich Tiere in Gefangenschaft mitnichten wie Tiere in freier Wildbahn. So wird den Zoobesuchern ein völlig falsches Bild vermittelt. Den eingesperrten Tieren ist sterbenslangweilig. Sie können ihr natürliches Verhalten in keinster Weise ausleben. Die Tiere haben keinerlei Beschäftigung, deshalb sind sie apathisch und entwickeln Verhaltensstörungen. Noch dazu müssen sie sich hässliche Menschen angucken.

Zoos gehören abgeschafft. Gucken Sie lieber Dokumentarfilme, die Tiere in ihrer natürlichen Umgebung zeigen. Oder gucken Sie Vögelfilme, die Menschen in ihren liebsten Dokumentarfilmen zeigen, die Geschlechtsteile in ihrer natürlichen Umgebung zeigen. Gucken Sie gerne auch doof. Aber gehen Sie nicht in Zoos. Damit finanzieren Sie nur das Auskommen von Ausbeutern.

Zoos sind so anachronistisch wie Hitlerbärtchen. Zoos sind Orte der Qual und Unterdrückung. Und Hamburg wäre auch ohne den Tierpark Hagenbeck noch traurig genug, um hysterisch-fröhliche Außerirdische bei Völkerschauen zum Weinen zu bringen.

Was bleibt? Ein Kind, das im Tropen-Aquarium von Hagenbeck zunehmend verzweifelt mit dem Finger über die Scheibe wischt, um endlich zum nächsten Bild zu wechseln. Eines, das vielleicht ein spannenderes Tier zeigt, das lustigere Sachen in einer tollen Umgebung macht. Vielleicht sogar eines, das um sein Leben kämpfen muss. Wenn das Kind wüsste …

… was der Jugendliche weiß:

»für jugendliche ist das richtig scheiße langweilig !!! was soll man da ??? es gibt dort überhaupt nichts anderes zu sehen als tiere naja ist klar bei nem tierpark aber achterbahnen sind doch viel cooler und auch lustiger aber meine eltern wollten ja lieber in nen tierpark!!!« (Jessika)[33]

Wenn die Eltern nur mehr wüssten.

102. GRUND

WEIL HAMBURG NICHT MEHR
ALLE TASSEN IM SCHRANK HAT

Liebe psychisch kranke Hamburger_innen,

wir haben uns entschieden, Sie künftig besser zu vermarkten und Ihre Erlebniswelten auch geistig gesunden Menschen gegen Bezahlung zum puren Vergnügen zur Verfügung zu stellen. Damit verbinden wir die Hoffnung, dass das viele Geld, das wir für Sie aufwenden müssen und das in den seltensten Fällen den Erfolg zeitigt, Sie wieder produktiv am Arbeitsleben teilnehmen zu lassen, zumindest zum Teil refinanziert wird.

Also setzen Sie sich in die Ecke, verdrehen Sie wild die Augen und geben Sie ab und zu seltsame Geräusche von sich. Sabbern Sie mit Bedacht und reißen Sie sich gerne an dramaturgisch relevanten Stellen ein Büschel Haare aus. Oder starren Sie einfach weinend ins Leere hinein. Aber bitte wimmern Sie leise, sodass es nicht so sehr stört. Wir kommen jetzt nämlich zu unseren potenziellen Kunden.

Liebe gelangweilte Durchschnitts-Hamburger_innen,

wir als moderne Großstadt produzieren täglich 27 psychisch Kranke. Sie haben einen beträchtlichen Anteil an diesem Erfolg, zum Teil wahrscheinlich, ohne es überhaupt zu wissen.

Es sind spitzenmäßige Psychos, die in unserer schönes Stadt hervorgebracht werden. Sie sind von solch außerordentlicher Qualität, dass wir sie zum Teil sogar in andere Welten exportieren können.

Und für Ihren Anteil an diesem Erfolg möchten wir uns ausdrücklich bei Ihnen bedanken. Aber das ist nicht alles. Wir wollen Sie künftig direkt teilhaben lassen an diesem Wunderwerk geistigen und seelischen Wirrwarrs. Sie können ab jetzt selber Psycho sein. Die Welten, in die unsere Verrückten abdriften, stehen fortan auch Ihnen zur Verfügung. In Wochenend-Intensivkursen bringen wir auch Sie so weit, an Ihrem Verstand zu zweifeln. Natürlich ist das alles nur eine Illusion, was allein dadurch bewiesen wird, dass Sie dafür bezahlen müssen, sich verrückt zu fühlen.

Gerne können Sie auch erst einmal zur Probe verrückt werden. Und wenn Sie dann Blut geleckt haben im direkten Kontakt mit Ihren Opfern, die Sie im Zuge Ihres kleinen vorübergehenden Wahnsinns erlegt haben (kein Problem, Schuldunfähigkeit nach §20 StGB), werden unsere staatlich geprüften und zugelassenen Experten Ihnen gerne eine fette Diagnose aufdrücken, die Ihnen zuverlässig für immer anhaftet. Damit Sie da enden können, wo alle Titelseiten-*BILD*-Schlagzeilen beginnen.

Hier kurz umrissen unser Angebot für Sie (ausführlichere Informationen finden Sie in der Broschüre *Verrückt in Hamburg, so spaßig und vernünftig wie nie zuvor*):

In der einen Welt ist Gott ein Briefträger, der täglich aufblasbare Möbel in kleinen Briefumschlägen bringt, damit Sie Luftvorräte für den Ernstfall ansammeln können.

In der nächsten Welt ist es dauerhaft dunkel, und die Scheinwerfer leuchten erst in dem Moment auf, der auf den folgt, in dem Sie abgesprungen sind. Damit Sie kurz noch sehen können, wo die anderen sich vor Ihnen versteckt haben.

In der schönsten Welt überhaupt gibt es bedauerlicherweise, aber auch glücklicherweise nicht nur Sie. Es gibt auch noch Zuhörer, die alles mitschreiben, was Sie sagen. Und die weinen vor Glück, wenn Sie Ihre Theorien entwickeln, warum Sie so neidisch auf sich selbst sind. Es ist schlimm und gar nicht schlimm zugleich, dass alle anderen viel weniger wert sind als Sie.

In der Welt, in der Sie Angst haben, dass keiner Ihre Schreie hören kann, fürchten Sie sich in jeder Sekunde davor, dass Sie den Schrei eines anderen hören könnten. Denn dadurch wüssten Sie mit einem Schlag, dass es in dieser Welt tatsächlich einen Grund zu schreien gibt und dass Ihre Angst berechtigt ist.

In der Welt, die nur von der Tür bis zum Herd reicht, müssen Sie körperlich fit sein, weil Sie viel unterwegs sein werden. Von der Tür zum Herd und zurück. Weil der Herd an ist und die Tür nicht abgeschlossen. Und weil der Herd angeht, wenn Sie die Tür abschließen. Und die Tür aufspringt, wenn Sie den Herd ausmachen. Und so weiter und so fort. Auch diesen Absatz müssen Sie noch mal lesen, denn vielleicht hat sich ein Rechtschreibfehler darin verborgen. Oder die Anzahl der Buchstaben ist ungerade. Und während Sie das überprüfen, wird die Herdplatte heißer und immer heißer.

Sie haben den Kontakt zur Welt verloren und können sich selbst nur noch spüren, wenn Sie Ihren Kopf mit einem Hammer traktieren. Andere Menschen sind unzuverlässig, aber Hämmer kann man in jedem Baumarkt kaufen, was für ein Glück. Also kaufen Sie Glück und ziehen sich aus der Welt zurück. Wenn Ihr Glück aufgebraucht ist, kommen Sie wieder und schlagen mit Ihrem Hammer das Glück derer kaputt, die Ihnen früher mal nahe waren. So können Sie sich für einen kurzen Moment wieder selbst spüren. Aber die Traurigkeit der anderen ist kaum auszuhalten. Sie sind Ihnen wieder zu dicht gekommen. Sie brauchen eine neue Dröhnung für Ihren Kopf. Sie brauchen mehr.

Entscheiden Sie sich bei einer entspannten Gehirnwäsche, welche Welt Sie betreten wollen. Wenn Sie unschlüssig sind, können wir Sie vielleicht mit kostenlosen Elektroschocks bei der Entscheidungsfindung unterstützen. Wenn Ihr Partner sich gleich mitschocken lässt, darf er sogar den doppelten Preis dafür abdrücken.

Wenn Sie sich schnell entscheiden, zahlen Sie für Ihr Verrücktsein nicht nur mit Ihrem Leben, sondern auch noch mit all dem Geld, das Sie besitzen, was aber kein Verlust ist, da es sowieso vom CIA präpariert worden ist, um Sie auszuspionieren und um Ihre Fingerabdrücke an Außerirdische zu verkaufen.

Wir als Stadt Hamburg fordern Sie also auf: Werden Sie so gesund wie Karl Dall. Oder werden Sie noch kränker. Aber so wie es jetzt ist, so kann es nicht bleiben.

Wir brauchen den Fortschritt, egal in welche Richtung.

Und da wir für psychisch Kranke zwar Geld aufwenden müssen (wobei wir da kräftig an der Sparschraube drehen, das können Sie uns glauben), wir aber letztlich davon profitieren, wenn die Gesellschaft krank und mit sich selbst beschäftigt ist, wollen wir fortan liebend gern auch auf Sie scheißen und dafür sogar noch Geld von Ihnen haben. Verrückt, oder?

Setzen Sie sich jetzt in irgendeine Ecke, verdrehen Sie wild die Augen und geben Sie ab und zu ein seltsames Glucksen von sich. Sabbern Sie ruhig etwas und reißen Sie sich gerne an dramaturgisch relevanten Stellen ein Büschel Haare aus. Oder starren Sie einfach weinend ins Leere hinein. Aber wimmern Sie bitte leise, wir wollen schließlich jetzt Wellness machen. Ganz so, wie es sich für einen Wohlfahrtsstaat gehört.

103. GRUND

WEIL OBDACHLOSE VON PENNERN BEHANDELT WERDEN WIE UNMENSCHEN

Besser obdachlos in Hamburg als Reihenhausbesitzer in Bocholt. Könnte man fast meinen. Ist aber falsch. Obdachlosigkeit in Hamburg ist hart. Sowohl für die Obdachlosen selbst als auch für viele Menschen mit festem Wohnsitz. Warum für die Sesshaften auch, fragen Sie jetzt?

Nun, ziehen wir einfach zwei Stellungnahmen zurate, die für dieses Buch in Auftrag gegeben wurden. Lassen wir zuerst einen Penner zu Wort kommen, der doch recht eindrucksvoll schildert, wie Obdachlosigkeit ihn persönlich betrifft.

Betrachtungen eines großen Leides
von Hendrik von Prahlstedt

Nun, es ist natürlich nicht unbedingt ein Vergnügen, Obdachlose erblicken zu müssen. Sind dies doch fast immer sehr ungepflegte Menschen. Die Begegnung mit diesen ist aber beispielsweise unumgänglich, wenn man einen Backgammonfreund aus Dresden am Hauptbahnhof abholen möchte. Sehr unangenehm, mit dem Elend der Welt so unmittelbar konfrontiert zu werden. Und was soll erst der Besuch denken, wenn er ins Freie tritt, und das Erste, was er von der schönsten Stadt der Welt sieht, sind diese Menschen, die sich nicht einmal zu schade dafür sind, andere um Geld anzubetteln. Wer arbeiten will, der findet auch Arbeit, sage ich immer. Und immer wenn ich das sage, nickt auch meine 13-jährige Tochter, die es bereits mit elf geschafft hat, ihrem Klavierlehrer Pünktlichkeit beizubringen.

Aber zurück zum Thema. Selbst hier in Harvestehude ist es mir auf dem Weg zum Tennisklub schon passiert, dass ich einem Obdachlosen begegnet bin, der mehrere eklig aussehende Plastiktüten mit sich herumgeschleppt hat. Man ist wirklich nirgends mehr sicher. Und die Polizei fragt dann auch noch frech nach, ob es denn einen konkreten Anlass gebe, warum sie jetzt kommen sollte.

Meistens trinken die Obdachlosen ja nicht nur, sondern nehmen auch Drogen. Und Drogen machen aggressiv, wie wir alle wissen (meine Tochter nickt). Und sie machen nachlässig und hässlich (meine Tochter wurde gerade angerufen, darum kann sie nicht nicken).

Aber wagen Sie es mal, laut auszusprechen, dass diese faulen Zeitgenossen das Stadtbild verschandeln. Dann kommt bestimmt irgendeine ungeschminkte Frau im selbstgehäkelten Pullover daher und weist Sie darauf hin, dass das sehr ungebührlich sei, so über die Opfer des kapitalistischen Systems zu sprechen. Dem halte ich entgegen, dass es genau dieses kapitalistische System ist, das für Gerechtigkeit auf der Welt sorgt. Der wirklich Fleißige kann sich dann eben auch Autos für verschiedene Anlässe leisten. Und er kann sich ein schönes Haus leisten und andere erstrebenswerte Dinge, von denen Versager ihr Leben lang träumen. Ich bin der Meinung, dass die Stadt noch mehr tun müsste, um mich und meine Familie vor den negativen Auswirkungen von Obdachlosigkeit zu schützen (meine Tochter weint).

Und nun ein Obdachloser, der in einem früheren Leben eine Karteileiche war.

Was ich weiß
von Kalle

Ich weiß, was Privatsphäre ist.

Ich weiß, dass im Satz danach Krankheit vorkommen muss.

Ich weiß, dass ich mehr als 2.000 Menschen in Hamburg beleidige, wenn ich jetzt aufhöre zu schreiben.

Aber ich weiß eben nicht, wie es weitergehen soll. Im Text, aber auch sonst.

Ich weiß nicht, wie ich meine Armut unsichtbar machen kann.

Ich weiß nicht, warum man an den Bühnen am Spielbudenplatz Sprinkleranlagen installiert hat. Wegen mir vielleicht? Oder doch wegen der Sauberkeit auf den Bühnen, wie es offiziell hieß?

Ich weiß nicht, wie man im Regen schläft, ohne im Traum zu weinen.

Ich weiß nicht, ob ich wissen darf, wen die Stadt lieber mag. Mich oder mich nicht.

Ich weiß nicht, warum ich nicht in einer anderen Stadt lebe. Und ich verstehe nicht, warum ich das nicht andauernd gefragt werde. Ich vermute fast, das liegt daran, dass es keinen interessiert, ob ich lebe.

Ich weiß nicht, an welchem Punkt Wirtschaftlichkeit und Wirklichkeit kollidieren. Und ich weiß nicht, ob ich dabei dann werde lachen müssen, so wie ich lachen muss, wenn ich mich selber kitzle, weil ich nicht mehr weiß, wo ich aufhöre und wo ein anderer Mensch anfängt.

Ich weiß nicht, warum ich mich nicht mehr schäme, wenn ein Mensch aus einem Flugzeug auf mich herabblickt. Vielleicht hat es damit zu tun, dass das Flugzeug in der Luft kein Haus ist. Vielleicht liegt es auch daran, dass es kein Haus gibt, das meine Form hat. Also kann kein Mensch mich sehen, wenn ich nicht draußen bin.

Da steht also geschrieben: Sie befinden sich hier, und er ist nur ein Platzhalter.

TEXTE, IN DENEN REGEN VORKOMMT

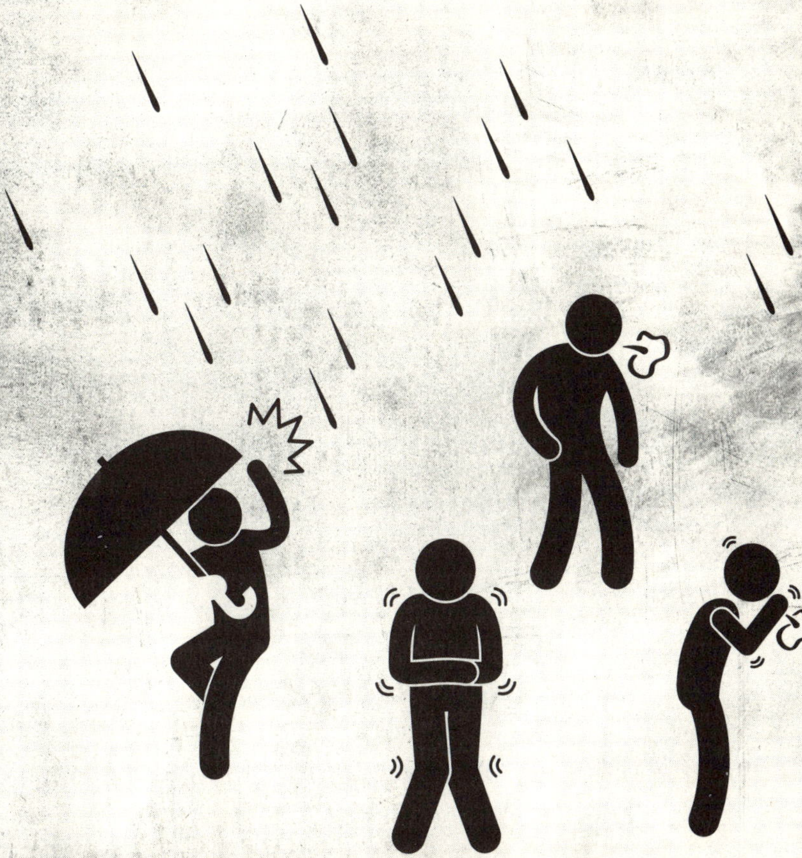

104. GRUND

WEIL DAS WETTER IN HAMBURG
SEHR WECHSELHAFT IST

»Hallo Digga. Ja, sitz grad im Bus. Bin gleich Altona.«

Guckt ins Leere.

»Luftlinie ist viel kürzer, aber lauter Ampeln, weißu.«

Guckt aus dem Fenster.

»Bin ja auch schon jetzt Altona, verstehsu, was ich mein. Und gleich bin ich dann richtig Altona, Digga.«

Guckt aus einem anderen Fenster.

»Doch, bin auch jetzt schon Altona. Bornkampsweg. Bus fährt links jetz.«

Guckt nach links.

»Ich kenn doch Bornkampsweg, Digga.«

Guckt in den Himmel.

»Nein, hier regnet's nich. Wieso soll's hier regnen, Digga?«

Guckt auf die Fensterscheibe.

»Auch wenn es bei dir regnet und bei mir nich, bin ich trotzdem auch Altona.«

Guckt das Innere seiner Augenlider an.

»Hier regnet es nich, Digga, wenn ich's dir doch sage.«

Guckt wieder in den Himmel.

»Dafür kann ich doch nichts. Bin ich Gott oder was?«

Guckt kurz sein Mobiltelefon an.

»Bist du behindert oder was? Ich sag dir doch, ich bin gleich Altona.«

Guckt aus dem Fenster.

»Sag mal, bist du so behindert, wie ich denke, wie behindert du bist?«

Guckt in die Zukunft.

»In fünf Minuten bin ich da, Digga. Und gnade dir Gott, wenn es da, wo ich dann sein werde, nich regnet.«

105. GRUND

WEIL DIE HAMBURGER
DEN SOMMER VERDECKEN

Im Juli führt Hamburg Ranunkeleis ein und hundefreie Sonntage. Fremdgehschuhe werden in einem großen Haufen neben dem Michel aufgetürmt, und alle laufen barfuß. Sommersprossen sind begehrte Tauschobjekte, und in den Freibädern werden die mittleren Beethoven-Streichquartette gesummt.

So stellt man sich den perfekten Sommer vor. Und heute ist es so weit, und vor dem Fenster hält Hamburg bereits das Vorschaubild hoch. So hat man sich die Stadt immer gewünscht. Da möchte man sofort Postkarten verschicken und endlich zugeben, dass man hier wohnt. Und gleichzeitig will man wie ein Tourist durch die Stadt wandeln, sich den Sommer aus der Nähe ansehen, jemandem heimlich einen 100-Euro-Schein in die Hosentasche schieben und danach beschwingt weiterhopsen.

Ja, denkt man. Nur zu, flüstert man. Fahr mit der S-Bahn zum Jungfernstieg, singt man. Dort ist der Himmel länger haltbar.

[Hier sollte eigentlich ein Bild abgedruckt sein, auf dem zu sehen ist, wie Olaf Scholz den Himmel hält. Doch der erschien nicht zum Shooting. Also der Himmel. Das war aber letztlich kein Problem und konnte mit Photoshop kompensiert werden. Allerdings wurde im Zuge der Bearbeitung auch Olaf Scholz durch Scully und Mulder ersetzt. Das sah einfach besser aus. Aber irgendwie war das Bild dann nicht mehr ganz so passend für dieses Buch.]

Beim Einsteigen in die S-Bahn stürzt die Rosarote-Brille-App ab. Wie viele Menschen passen eigentlich in einen S-Bahn-Wagen? Hamburg will das scheinbar unbedingt herausfinden. Denn die S-Bahn ist voller Menschen. Und zwischen den Menschen stehen zusätzlich noch Unmenschen, die den letzten Rest Licht verschlucken. Der Sommer ist mit einem Schlag vorbei. Ein Schlag ins Gesicht.

Ein Blutstropfen fällt von der Menschenmasse herab, so groß, dass man darin ertrinken könnte.

Hamburg wäre viel schöner, wenn nur Menschen, die bereits einen Gedichtband veröffentlicht haben, darin wohnen würden und wenn nur solche Touristen in der Stadt zugelassen werden würden, die verifizierte Käufer dieser Gedichtbände sind. Andere akzeptable Personen wären Tagesschausprecher, weil die nur 15 Minuten am Tag sprechen, und dann auch nur über wichtige Angelegenheiten und nicht so was von sich geben wie »Ich verstehe gar nicht, wie man von Nasenspray abhängig werden kann« oder »Dann hab ich ihm gesagt, dass ich schon mein Leben lang Pferdefleisch essen wollte und dass das deshalb ein ganz besonderer Moment für mich ist und er deswegen doch verstehen muss, dass ich einen Nachweis brauche, dass das jetzt wirklich Pferdefleisch ist«. Solche Leute sollten in Wuppertal wohnen. In Hamburg aber eben nur feingeistige Menschen, die auch mal einen Tag lang ohne Unterleib verbringen könnten. Und nur hin und wieder betrinkt sich einer, aber auch nur deswegen, weil genau an dem Tag seine CD mit den Impromptus von Schubert erschienen ist. Alle anderen freuen sich mit ihm, und dennoch bleibt jeder in seinem eigenen Quadratkilometer, selbst wenn es da gerade regnet.

Ach, wär das schön. Aber in Wirklichkeit sind die Hamburger eben ganz anders und wohnen nicht in Wuppertal. Sie pflegen ihre ganz eigenen Leidenschaften. Am liebsten fahren sie S-Bahn. Vorzugsweise nachdem sie sich zwei Tage nicht die Zähne geputzt haben oder direkt nachdem sie heftig Sport getrieben haben. Und so verteilen sich dann alle schwitzenden Hamburger der Welt in allen verfügbaren Hamburger S-Bahn-Wagen, strecken ihre Arme hoch, um sich an die Haltestangen zu klammern, und starten so mit geöffneten Achselhöhlen mordsmäßige Luftangriffe, die sie durch kräftiges Ausatmen aus ihren Mundgeruchsmündern absichern, am liebsten in Richtung der sensiblen Feingeister, die sich reimen auf »Geduldsfaden, wann reißt er?«.

Hamburger in der S-Bahn sprechen über Nasensprays und Pferdefleisch, über Änderungsschneidereien und Bilderrahmen. Als Bonus steigt an jeder dritten Station einer ein, der in Hundescheiße getreten ist und der dann von einem Alki, der gerne Beschimpfungen brüllt, nur allzu gern und lautstark beschimpft wird.

Kann es noch schlimmer kommen? Es wird auf jeden Fall nicht besser. Selbst wenn alle ihre Arme senken, ist längst nicht alles gut. Dann klauen sie den Umstehenden die 100-Euro-Scheine aus den Hosentaschen. Es kommt dann auch noch zu einem technischen Problem auf der Strecke, und so muss die Bahn zwischen Königstraße und Reeperbahn halten. Als die Durchsage kommt, dass es wohl bis zum Herbst dauern werde, bis die Fahrt fortgesetzt werden kann, reißen viele vor Entsetzen die Arme hoch. Bäh! Um die Nase abzulenken, überlegt man, was man über diesen Sommer auf eine Postkarte schreiben könnte.

Lieber Helmut, schöne Grüße aus H., wo der Schweiß anderer über meinen Körper fließt und wo ein melancholisch gestimmter Adorno vielleicht denken würde: Zwei Menschen, die auseinanderstreben, weil einer von ihnen tatsächlich ein Mensch ist.

Nach 20 Minuten geht es weiter. Am Jungfernstieg steigen sie alle mit einem aus und wollen zu der Stelle, wo vor Kurzem noch der Sommer gesichtet worden sein soll und wo bestimmt bald ein Museum für Mordwerkzeuge gebaut wird.

Man will nur noch weg und läuft den ganzen Weg nach Hause. Die Straßen sind voller angebissener Pferde, und es blutet einem das Herz. Das Deo hält auch nicht mehr, nicht mal mehr bis zur *Tagesschau*.

Die Kulisse vor dem Fenster wurde mittlerweile entfernt, und der Blick ist gänzlich frei. Von allem.

[Hier sollte eigentlich ein Bild abgedruckt sein, auf dem zu sehen ist, wie ein 100-Euro-Schein aussieht, der drei Tage lang in der Faust eines verbitterten Sonnenanbeters eingeschlossen war. Dann aber wurde der Fotograf beim Schwarzfahren erwischt und musste 60 Euro zahlen. Das Wechselgeld bestand aus zwei frisch gedruckten 20-Euro-Scheinen, die deshalb nicht herhalten konnten als Symbolbild für einen Hamburger Sommer.]

106. GRUND

WEIL DER SCHERZ NACH HINTEN LOSGING

Hamburg ist wie eine Stadt voller Schuljungen. Präpotent und voll von Albernheit. Diese Jungs haben feuchte Träume, und wenn sie morgens wach werden, regnet es. Ironie des Schicksals. *Herzlich willkommen in unserem Leben*, schreiben sie sich gegenseitig über WhatsApp. Selbstironie.

Die tollen Mädchen aus den Träumen dagegen sind viel zu helle und leben deswegen als zufriedene Stadt in Bayern. Darüber scheint die Sonne, und die Mädchen kämmen sich gegenseitig die Haare und summen zufrieden vor sich hin.

»Ich könnte mich nicht in den Arsch beißen«, sagen hingegen die Jungs, einer nach dem anderen. »Dazu bin ich viel zu ungelenkig.« Und während sie sprechen, sinken die Köpfe immer tiefer. Mit jeder Wiederholung dieser traurigen Wahrheit wächst die Regenwolke über ihren Köpfen. Doch als der Letzte damit durch ist, reißen plötzlich alle die Arme hoch und singen im Chor: »Aber gegenseitig können wir uns sehr wohl in den Arsch beißen, shalalalala. Gemeinsam sind wir stark, dubidubiduu.«

Dann klatschen sie sich ab und johlen und springen umher. Wenn sie fast schon vergessen haben, warum sie sich so freuen, ziehen sie sich doch noch die Hosen runter. Da beginnt der Regen. Jeder Regentropfen will es ganz schnell hinter sich haben, und so fallen sie alle gleichzeitig. Der Regenschauer dauert deshalb nur eine Sekunde und fällt dementsprechend gewaltig aus. Manche von den Ärsche beißenden Idioten ersaufen fast.

Hamburg ist wie eine ehemals unfruchtbare Landschaft, durch die Gott am siebten Tage durchgerast ist, weil er nur noch nach Hause auf die Couch wollte. Endlich ausruhen. Er war hundemüde, und die Augenlider wurden ihm immer schwerer. Sekundenschlaf ist ja nichts, wovor Gott Angst haben müsste. Auch dem Baum, der unmittelbar vor ihm auftauchte, als er die Augen wieder öffnete, hätte er nicht unbedingt ausweichen müssen. Aber vom sportlichen Ehrgeiz gepackt, riss er das Steuer herum. Und das mit Erfolg, kein Kratzer in der Welt. Durch das Manöver wurde allerdings ein nicht ganz ernst gemeintes Menschlein, gänzlich aus Stroh und heißer Luft bestehend, das Gott tags zuvor in der Ergotherapie erschaffen hatte, hinten vom Anhänger geschleudert. Mit diesem Wicht wollte sich Gott eigentlich nur einen Scherz mit seiner Frau erlauben, indem er ihr dieses arme Geschöpf als sein Ebenbild präsentieren wollte. Dabei hatte er nur vorgehabt, sich göttlich über ihren Gesichtsausdruck zu amüsieren. Jetzt aber hatte er dieses Wesen verloren, und zu allem Unglück war es dem Teufel kurz zuvor gelungen, die PIN Gottes zu hacken. Und so geschah das Furchtbare. Als Gott vor seiner Villa den Motor abstellte, sang der erste Hamburger einige Schulabschlüsse entfernt: »Shalalalala.«

Hamburger Schuljungen können sehr alt werden. Hamburger Schuljungenlebensläufe weisen keine Lücken auf. Da wird jeden Tag fleißig daran gearbeitet, sich nicht weiterzuentwickeln. Und der Erfolg gibt den alten Säcken recht. Sie sterben nicht aus.

In der sonnigen Stadt in Bayern scheint immer noch die Sonne, während die unerreichbaren Mädchen sich gegenseitig zusehen, wie ihre Haare immer länger werden. Auch die Schönheit der Stimmen dauert an. Als jedoch eine Wolke die Sonne über der sonnigen Stadt in Bayern verdeckt, veranstalten die sonnigen Mädchen grunzend und böse grinsend Penisweitspuckwettbewerbe.

Schreiend wachen die Schuljungen auf. Sie horchen ins Dunkel hinein. Ob Regen gegen die Scheiben schlägt. Sie bemerken die Feuchtigkeit im Schritt und murmeln leise »Dubidubiduu«.

107. GRUND

WEIL AUCH CHINESEN NICHT VERSTEHEN, WIE MAN HAMBURG ERTRAGEN SOLL

Mit Schinkencastle Sie bekommen wohnbar nicht nur teutonisch reicher Sack, beispielen auch sensationall lang Batterie, erfüllt ein Leben wie Ganz zu erreischen unter dunkler Durchfälligkeit

1. *Sich auspack und freu!*
2. *Guck am Leben entlan und nimmen auf sich die Mietbürger Buletten von Schinkencastle*
3. *Die Tage wird sich puffen von oben, Schirm immer angewachsen, Hände ab, weil Hände ab und zu sind.*
4. *Nicht töten Freud an selber Herrlichkeit Schinken in Castle zu sein.*
5. *Immer schau treppabwärts zu Städten, die nicht oben haben, so wichtig zu sein, für großes Männer ein kleiner Hahn ohne Eier.*
6. *Halt still, aber Mund läuft.*
7. *Reisen im Welt all, aber drei Tage Uhr vorbei, habe Schinkencastle ein Loch gerissen im Herz und als Kopf geht, ist ab und schwer vom Verlieren.*
8. *Wenn die Schläger sich bewegen, weil lustik Musik kann von Froschs Haaren kommen, gehe mit Kamera in die Buletten Menschen innen und drücke laut.*
9. *Frag Olaf Scholz, größer Bürger Buletten, er kann gibt Ohren und halt machen ein Wort vom letzten Abendmahl, das Gott hat vom Schinkencastle genommen und dann brechen Tränen, splitterig joggen passend.*
10. *Kein Morgengrauen, kein Abblendlicht wollte die Herlichkeit von der Norden von Einigkeit und Recht und Freiheit und Hals findet im Vordermann, der gehabt hat Freude davon schon lange.*

Sie glauben, Schinkencastle ist halbe Leben, hast du ganz voll von Bart und Tier im Kopf. Kopf muss dünn sein, muss immer ohne Hilfe weiter rollen. Also Spaß hab und schätzen teuer dies Schinkencastle, was ohne

Habsburg an den Buletten kein Buletten an der Vorderseite vom Runzel hat. Vielleicht hat das Schinkencastle vom Holz gestapellt eine Haufen zu versagen für nicht geglaupd, dass dies Stadt kann leider leben ohne ein Wahrsager, der Hilfe ruft und Hilfe sagt zu Handstand, wo Hirn verliert.

108. GRUND

WEIL GOTT HAMBURG IN SIEBEN TAGEN ERSCHAFFEN HAT UND DANACH NICHT MEHR GESEHEN WARD

Montag: In Hamburg regnet es. Außerdem weht ein so heftiger Wind, dass der Regenschirm für die Katz ist. Der Regen kommt nicht nur von oben, sondern auch von vorne, hinten, rechts, links – je nachdem, wie man gerade steht.

Dienstag: In Hamburg regnet es. Außerdem weht ein so heftiger Wind, dass der Regenschirm kaputtgeht. Die Katz mochte ihn ohnehin nicht. Sie ist in Hamburg zur Hauskatz geworden.

Mittwoch: In Hamburg regnet es. Auf dem neuen Regenschirm ist das HSV-Logo. Gott sei Dank weht ein so heftiger Wind, dass er schnell kaputtgeht. Man jagt nur Hunde vor die Tür.

Donnerstag: In Hamburg scheint die Sonne. Außerdem regnet es.

Freitag: In Hamburg regnet es. Alle Regenschirme sind ausverkauft. Man muss aber dringend Katzenfutter kaufen. Wieder zu Hause angekommen, kann man fünf Liter Wasser aus der Kleidung wringen.

Samstag: In Hamburg gibt es kein Wetter. Es ist nach Berlin gezogen. Wie Olli Schulz.

Sonntag: Alle Hamburger duschen und lassen dabei ihre Klamotten an. Dann treffen sie sich auf der Straße und reden über das Wetter. Um 17.34 Uhr hat Gott diese Datei zum letzten Mal bearbeitet. Schönen Sonntag noch.

(Hamburg.doc, 11,5 KB)

109. GRUND

WEIL HAMBURG MENSCHEN VERKAUFT

Hamburger spielen in Skelettkostümen Menschen nach
sodass diese unter die Anmutsgrenze fallen
wie Vögel aus einem Vogel fallen, der ihre Flügel fraß

das Hochgefühl der Hamburger wiegt noch schwerer
für jede Grausamkeit gibt es ein Kichern
das sie zurückhalten, bis ehrliches Lachen vergeht

ich will nicht in einer Stadt leben
in der jemand Regen aus dem Fenster wirft
wenn darunter einer vorbeigeht

der vorzeitig vom Himmel gefallen ist
Hamburg verkauft Defekte, die keinen Schaden nehmen
das sei nur mangelnde Qualität

aber keinesfalls ein Zeichen von Abnutzung
und alle nehmen das so hin
weil sie mit den eigenen Fehlern genug zu tun haben

und so sehnt man sich in dieser Stadt nach der Zeit
der guten alten Hoffnungslosigkeit zurück
als der Abstand zum Himmel noch bestimmt wurde

durch die Höhe der aufeinandergestapelten Menschen
die einem im bisherigen Leben im Weg gestanden haben
aber ich will nicht mehr mit den anderen

klug daher reden, nur um dem einzigen Klugen

in dieser Stadt vorzugaukeln
wir wären alle wie er, wie furchtbar

muss sich das anfühlen, wenn er die Wahrheit erkennt
und wir dann lächelnd aus dem Bild hinausgehen
in dem er verbluten muss, ich will auch

nicht mehr
vom Tod abstammen
solange wir aus Hamburg kommen

110. GRUND

WEIL DIE ALSTER BINNEN UND AUSSEN HUI, ABER TROTZDEM PFUI IST

Schön ist es an der Alster. Sagen zumindest 1,799999 Millionen Hamburger, die aber lieber anonym bleiben möchten.

Dabei stimmt es doch. An der Binnenalster kann man sitzen und auf die Alsterfontäne starren. Das ist ja schon toll genug und mehr, als 99 Prozent aller anderen Städte auf der Welt zu bieten haben. Man kann aber auch aufs Ganze gehen und das Allerbeste aus seinem Leben herausholen. Man kann sich beim Starren auf die Alsterfontäne vorbereiten auf ein ganz spitzenmäßiges Event, auf ein einschneidendes Ereignis, das einem sowohl den Neid vieler Deutscher als auch Einladungen in alle wichtigen Talkshows des Landes einbringen wird. Denn direkt an der Binnenalster liegt der Jungfernstieg und davon abgehend der Neue Wall. Und der Hammer ist, dass die da nicht einfach nur so liegen, sondern dass man da einkaufen kann. Und der Überhammer ist, dass »das Shopping-Erlebnis an der historischen Flaniermeile einzigartig ist«, wie hamburg.de mal wieder zu berichten weiß.[34]

Aber das ist natürlich nicht für jeden etwas. Denn Luxusartikel und Nutzlosartikel garantieren und verlangen damit auch, dass man auf »hohem Niveau« shoppen kann. Also wie ein Basketballstar oder Philosophieprofessor beispielsweise. Natürlich nur, wenn man ein Basketballstar oder Philosophieprofessor ist. Als Philosophieprofessor hat man am besten noch die Tochter eines Hamburger Großunternehmers geheiratet.

Hier sind edelste internationale Topmarken und traditionelle hanseatische Geschäfte zu finden und das Benutzen des Fußabtreters vor dem jeweiligen Laden kostet drei Euro. Pro Schuh.

Hach, das Leben ist schön. Und damit natürlich auch der dringendst herbeigesehnte Tod.

An der Außenalster wäre es vielleicht wirklich ganz schön.

Wenn man da alle drei Meter Tellerminen vergraben würde, um damit den Großteil der störenden Menschenmassen, die dort für gewöhnlich unterwegs sind, abzuschrecken.

Ansonsten wird man dort als argloser Spaziergänger von Joggern überrannt und im Anschluss daran noch von mehreren Fahrradfahrern überrollt.

Wenn man zufällig ganz vorne am Ufer zu Boden geht, kann man wenigstens noch einen Blick auf das Wasser werfen, wo Segelboote pittoresk herumfahren und wo Hamburg tatsächlich für ein paar Augenblicke schön wirkt. Bis der nächste heftige Regenschauer herniedergeht. Immerhin reduziert sich dadurch die Gesamtzahl der Jogger und Radfahrer in Windeseile um circa elf Prozent und die Aussichten, von da wegzukommen, ohne noch mal mit einem von denen zu kollidieren, sind somit auch ein klein wenig besser. Das stimmt einen froh. Denn das Leben ist doch so schön. Sagt zumindest der Tod von 1,799999 Millionen Hamburgern. Der aber lieber anonym bleiben möchte.

111. GRUND

WEIL DIE HAMBURGER AUF DIESES BUCH NICHT ADÄQUAT REAGIEREN WERDEN

Sie werden es nicht in Massen kaufen. Sie kaufen lieber *Mein Kampf* oder einen gottverdammten Plastikraben, um Tauben vom Balkon fernzuhalten.

Weil die, die es kaufen, es nicht lesen werden. Weil sie lieber auf dem Klo mit ihrem gottverdammten Smartphone herumspielen.

Weil die, die es lesen, zwischen Seite 40 und 41 eine gottverdammte Fliege zerquetschen werden.

Weil die, für die das die hundertste Fliege sein wird, die sie mit einem Buch getötet haben, sofort und feierlich ihre gottverdammte Lesekarriere beenden.

Weil diejenigen, die das Buch weiter lesen, nicht lachen werden, wenn es im Buch und in der gottverdammten Realität gleichzeitig regnet.

Weil generell keiner drauf kommt, dass man nur jeden 37. Buchstaben in diesem Buch hintereinander auf einen gottverdammten Zettel zu schreiben braucht, um eine exakte Wegbeschreibung zu einem schöneren Ort als Hamburg zu erhalten.

Weil diejenigen, die das Buch zu Ende gelesen haben, betrunken anderen Betrunkenen, die das Buch nicht gelesen haben, erzählen werden, dass dieser Uwe Uns ein gottverdammter Schweinehund ist.

Weil die Betrunkenen tun werden, was sie immer tun. Sie werden kotzen. Und die Kotze wird eine gottverdammte SAGA-Siedlung bilden.

Weil das die einzige Bildung sein wird, die die Hamburger vorzuweisen haben, wird dieses Buch vergessen sein, bevor der gottverdammte nächste Regen herniederfällt.

STATT EINES NACHWORTS

Februar 2016

U.U.: Hey, stell dir vor, ich schreibe gerade ein Buch.
R.B.: Was für ein Zufall. Ich lese gerade ein Buch.
U.U.: Komiker.
R.B.: Was ist es denn für ein Buch?
U.U.: Ein lustiges Buch über Hamburg.
R.B.: Komiker.

März 2016

U.U.: Übrigens kommst du auch in dem Buch vor.
R.B.: Seh ich gut aus?
U.U.: Komiker.
R.B.: Ernsthaft jetzt, bitte mach mich etwas dünner.
U.U.: Keine Sorge, du bekommst ordentlich dein Fett weg.

April 2016

U.U.: Ich kann nicht mehr. Jetzt hasse ich Hamburg wirklich.
R.B.: Und du sollst wirklich bis Ende Juni komplett fertig sein?
U.U.: Ja, aber das ist illusorisch. Ich sitze jetzt auch schon wieder seit fast sieben Stunden hier, und alles, was ich heute zustande gebracht habe, sind ein paar mickrige Sätze, die überhaupt nicht lustig, aber auch überhaupt nicht böse, die einfach nichts sind. Zwischendrin war ich so wütend, dass ich laut herumgebrüllt habe. Was die Nachbarn nur von mir denken mögen, es wohnt ja nicht mein Pseudonym hier, sondern das bin ja ich selbst. Ich würde meinen Agenten am liebsten mit seinem Scheißbuch erschlagen. Aber es ist ja noch so dünn, er würde es überleben.
R.B.: Hahaha

Mai 2016

U.U.: Ich mag nicht mehr. Ich würde viel lieber auf der Couch liegen, die ich mir von meinem Vorschuss gekauft habe, und die Filme gucken, die ich mir vom Vorschuss gekauft habe. Stattdessen muss ich mir jeden Tag nach Feierabend irgendeinen Mist über Hamburg aus den Fingern saugen, obwohl ich von meiner Arbeit eh schon total erledigt bin.
R.B.: Aber sieh's mal so: Vielleicht wird das Buch ja ein solcher Erfolg, dass du künftig vom Schreiben leben kannst.
U.U.: Wenn ich vom Schreiben solcher Bücher leben könnte, müsste vielleicht im Gegenzug Maxim Biller als Sozialarbeiter sein Geld verdienen. Ob das so gut wäre?

Juni 2016

R.B.: Wie läuft's?
U.U.: Frag lieber nicht.
R.B.: Okay, dann stelle ich einfach eine Behauptung auf. Es läuft beschissen mit deinem Buch!
U.U.: Na ja, ich glaube ja mittlerweile fast, ich werde es fertig kriegen. Nicht pünktlich, aber generell. Ich fürchte nur, das Buch wird nicht sonderlich gut.
R.B.: Egal. Denk dran, es geht hier nicht um Pulitzer, sondern um Bahnhofsbuchhandlung.
U.U.: Vielen Dank!

Juli 2016

U.U.: Ich hab's. Ich hab's wirklich.
R.B.: Das wurde aber auch Zeit.
U.U.: Haha. Fertig! Fertig! Fertig! Ich habe es geschafft, ein Buch über Hamburg zu schreiben, ohne dass der Name Sylvie Meis darin

vorkommt. Du kannst dir gar nicht vorstellen, wie froh ich bin, den Mist endlich fertig zu haben.

R.B.: Doch, ich kann mir gut vorstellen, wie es dir jetzt geht. Habe ja über Monate mitbekommen, wie dich dieses Projekt quält. Freue mich echt für dich.

U.U.: Danke. Yeah! Was das für ein erhebendes Gefühl ist, den letzten Satz für so ein Buch zu schreiben.

R.B.: Wie lautet denn der letzte Satz des Buches?

U.U.: Komiker.

R.B.: Das ist ja gar kein richtiger Satz. Na ja, egal. Hast du auch was über den Regen geschrieben? Das ist, was ich an Hamburg hasse. Dauernd regnet es. Und wie passend, jetzt fängt es auch gerade wieder an.

U.U.: Ja, tatsächlich. Wahnsinn, wirklich. Und klar hab ich über den Regen geschrieben. Mehrmals. Das Buch endet quasi auch mit Regen.

R.B.: Also kein Happy End, hahaha, sehr gut. Was hast du da geschrieben?

U.U.: »Weil das die einzige Bildung sein wird, die die Hamburger vorzuweisen haben, wird dieses Buch vergessen sein, bevor der gottverdammte nächste Regen herniederfällt.«

R.B.: Welches Buch?

U.U.: Komiker.

QUELLEN

1 *Spaceman Spiff – ... und im Fenster immer noch Wetter*, mairisch verlag 2011
2 www.hamburg.de/gesundheitsfoerderung/veroeffentlichungen/484584/suizidfaltblatt
3 www.hamburg.de/tourismus-hamburg/4329822/promi-wohnorte/
4 Hamburger Abendblatt, 30.11.2015
5 Nach dem YouTube-Video: »Saskia Leppin – Feuer und Flamme (Offizielles Video)«
6 www.hamburgharleydays.de/start/
7 www.fischmarkt.events/
8 www.hamburg.de/oktoberfest-hamburg/
9 www.pflegewiki.de/index.php?title=Digitales_Ausr%C3%A4umen&oldid=135063
10 www.enfants.de/index.html
11 https://twitter.com/asmussenfips
12 www.abendblatt.de/hamburg/article205461069/Schiffsabgase-sind-noch-giftiger-als-angenommen.html
13 www.hamburg.de/queen-mary-hamburg/
14 www.hamburg.de/tourismus-hamburg/4329822/promi-wohnorte/
15 https://de.wikipedia.org/wiki/Wiedenborstel
16 Das Leben des Brian, Monthy Python 1979
17 https://vhhbus.de/karriere/berufe-im-unternehmen/busfahrer-in/
18 DIE ZEIT Nr. 10/2016, 25. Februar 2016
19 Hamburger Abendblatt, 2.2.2016
20 www.hamburg.de/weihnachtsmarkt/825592/santa-pauli-weihnachtsmarkt/
21 https://spielbudenplatz.eu/erleben/events/pornokaraoke-im-santa-pauli-strip-zelt
22 Übersetzt von Paul Uhl (Vorsitzender der Passauer Dreiflüsseschreiber)
23 https://www.buergerschaft-hh.de/ParlDok/dokument/50474/dna-datenbank-zur-identifizierung-von-hundekot-pr%C3%BCfen.pdf

24 www.hamburg.de/stadtleben/4145710/alsterschwaene/
25 www.fr-online.de/flucht-und-zuwanderung/integration-wie-sumte-mit-den-fluechtlingen-umgeht,24931854,33759142.html
26 www.lebenswertes-klein-borstel.de/unser-anliegen/
27 www.ndr.de/nachrichten/hamburg/Gericht-stoppt-Fluechtlingsheim-in-Blankenese,blankenese150.html
28 www.zeit.de/hamburg/stadtleben/2016-06/elbvertiefung-17-6-16
29 www.hamburg.de/fluechtlinge-daten-fakten/
30 www.hamburg.de/sportevents/4313558/springderby/
31 www.taz.de/!5009268/
32 https://de.wikipedia.org/wiki/Tierpark_Hagenbeck
33 http://www.parkscout.de/ziel/tierpark-hagenbeck/bewertungen/negativ
34 www.hamburg.de/passagen-strassen/jungfernstieg/

SCHWARZKOPF & SCHWARZKOPF

111 GRÜNDE, SEINE KOLLEGEN ZU HASSEN

TRATSCHTANTEN, KARRIERISTEN UND DILETTANTEN –
WENN DER BÜROALLTAG FÜR DICH ZUR HÖLLE WIRD!

111 GRÜNDE, SEINE KOLLEGEN ZU HASSEN
TRATSCHTANTEN, KARRIERISTEN UND DILETTANTEN –
WENN DER BÜROALLTAG FÜR DICH ZUR HÖLLE WIRD!
Von Philipp Fischer
240 Seiten, Taschenbuch
ISBN 978-3-86265-576-2 | Preis 9,99 €

Philipp Fischer war in zahlreichen Berufen tätig: Organist, Osterhase im Kaufhaus, Bauhelfer, Callcenter-Agent, Betriebsleiter oder Auftragssachbearbeiter, um nur einige zu nennen. Dabei lernte er die gesamte Bandbreite der Kollegenschaft kennen und hassen.

Der Mensch braucht keine Feinde, wenn er Kollegen hat, lautet sein Credo. Der Kollege lehrt uns netterweise, was wir an der Familie und an Freunden haben. Aber im täglichen Arbeitsleben müssen wir uns ständig mit seinen lästigen Defekten und Hygienephobien oder sogar mit seinen Gesetzesverstößen wie Diebstahl und Korruption auseinandersetzen. Fest steht: (Fast) alle Kollegen sind Nieten und Nervensägen. In diesem witzigen Buch klärt Philipp Fischer über die Macken und gravierenden Charakterschwächen des Feindes am Arbeitsplatz auf.

WWW.SCHWARZKOPF-SCHWARZKOPF.DE

SCHWARZKOPF & SCHWARZKOPF

111 GRÜNDE, SEINEN CHEF ZU HASSEN

TYRANNEN, FANATIKER UND SELBSTDARSTELLER –
WENN DER BOSS DICH IN DEN WAHNSINN TREIBT!

111 GRÜNDE, SEINEN CHEF ZU HASSEN
TYRANNEN, FANATIKER UND SELBSTDARSTELLER –
WENN DER BOSS DICH IN DEN WAHNSINN TREIBT!
Von Ralph Stieber
352 Seiten, Taschenbuch
ISBN 978-3-86265-575-5 | Preis 9,99 €

Der Traumjob wird zum Albtraum, und schuld daran ist der Chef. Warum? Weil Chefs Tyrannen sind. Weil Chefs Dummköpfe sind. Weil Chefs Psychopathen sind. Es gibt tausend gute Gründe, seinen Chef zu hassen.

Autor Ralph Stieber hat in seinem Buch seine 111 wichtigsten Gründe zusammengefasst und enthüllt Schockierendes und Unglaubliches aus der Arbeitswelt. Es gibt Hoffnung für alle, die sich täglich zur Arbeit schleppen und sich fragen: Kann man sich denn überhaupt nicht gegen den Chef zur Wehr setzen? Doch – kann man. Dieses Buch enthält zahlreiche provokante Denkanstöße und erprobte Überlebens-Tipps im Umgang mit dem schlimmsten Feind am Arbeitsplatz: dem Chef.

Diese Buch gibt unterhaltsame und politisch inkorrekte Überlebenstipps im Umgang mit der Chefetage.

WWW.SCHWARZKOPF-SCHWARZKOPF.DE

SCHWARZKOPF & SCHWARZKOPF

111 GRÜNDE, SEINE MITARBEITER ZU HASSEN

FAULPELZE, RECHTHABER UND AMATEURE – WENN DEIN PERSONAL DICH UM DEN VERSTAND BRINGT!

111 GRÜNDE, SEINE MITARBEITER ZU HASSEN
FAULPELZE, RECHTHABER UND AMATEURE –
WENN DEIN PERSONAL DICH UM DEN VERSTAND BRINGT!
Mit Illustrationen von Jana Moskito
Von Claus Buschmann
256 Seiten | Taschenbuch
ISBN 978-3-86265-611-0 | Preis 9,99 €

Aus der Alltagshölle eines Chefs: Mitarbeiter sind faul, unflexibel und klauen wie die Raben. Ein Unternehmer rechnet schonungslos ab. Claus Buschmann hat ein Unternehmen der lederverarbeitenden Industrie von seinem Vater geerbt. Er schätzt die unternehmerische Freiheit, aber nicht seine Mitarbeiter. Diese stellen ihn an jedem Tag vor neue Herausforderungen. Wer Mitarbeiter beschäftigt, braucht keine Feinde. Jeden Tag demonstrieren sie, dass ihnen die Unternehmensziele vollkommen egal sind. Es zählen nur das Gehalt auf dem Konto und der Freizeitstress. Ansonsten fiebert der Mitarbeiter bereits am Montag dem Wochenende entgegen und findet alles schrecklich. In diesem witzigen Buch wird erzählt, was Unternehmer an ihren Mitarbeitern stört. Dabei gibt es Tipps zum Umgang mit Mitarbeitern und spendet anderen Unternehmern Trost.

WWW.SCHWARZKOPF-SCHWARZKOPF.DE

SCHWARZKOPF & SCHWARZKOPF

111 GRÜNDE, SEINEN VERMIETER ZU HASSEN

MIETHAIE, WUCHERER UND HALSABSCHNEIDER – WENN DIR DER HAUSEIGENTÜMER AUFS DACH STEIGT!

111 GRÜNDE, SEINEN VERMIETER ZU HASSEN
MIETHAIE, WUCHERER UND HALSABSCHNEIDER –
WENN DIR DER HAUSEIGENTÜMER AUFS DACH STEIGT!
Von Marcus Bachert
272 Seiten, Taschenbuch
ISBN 978-3-86265-577-9 | Preis 9,99 €

Vermieter sind eine ganz durchtriebene Spezies, aber dieses Buch entlarvt ihre Machenschaften. Mieter dieser Welt, vereinigt euch!

Vermieter sind eine besonders anstrengende Menschengattung. Sie wollen den Mieter einerseits bis ins kleinste Wohndetail kontrollieren, ihn aber auch finanziell aussaugen. Dies ist eine explosive Mischung, bei der die Mieter ständig auf der Hut sein müssen.

Die meisten Mieter hassen daher die Wohnungseigentümer. Es gibt kein Problem, das ohne Schwierigkeiten mit dem Vermieter gelöst werden kann. Dieser misstraut dem Mieter und wittert hinter jeder kleinen Bitte eine Verschwörung. Mit diesem witzigen Tatsachenreport blicken Sie hinter die Fassaden der Mietshäuser unserer Republik. Sie können es ruhig glauben: Man lacht nur, wenn man nicht selbst betroffen ist.

WWW.SCHWARZKOPF-SCHWARZKOPF.DE

 UWE UNS, 1974 in Nicht-Hamburg geboren, lebt seit zehn Jahren in Doch-Hamburg. Seit mindestens sieben Stunden ist er nicht mehr mit einem bösen Menschen verwechselt worden. Dennoch wird er in drei Jahren den HSV mit einem unberechtigten Elfmeter in die 2. Liga schießen. Er ist Weltmeister in der Disziplin, den Hamburgern mit ferngesteuerten Tauben auf den Kopf zu scheißen. Allerdings findet er das albern, seitdem er Intellektueller geworden ist. Er hat unter seinem richtigen Namen einige pornografische Romane veröffentlicht, in denen sich die Bezeichnungen für die Geschlechtsteile auf Automarken reimen. Aus Angst, mit diesem Hamburg-Buch seinem guten Ruf als geiler Autor zu schaden, hasst er Hamburg unter Pseudonym. Wenn ihm keine Reime einfallen, arbeitet er als Sozialarbeiter und faulenzt als Sozialphobiker.

Uwe Uns
111 GRÜNDE, HAMBURG ZU HASSEN
Die Stadt so, wie sie wirklich ist

ISBN 978-3-86265-610-3
© Schwarzkopf & Schwarzkopf Verlag GmbH, Berlin 2016
DIE REIHE MIT DEM KACKENDEN HUND wird von Martin Brinkmann und Oliver Schwarzkopf herausgegeben. Alle Rechte vorbehalten. Dieses Werk ist urheberrechtlich geschützt. Jede Verwendung, die über den Rahmen des Zitatrechtes bei korrekter und vollständiger Quellenangabe hinausgeht, ist honorarpflichtig und bedarf der schriftlichen Genehmigung des Verlages. | Illustrationen auf dem Cover und im Buch: © fyletto/depositphotos.de; © HS-Photos/depositphotos.de; © soleilc/depositphotos.de; © topcu/depositphotos.de; © zabiamedve/depositphotos.de; © vlado/depositphotos.de; © rayjunk/shutterstock.com | Weitere Illustrationen im Buch: alle © leremy/depositphotos.de, außer S. 11: © scusi0-9/depositphotos.de, S.79: © weit/depositphotos.de

KATALOG
Wir senden Ihnen gern kostenlos unseren Katalog.
Schwarzkopf & Schwarzkopf Verlag GmbH
Kastanienallee 32, 10435 Berlin
Telefon: 030 – 44 33 63 00
Fax: 030 – 44 33 63 044

INTERNET | E-MAIL
www.schwarzkopf-schwarzkopf.de
www.facebook.com/schwarzkopfverlag
info@schwarzkopf-schwarzkopf.de